中西論衡

龚鹏程 著

中国画报出版社·北京

图书在版编目（CIP）数据

龚鹏程：中西论衡 / 龚鹏程著. — 北京：中国画报出版社, 2021.12
 ISBN 978-7-5146-2013-9

Ⅰ.①龚… Ⅱ.①龚… Ⅲ.①社会科学－文集 Ⅳ.①C53

中国版本图书馆CIP数据核字(2021)第105912号

龚鹏程：中西论衡

龚鹏程 著

出 版 人：于九涛
责任编辑：李　媛
营销编辑：孙小雨
责任印制：焦　洋

出版发行：中国画报出版社
地　　址：中国北京市海淀区车公庄西路33号　邮编：100048
发 行 部：010-88417438　010-68414683（传真）
总编室兼传真：010-88417359　版权部：010-88417359

开　　本：16开（787mm × 1092mm）
印　　张：19.5
字　　数：266千
版　　次：2021年12月第1版　2021年12月第1次印刷
印　　刷：万卷书坊印刷（天津）有限公司
书　　号：ISBN 978-7-5146-2013-9
定　　价：88.00元

自序：以西方为方法

现在，说起西方，人人都自以为知道是指什么：不就是欧洲美国吗？"中西比较"的词汇漫山遍野，谈的也都是中国和欧美的关系。我《中西论衡》这类名称的书更是所在多有，人人都仿佛晓得它在谈些什么。

然而，我这本书其实与所有"中西论述"都不一样。因为我的资历与想法本来与众不同。

目前我身上比较多的标签是传统主义者、国学大师。但标签岂能认作真身？

我是中文系培养出来的。任何一个外文系的教育，都不会让其学生沉浸于中国经史子集，中文系则相反。且不说西方美学与文学理论、比较文学，一直都是我们的主业；我们读冯友兰的《中国哲学史》，读的其实是新实在论；读王国维的《红楼梦评论》，读的是叔本华；读郭沫若的《两周金文辞大系》，读的是马克思；读新儒家，读的则是康德、黑格尔……这是我们特殊的处境，学外文或现代政经社会科学的朋友，便无此优势了。

硕士毕业后，机缘凑巧，我扎进了美国后工业社会理论的阵营，追随当时的台湾淡江大学张建邦校长去编《明日世界》。由此我成为20世纪70年代我国最早一批后现代、信息社会和趋势研究者。

1982年，张校长又在淡江设立全亚洲大学第一所专业的战略研究学府：国际事务与战略研究所。我著述、翻译各种战略研究经典著作；在该所主讲战略思想史多年，正好把中土传统经世致用之学和欧美现代后现代理论结合起来，应用于现实。

1993年我开始筹办南华大学，1997年便成立了欧洲研究所。当时欧盟（EU）刚成立不久，学界还没反应过来，像中国社科院欧洲研究所直到1981年才成立，《欧洲研究》杂志更是到1984年才创刊。所以我这种整体式的欧洲研究所也是全国最早的，我开的课则是"欧洲的中国观"。

　　这其实就跟现在我《中西论衡》的意思很相近了，当时讲的是西方怎么看中国。

　　西方看中国，千奇百怪，中国人看西方也同样光怪陆离。但只陈述这些"印象"，如后来欧美汉学界流行一时的印象研究那般，海客谈瀛，稗贩异闻，算不上是什么研究。研究，要问一些更根本的问题。例如：地球是圆的，中与西或东与西，怎么划分？为什么有人自认为居中，有人自称或被称为西方？

　　可见中西也者，根本上只是脑子里的建构。

　　中国人的西方观、西方人的中国观，乃至彼此的中西观，更是脑子里的事，与地理区块中的人情物事不一不异、亦合亦离。

　　而现实生活中，自鸦片战争以来，中西亦早已不是两个区域、两个文化体系。"西方"介入我们中国人的生活领域甚深。食衣住行、器物、制度、思想、文化，中国哪一样不是处在一个"中西共构"的世界里？

　　从你父母谈恋爱、结婚，你们家、你读的学校、学校教育的方式……一一数下来，恐怕还是西式的多些吧，或至少也仿佛赵孟頫老婆管道升《我侬词》说的：泥塑的你我，打破了用水调和，再捻一个你，再塑一个我。我泥中有你，你泥中有我。那原先的"中"早已不知春归何处矣。

　　可是管道升讲来你侬我侬，忒煞情多，我们的中西共构却常神经错乱、异梦同床，庆幸揉杂着痛悔、惊悸孪生于夸耀。

　　因为"中"已然极为复杂，"西"亦非铁板一块。近代国人以"西方"为方法，试图与中国揉合出新的泥块。结果就是：不但西泥与中泥各种不对盘、各种厮杀；引入的英国泥、法兰西泥、德国泥、美国泥也彼此訾謷、油水不溶；还有日本、俄国等已经"脱亚入欧"者汹汹然掺和于其间。以致中外共构共力，在我们思维和现实生活中打成一团。

以西方为方法——这一点又是颇能令现代人惊异的，因为现代人老是把"三千年之变局"挂在嘴边，以为谈西方、学西方是近代最大的特征。殊不知不是近代中国人才这样，以西方为方法，乃是最传统的，现在我们只是要在中西共构的世界中继续发扬这种方法。

我中西论衡的框架、观点与方法，大体如此，详细的，就还要请诸君由书中各篇文章去体会。

关于传统"以西方为方法"的情况，担心各位不熟悉，特借此一角，稍予介绍，作为序文的补充：

一、思西方美人

《诗经·邶风·简兮》："云谁之思？西方美人。彼美人兮，西方之人！"

在中国，方位是有特殊含意的。例如北方代表死亡，人死后，魂魄即归往北方。东方乃日出之处，代表生命或生机。西方代表什么呢？

对《诗经》这几句，朱熹说："西方美人，托言以指西周之盛王"，讲得太凿实了。其实西方很早就已被当成是一个理想的处所，是美好的人、美好的事物之所在地，代表希望。故《诗经》说西方有美人而我思之。《楚辞·离骚》则说：

> 何离心之可同兮，吾将远逝以自疏。
> 遭石道夫昆仑兮，路修远以周流。
> 扬云霓之晻蔼兮，鸣玉鸾之啾啾。
> 朝发轫于天津兮，夕余至乎西极。
> ……
> 忽吾行此流沙兮，遵赤水而容与。
> 麾蛟龙使津梁兮，诏西皇使涉予。
> ……
> 路不周以左转兮，指西海以为期。

人在现实世界中遭到了困陋,只好离去,远涉流沙,前往西方昆仑。流沙,即大沙漠;赤水,神话中的河名,相传出自昆仑山;不周山,也在西北海外,大荒之隅,见《山海经·大荒西经》。故这是一趟超越之旅,也是一趟希望与理想的追寻之旅,由东方走向西方。

类似的说词,还有陆游《远游》:"恐天时之代序兮,耀灵晔而西征",等等。西方代表一个理想的所在,故阮籍《咏怀》:"西方有佳人,皎若白日光。"黄节注"古诗:燕赵多佳人,美者颜如玉",就注解错了。燕赵非西方。且若就现实世界的美女而言,西方、东南方、北方都有佳人,阮籍何必独咏西方美人而抒怀?

这样的西方观,当然跟周穆王西征、西王母故事、昆仑仙境传说等有密切的关系,所以西方又为神仙不死之地。

二、西方极乐世界

代表理想或神仙世界之西方观,到佛教传入中国后,更加强化了,那就是佛教西方极乐世界的讲法。

佛教认为人生是苦、现实世界是秽土,所以人要修证,以解脱生老病死、业力轮回之苦,超离秽土、往生净土。净土,依不同经典及宗派所说,可分为阿弥陀佛西方极乐世界、药师佛东方净琉璃世界、阿閦佛东方妙善净土、灵山净土、法华三变净土、毗卢遮那佛莲花藏世界、涅盘经净土、维摩经净土、无量寿观经净土、摩醯首罗天净土等。

可是传入中国后,其他各派净土说都不如西方极乐世界之说盛行。这个结果,在佛学义理上当然可以有许多不同的解释,但主要原因,就是"西方极乐世界"这个讲法,刚好与中国原有的西方观相吻合。

《山海经·海内西经》:"海山昆仑之墟在西北,帝之下都",《西山经》又说:"昆仑之丘,实惟帝之下都",帝指上帝,谓昆仑乃神仙之都。《竹书纪年》另有周穆王"西征昆仑,见西王母"的说法,昆仑又成为西王母所在之地,唐道士杜光庭曾作《墉城集仙录》,专讲昆仑山金墉城的西王母女仙集团。

不管它是男帝抑或女仙之都城，总之都代表超越俗世死亡的仙境神乡。中国人在秦汉之间，抱此信仰；秦汉以后，佛教传入，中国人乃接着大谈西方极乐世界；昆仑西方之说遂因被替代而渐衰了。

三、中土外的西天

除了西方极乐阿弥陀佛净土替代了昆仑仙境信仰外，佛教传进中国，并在中国获得普遍信崇，也影响了中国人实际的地理观。

早期中国人讲东方西方，只是中土的东部西部而已，并非中土之外的另一地。佛教传进中国，撼动了这个世界观，使中国人体认到此土之外尚有文明，文化不是由我这个中心辐射出去的，反倒是由彼处传播进来的。中土之外，尚有佛国。

许多学者怀疑《列子》写作于魏晋时期，就是因为该书说："东方有圣人，西方有圣人，此心同，此理同。"反映了这种新的世界观。中国正式居于东方，而另有一个西方世界与之相对。

在佛教方面，则以印度为"中"国、为西天，谓中土为东土，而且两者之地位并不是平等的。西方代表真理之发源地，中土则为接受者、被拯救者、被治疗者。无数佛教徒或赴西方取经，或来到东方传教，都以行动表达着这样的世界观。法显《佛国记》谓印度为"中"国、中土为边陲，实不足为奇。

四、在西方的中国

汉代南方海上交通，最远仅到印度。陆地则仅至安息（古波斯）、条枝、大秦。大秦，一般认为是指罗马，方豪《中西交通史》则说它有广狭两义：狭义之大秦，所指不一，印度附近诸国、印度、罗马、叙利亚都可称为大秦；广义之大秦，则为"西方"即"海西"之通称，犹今日所言之"西洋"。

是的！汉自张骞、班超通西域而渐由中亚、西亚以通欧洲，但对于欧洲世界基本上是陌生的，从无使者到过所谓的大秦。故《后汉书》中《南蛮西南夷列传》《西域传》以及《魏书》卷一〇二、《晋书》卷九七、《梁书·诸夷传》等所记之大秦，均不脱述异志奇之色彩。张华《博物志》甚至说："大秦国人长十丈，中秦人长一丈。"又因当时来华之西方人多能歌舞，擅技艺，会变魔术，以致我国人竟推测大秦国之民俗即是如此："大秦国俗多奇幻，口中吐火，自缚自解，跳十二丸，巧妙非常。"（《后汉书·西域传》，大秦国注引《魏略》）可见时人对其地之无知。

但据来往商旅艺人等转相传述，我国人也渐觉得该地似亦为一有文化之地，因此说："其人端正长大，衣服车旗，拟议中国，故外域谓之大秦。"（《魏书》）"有官曹簿领而文字习胡，亦有白盖、小车、旌旗之属，及邮驿制置，一如中州。其人长大，貌类中国人而胡服。"（《晋书》）又说其地西有白玉山，玉山西有西王母山。可见大秦之所以称为秦，显示了中国人是把它看成了另一个"西方的中国"。

故白鸟库吉《见于大秦传中的中国思想》说：汉人决不以为世界别有国家优于中国；后闻西极有一国家，与中国不相上下，于是乃目之为本国之流裔，称之为"大秦"。同时又深信极东有仙境，极西亦有西王母，于是《大秦传》谓其国近西王母；更推想此国人亦必长大，且必较常人为长大，乃名之曰大秦。故此后记述大秦之文物制度，亦极力以本国之文物制度符合之。

罗马亡后，一个泛指西方文明的指谓逐渐消失了。中国乃无一个统一的"西方世界"观念，论中亚、南亚、西亚诸邦或欧洲，都是就其一地一邦而称。而且，与中国较有往来者，毕竟仍是"西域"诸国，连元朝西征，耶律楚材《西游录》、长春真人丘处机《西游录》所载，也不脱张骞、班超之范围，可见我国与欧洲文明之接触极少。偶有自欧洲传入者，亦延袭大秦之称，如将基督教称为"大秦景教"之类。

因此，从地理学或中西交通史的角度看，中国人对欧西文明是极为陌生的。虽或知之，但或仅勉强以中国的状况去拟测想象一番，或以其为远方殊异之地,称为大秦,而实置于意识之若存若亡间,更不认为那是个足以与中国相提并论,且让中国自居"东方"的"西方"。

因此,在中国人的地理观中,中国仍是居中的,东为东海,南为南海或南洋,印度洋则称为西洋。明三宝太监郑和下西洋,所指即此。

东西洋之称,始于元《岛夷志略》,明朝通用之,如巩珍《西洋蕃国志》、黄省曾《西洋朝页典录》、罗懋登《三宝太监下西洋记》、张燮《东西洋考》之类都是。可见至明代中叶,中国人对于地理上的西方世界,所指仍不过是印度洋或中西亚一带,要到明代末期,才把欧洲葡萄牙等处称为大西洋。

五、中西对比论述

大西洋之文明,经明末耶稣会教士传播来华,才形成中国世界观的第二次震动,另一个西方极乐世界之观念才出现于中土。

当时传教士来自大西洋,故简称西洋、西土、西教。其历法、几何学、水法等则称为西法西学,如李之藻有《请译西洋历法等书疏》,以公历与中国历法相对而说,于是一种"中／西"的论述架构乃逐渐出现。

崇祯二年(1629)礼部议开历局、用西法,徐光启疏云:"西臣与在局人员日算夜测",清初梅文鼎《寄怀青州薛仪甫先生诗》说:"讵忍弃儒先,翻然西说攻",等等,都可以看到这样的架构。

利马窦等传教士也有意使用这类中西对比方式,来突显其地位与价值。利马窦曾作《西国记法》,介绍记忆术,撰《西琴曲意八章》,介绍西方音乐;熊三拔有《泰西水法》。以上皆运用了中西对比的方式,成功地建构了"中土／西天"或"中国／西方"的对比关系,也使西方成为真理的发源地,中土则只作为接受者、学习者、被拯救者。

政府及一般士人的态度却仍将佛教与基督教混为一谈。耶稣会传教士自罗明坚1583年来中国后,即穿着中国官员赐与的僧服,自称为僧。利马窦虽主张改着儒服,且耶佛之分的争论也渐展开,但一般社会人士看基督教,大概仍跟看待佛教差不多。因为基督教东来所代表的意义,恰好和早期佛教来华相似。

但早期佛教的传教者角色,已渐由基督教替代了。大西洋的欧洲成了新的佛国、新的西方净土。新的取经者,如留学生、学者专家、政要等,络绎于途。移民赴欧洲,追求另一种"往生"(前往该地生存,或往该地才能获得新的生命)的人也日益增多。《诗经》"云谁之思,西方美人。彼美人兮,西方之人!"的歌咏,遂亦有了新的意义。

六、西方的图像

综上所述,可知中国早期仅以西部之昆仑山为西方,其后以印度为西方,更远则以"大秦"为西方,最后,乃以欧洲美洲为泰西。

由地理上说,"西方"所指之地越来越西,正表示中国人越走越远,地理上的认识逐渐扩大。

但这种扩大是非常迟的事。除了不知名的商旅与流浪者之外,目前所知中国人去过欧洲的,最早仅能推溯到1287年奉伊儿汗国之命出使的维吾尔族景教徒巴琐马。但他的游记,是以古叙利亚文写的,至今尚无汉译。

其次为1707年随耶稣会教士去罗马教廷的樊守义,著有《身见录》,但稿藏罗马,并未刊行。故以上两书对中国人之西方观均无影响。

第一本中国人亲历海外,谈西洋见闻之书,要迟到道光年间谢清高口述、杨炳南着笔的《海录》。其中描述葡萄牙:"凡入中华为钦天监,及至澳门作大和尚者,多此土人。"可见虽属亲闻实见,谈起西洋,仍然不免附会。

此即可让我们发现一个事实:早期中国人论西方,皆河汉斯言,如《别国洞冥记》谓大秦国有一种花蹄牛,高六尺,尾长能环绕其身,角端有肉,蹄如莲花。《后汉书·西域传》说大秦国宫室都以水精为柱,有夜光璧、明光珠、骇鸡犀,"其国西有弱水流沙,近西王母所居处",等等。

早期中国人相信大秦是大人国,又说其地另有小人国:"小人,在大秦之南，躯才三尺。其耕稼之时，惧鹤所食，大秦每卫助之。"（《通典》）。到了耶稣会教士艾儒略编《职方外纪》时，仍然相信有小人国："北海滨有小人国，高不二尺，须眉绝无，男女无辨，跨鹿而行，鹳鸟常欲食之。"这样的记载，实在令人啼笑皆非。

直到道光年间，鸦片战争发生了，清朝还谕令浙东钦差大臣奕经，向所俘英军询问："英吉利距离内地的水程，以及来华途中共经几国？"又谕令台湾道姚莹问："英吉利所属国共有若干？其最强大不受该国统属者共有若干？又英吉利至回疆有无旱路可通？与俄罗斯是否接壤？"可见此时尚不确知英国为一海岛。

对西方之知识如此，无怪乎魏源要批评："以通市二百年之国，竟莫悉其方向、莫悉其离合，尚可谓留心边事乎？"因此他发愤作《海国图志》，以开启国人对西方的认知。但《海国图志》卷五八却将瑞典分成瑞丁与琏国两国，卷二六又把犹太列入西印度。

他曾作《天主教考》《西洋教门表》，对天主教当然颇有理解，可是仍将它与佛教混为一谈，谓："大秦者，西洋之意大利亚国也。……为天主教之宗国，代有转世之教皇代天宣化。……又请其大弟子数十，分掌各国教事，号曰法王。……而法王犹住持蒙古各部之胡土克图。"

故此时之西洋知识，与秦汉相较，只是五十步笑百步罢了。国人真正对西洋展开较具体之认识，恐怕要到光绪年间才开始。在此之前，都只是对西方遥远的向往，混杂着对奇风异俗的好奇而已。前者衍"思西方美人"之余绪，纷纷以西王母神仙世界拟想西方；后者发挥"中土／异域"对比的思维，把西洋想象成异常、奇特的土地，谓其地有大人国、小人国、水精宫、夜光球。

七、他界的想象

由古代到清末，中国人对西方世界的描述，都显得离奇荒诞，主要当然是因对西方太过隔阂。但讨论这个问题不能仅止于此。西方乃是我们观念中的异界他方,对西方的描述,其实正反映了我们的观念和心理状态。

因为国人视海外为异域,故往往抱持一种搜奇探秘的心态,希望能在那里看到一些奇风异俗、珍禽怪兽。

文明乍相接触时,旅游探险者的眼光,总是如此。因此显现在这些记载中的海外风光,便都是些天方夜谭,奇异恢诡,难以究诘。

例如尤侗《外国竹枝词》说埃及:"百年不一雨。有天江水可浸田。江上有镜。他国盗兵来,辄先照之。大塔高二百丈。国被兵,则据塔拒敌,可容二万众。"又说在西班牙南部有一国,叫木兰皮,其国"一舟容万人,中有酒肆。物产皆奇。大羊高数尺,尾大如扇,割腹取脂,缝合仍活"。这在今天看,自然都会觉得是奇谈怪论。

但此类海外奇谈实在太多了。满洲镶黄旗人福庆《异域竹枝词》说痕都斯坦(莫卧儿帝国)出产狮子,秋天月明时会登上山顶,"望月垂涎,盘旋跳舞。往往猛飞吞月,飞去八九里,坠死山谷",又说该地多瘴疠,"人有病,食大黄则愈。贵客来及大筵宴,以大黄代茶茗。经年不见大黄则死",这岂非神奇异谈?天下哪有此事?英国谚语谓旅行者享有"凭空编造的特权"(The Traveller's leave to lie),这些奇谈怪说,大概有不少是由旅行者转相传述而来,故荒唐悠渺,如闻神话、如读《山海经》。

不幸,人都喜欢猎异搜奇,又不幸,人都相信"眼见为实",故见此类奇谈异话,遂多以其所述为实况实录,把那些荒诞离奇的事讲得天花乱坠。

例如说俄罗斯西北有一伊斯兰国家控噶尔,"地产黄金白银,多于石子",其都城之大,须骑马九十日才能由南至北走一遍,城门有二千四百个。另有一伊斯兰国家郭酣,"其人短小,男妇皆长二尺余。……产羊,高八九寸,长尺余。……牛高二尺许,驼大如内地之驴。……夙闻异域有仁佬之国,人皆七寸,朱衣无冠,海鹄吞之,岂其类钦?"还有波兰,"四时常有赤蟒如龙,于空中飞舞,口喷热风如火。……产独角野羊,大如驴"。控噶尔西北尚有阿拉克国,"其工匠尤多巧思,冬能使之炎热,夏能使之飞霜,以金木造为人形,以供服役"……

人总是把自己居住并生活的世界视为常态性的存在。我们在此中生活，也在此中形成一切生活性的知识。但人对这个世界又是不满足的，这个世界之外的一些世界，仍不断引生我们的遐想。

什么世界呢？从空间上说，即是异域；从时间上说，则是过去世界与未来世界；另外，从层次上说，则有现实世界之上的超越界，如神仙宗教世界，以及生活世界之外的死后世界。

人对这些世界都有其好奇，忍不住想去一探究竟。因此，异域游记、天堂地狱游记、回到过去、未来之旅，总是不断出现，而其内涵也常相关联、彼此渗透互通。

他界之所以令人好奇，是因为它与我们生存的现实此世不同。此界若为一正常社会、我人所熟知的世界，他界便与此界有迥然不同的结构：奇花异草、珍禽怪兽、满地黄金瑰宝，人物则或极长大或极微小，时间空间亦与此界殊趣，例如昼极长夜极短，或只有光明而无黑暗，又或天上一天世上一年之类。总之，此界与他界，正是一个"正常／异常"的关系，所以才能让人对之充满好奇，千方百计，欲一探其秘，进入那个神异离奇的世界中。

我们对远方世界，亦因有此心理期待，故不自觉地会以一种搜奇猎异的眼光去看它。描述它时，更会夸张、扩大彼此相异之处，以满足听闻者的心理需求。上文所举种种荒唐无稽之言，骤视之，不免可笑。但此类言谈，自《山海经》叙述海外大荒以来，不断有人这样写、这样说，又有人不断愿意相信它、传述它，其实是有其道理的。

我们固然可以说这是因人类社会地域睽隔、缺乏交往而形成的隔阂与误解，一旦交往密切，彼此了解之后，此类离奇之说便不会再发生了。可是，所谓交往密切、彼此了解，其实只是异域殊方的正常社会化，把一个以往视为奇山异水、奇花异草、珍禽怪兽、异宝奇珍、奇人异事、奇风异俗之地，去除神秘化，视若正常如我人所居世界一般之社会而已。

一个地域"去奇异化"之后，人们自然会寻找另一个地域来替代它，填补它的位置。探险，深入高山、丛林、南北极、海底、外层空间，是极常见的选择。这些异域他方,仍有太多奇异的事,可以满足我们的他界期待。要不然,则一般性的旅游也仍可获得对他界好奇的满足。

现今世界虽渐趋于同质化,但各地为了招徕观光客所开辟的观光旅游点,却是专为满足旅游者观览奇风异俗而设的,供人搜奇猎异。因此,山珍海味、奇花异卉、奇景胜观、奇风异俗,充塞于观光场所,而与该地一般民众之正常作息生活状态迥异。所以说,这是个区隔出来的他界。拉斯维加斯、迪斯尼、人妖秀……让人进入奇幻魔魅般的神仙异境或童话王国。

除了这些之外,别忘了,我们还有外星人、星际探险、海底王国、地心之旅、侏罗纪公园、失落的世界、魔宫传奇、大魔域、所罗门王宝藏……数不清的他界异境可供游历哩!

若要真正研究西方、了解西方,那又是另外一回事。目前学界的西方论述,跟大魔域、奇幻世界其实也没什么不同。

目录

- 001 / 西方人文主义这面镜子里有中国人的镜像吗?
- 017 / 汉语在世界语言中的地位
- 029 / 百年汉字演进史
- 045 / 何以内地没有史诗?
- 057 / 中西戏剧观念的差异
- 067 / 中西比较文化学到底该比较什么?
- 077 / 中西文化的合与分
- 095 / 在时间的面相下
- 103 / 以苏格拉底为鉴
- 109 / 不是数学的古希腊几何学
- 121 / 西学正典
- 129 / 五湖四海的意识程序
- 137 / 我们需要更多向不可能开放的经验
- 145 / 孟德斯鸠迷惑了中国
- 153 / 权衡中西法学
- 167 / 对法治社会的反思
- 181 / 一切以西方模式解释中国的讲法,都该停下来

187 / 科学主义与科学无关

195 / 垂头丧气的近代思想史？

205 / 梅洛-庞蒂的说法如此优雅

211 / 西方的情欲结合不良问题

221 / 中药西传是一场守法的革命

231 / 中国人不爱看相

241 / 我授希腊哲学以宗教之名

251 / 高冷的西方哲学史已被按倒在地上摩擦了

259 / 定夺苏格拉底

271 / 全球化，太全球化了！

275 / 不太平之洋

283 / 环境难民的自我救赎

西方人文主义这面镜子里有中国人的镜像吗?

西方人文主义发轫于文艺复兴时期,创造了一个"西方人文主义传统",然后进入中国,也构建了各种人文主义景观。可是这些景观,其中有众多非人文、反人文、异人文、超人文之处,浑浩笼统地奇幻漂流在一起。让我带领诸位梳理一下。

一、被建构的西方人文主义传统

西方自文艺复兴以后,均把人文主义(humanism)之传统上溯于古希腊。认为人文精神或思想与古希腊城邦政治的公民社会有关。是经由当时自由艺术(liberal arts)教育所培养出来的个人"涵养"和"见识"。而此一思想与精神又往下延伸,一直影响到近代西方社会。因此,人文主义可说是西方学术文化的主流。

这种讲法,就像讲民主思想与政治的人,老是把现在的民主制度及思想之源头往上推溯至古希腊雅典城邦一样。其实是以历史诠释去重构古史,将其作为当代行动之依据罢了。

雅典等城邦所实施的所谓民主制,与现今之民主制度大异其趣。起码"公民权"的观念及实际运作,便大大不同。一个拥有数倍于公民的奴隶之城邦,其所谓民主,实乃贵族统治而已。何况女人与小孩不是人,连人权都没有,谈什么公民权、参政权!

同理,人文主义强调要在各种自然、超自然、宗教力量之外,彰显人本身的地位与价值。可是古希腊的宗教占什么位置？当时人的价值与地位能与文艺复兴、启蒙运动之后人的地位相提并论吗？

人文主义者所尊重的"人"，在古希腊时期又与现代指涉不同，奴隶也是不被视为人的。而一个把大部分人都非人化的社会，又岂能称为人文主义？

G.冈内尔《政治理论：传统与阐释》一书即曾指出：所谓传统，其实只是一套虚构的神话。是史家基于处理他自己这个社会所面临之问题、重新评价其当代事物而建构的一套说辞。它假设历史庞杂纷纭的事相中，存在着一个足以统摄诸多事物，而且是一脉相传，并有逐渐发展过程的传统。且这个传统，对当代事物与思想也有着因果意义。

文艺复兴时期的人，正是为了处理当时社会所面临的问题，所以才借由诠释希腊史，发掘人文精神，来重新评价当代事物，推动改革。

于是，一个由古希腊时期便已畅达辉煌的人文精神"传统"，乃因此而被建构起来；而且它还不断发展延伸，成为一个贯穿在历史诸多时代与事物中的传统。

也就是说，人文主义或人文精神，不见得是西方文化的传统，但却是文艺复兴时期所揭橥的价值及所追求之目标。

二、人文主义的艺术内核

对文艺复兴的研究，汗牛充栋。本文也无意全面评析这个时代，只想指出：在一个提倡、揭举人文主义大纛的时代，美学与艺术在其中所占的位置。

文艺复兴时期，天文学、数学、物理学、化学等各门科学都有突破性的进展。化学从炼金术蜕变为现代性的实验与分析；天文学由占星术或上帝中心观蜕变到哥白尼、伽利略、牛顿的时代；医学也由巫术而发现了细菌、血液循环，开始将其建设成一门专业。印刷术则有助于知识交流、普及与提升。这些，每一项几乎都改写了历史，影响后世至为深远。

但是，人们谈起文艺复兴，立刻联想到的，恐怕不是维赛利亚斯（Andreas Vesaius，1514—1564）那几千张肌肉、骨骼、内脏解剖图；不是温度计、望远镜的发明；不是鼓风炉、眼镜、时钟之改良，等等，而是那些绘画与雕刻，以及恢复古典形式的建筑。

中世纪的绘画甚为呆板、平面化，雕刻也以浮雕为主，用以装饰墙壁与石器。而其精神，则全是宗教的，目的是用以表现宗教情操。文艺复兴时期才以写实的方法来表现人与自然的关系，强调个人的感情。米开朗琪罗等人以健壮、动态、变化多端的人体，为新时代的人造型。虽然题材可能仍取自《圣经》故事，但其中却充溢着人的感情与生命力，与中古时期神压倒了人的情况截然不同。

其中，达·芬奇的人体，是由对真实体格骨骼之解剖研究得来的。拉斐尔画的《雅典学院》等画，更表现出理性的秩序之美，每一个人物均有其个性，有其独立之价值，又与其他人在画面上构成整体的联结。这些艺术，比那时的哲学与科学，更具体、更形象地示人以文艺复兴之人文主义面貌，使"人的价值""人的尊严"等理念，可以让人默会于耳目观见之顷。

因此，虽然阿伦·布洛克（Alan Ballock）在《西方人文主义传统》一书中对"大多数人都很容易把人文主义与文艺复兴时期的艺术视为同一件事，而不把它和当时的思想或文学看成是一件事"感到不满，强调当时有些艺术跟人文主义并无太大关联。但谁也不能否认，艺术仍是文艺复兴时期最耀眼的成就，也最足以代表那个时代。

三、引入中国的文艺复兴

文艺复兴，是许久前的事了。但从20世纪初叶起，我国知识界就一直有人试图模仿这个时代，发起一场社会文化革命。胡适、梁启超都使用过这个词汇与观念。"五四"新文化运动，也屡屡被比拟为中国的文艺复兴运动。

如此比喻，当然甚为不妥。西方文艺复兴，是要复兴中古基督教化以前的古文明，我国文艺复兴则动辄以打倒传统文化为宗旨，两者显然异趣。

但喜欢使用这个词汇、喜欢做此比喻，却显示了一种试图在我国发扬人文主义精神的态度。

因此，他们反对宗教迷信，提倡科学理性，强调摆脱权威、自主发声、申张自我意识，重视人在宇宙自然中的主体地位。

顺此而为，自民国以来的人文主义传统，确也有不少建树，对社会产生许多具体影响，在思想上成果尤其丰硕。

许多人都喜欢自称是人文主义者，"发扬人文精神"更是大家挂在唇边的口头禅。包括当代新儒学学者对儒道释三教的诠释、天主教界对中国文化传统的重新认定，也都是人文主义式的。

四、号称人文主义的非人文化

但是，我国人文主义与文艺复兴时期的人文主义，实有绝大的不同。旁的姑且勿论，单就艺术来说，文艺复兴时期之人文精神，体现且弥漫于其艺术中，我国之人文主义则与艺术甚不相干。除了蔡元培曾提倡"以美育代宗教"之外，昌言人文精神者大多以思想辨析为主，甚少措意于艺术。

艺术、美育，不仅未能成为新时代之宗教，甚至连在教育体系中占一地位都极为困难。一般知识分子，即使是标榜人文精神者，在其人文素养之培育陶成阶段，通常也无与于艺术；就算成为一名知识人以后，大抵也没有什么审美能力及艺术知识。整个社会，发扬着文艺复兴以来所强调的科学与理性，对艺术却漠不关心。

人文及艺术在整个教育体系中皆居弱势之地位。高等教育如此，中等及小学教育更是如此。

中等学校中，音乐、美术等课，常被挪用来教英数理化，几乎完全消失了作用。小学阶段的艺术教育，也仅属于美劳、唱游层次。部分家庭以"才艺培养"的方式，让孩童学琴画画，稍长则弃之，以免妨碍了功课。故艺术向来不曾成为我国知识阶层必备的人文素养。

在知识界，艺术之研究、教学、人才养成，也从来不是大众所关注之问题。否则何至于在教育领域中如此弱势？人文学科的情况，亦复如此，不必赘述了。

故而整个知识界的构成原理，在于知识、理性、认知，而非审美。这与整个人文主义精神是背离的。

在文艺复兴时期所理解与描述的古希腊人文主义教育中，至少有以下几点跟我们现在的教育颇为不同：一，人文主义教育强调以教育来塑造人类个性的发展。二，教育的内容，以语法、修辞、逻辑、算术、几何、天文、音乐为主，且须予以统整。三，提供书本以外进行教学和讨论的技巧及能力。

相对于第一点，晚清民国以来的教育皆强调以教育来富国强兵或提高个人政经地位。

相对于第二点，教育越来越不重视此类基本能力与涵养，所有这些科系都没有人要读，读了也没有"出路"（即利禄之途），而以实用技术及知识为主。且教育仅志在训练一技之长的专家，不重视统整，也仅偏于知识。音乐等美学素养，更不在考虑之列。

相对于第三点，我们的教育概以书本知识为主，记诵、演练、考试之。书本子以外，如何与人相处、沟通、理性交谈论辩之能力，却付诸阙如。

于此可见，"五四"运动以来，我们虽然喜欢谈人文精神、企图效法文艺复兴，但整个教育方向及内涵，却背离了人文精神。以致由此教育体制培养出来的国民也都普遍不具备人文精神和人文素养。

再把视野缩小到艺坛内部来看。艺术创作及教育，都是西式体系。其内涵，大抵也与人文精神无大关联，只是技术和形式的操演。

书画的文人精神，事实上只是模仿、貌袭。因为整个文人传统，到现代业已断绝了。故溥心畲先生逝世时,周弃子先生便悼以文曰:"中国文人画的最后一笔。"嗣后,文人画的精神也不断有人提倡,但是最多只能说该传统仍不绝如缕,尚未死绝罢了。借由书画来彰显人文精神、体现文人传统,现在一般书画匠是做不到的。

现代艺术部分,则基本上是另一个方向的模拟,不模拟传统而模拟西方。

大陆一些人的模拟、抄袭,大家都知道了。所以这里介绍一下台湾的情况。

日军侵占时期的台湾,透过日本,模仿西方,出现印象写生时期。日军战败以后,受美国影响,则有抽象表现时期。20世界70年代以后,乡土写实风行一时。"解严"以后,则以前卫为标榜。1991年倪再沁曾以《西方美术,台湾制》一文批评过这样的历程,引起甚大回响,相关论战文字达25篇以上。

本土论者认为台湾执迷的是西洋现代的尾巴,而西画派则以为现代主义是进步智化的源头。前者怀疑西洋艺术在台湾的适用性与存活率。因为西洋艺术已使艺术与生活严重脱节。而且,由于历史因素,造成台湾美术体质中非自主性的模仿与无选择的接纳,使得台湾美术难有独立面目。尤其20世纪80年代以降,因信息狂潮与留学生回流,更是以西洋前卫的"渣",作为解放本土的"汁"。

相反的,后者坚信台湾美术要步上世界舞台,必须掌控最新理论信息,以展现与国际同步的思维。反之,对现代主义的敌视与无知,就成为反智、反进步的"原初奴性反抗"。

他们彼此固然针锋相对,但综合其所说,便可令吾人发现:台湾的现代美术,事实上就只是因袭现代主义而已。

五、现代艺术与人文精神的冲突

而现代主义与人文精神间的关系,却恰好是大有争议的。

例如当代新儒家健者徐复观，即曾本于人文主义之观点，对现代艺术深表不以为然。徐先生认为艺术应该是"在人的具体生命的心、性中发掘出艺术的根源，把握到精神自由解放的关键，并由此而在绘画方面产生了许多伟大的画家和作品"（《中国艺术精神》自序），因此他视现代为"非人的艺术""毁灭的象征"。谓现代艺术：

> 把以前一切艺术的观念与传统，完全加以解体、粉碎了。艺术已经不是美的，也不是生命，也不属于精神。它断绝了对全人类的责任或关系，而与之背驰、反抗；爆破了人类的良心及由良心而来的活动；以还原于原始的黑暗混沌之中。他们倡言"艺术是愚劣"，是"故意的疯狂化"。他们要由一切的混乱，由反自然的黑暗，以开辟出新的领域。艺术家与诗人，为了创作而必须集中其精神与生命，这乃属于过去的事。……真的，恰如西班牙的奥特加·赛特（Orte. Gaygasset）所说"近代文学的特质，在于它的非人化"。非人化，即是超现实主义的具体说明。……现代艺术、文学的上述倾向，对传统而言，可以说是一种彻底的革命。但是若稍加分析，即不难发现这是虚无世纪中反常的无穷苦闷的时代告白。
>
> 他们不承认科学的法则性，却非常为科学的成果所掀动。因此，他们彻底反对的，只是人性中的道德理性，及人文的生活。他们也向人生内部发掘；但他们发掘出来的是幽暗、混沌的潜伏意识，而要直接把它表现出来；拒绝由人性中的理性来加以修理淘汰；他们认为理性是虚伪的。他们不承认人性中的理性，不承认传统与现实中的价值体系，而一概要加以推翻、打倒。

徐先生的见解，代表着人文主义者对整个现代或现代主义艺术的批判。而这个批判，也显示了现代艺术确有违于人文主义之处。

当代的人文主义论者，如前文所提到阿伦·布洛克，虽反对奥特加·赛特谓现代艺术为"艺术的非人化"之说，主张现代文学及艺术仍与人文主义有着亲和的关系，但其辩护，恐怕仍与他将希腊城邦文化纳入人文主义的谱系相同。

他从以下几个方向来解释道：（一）参观毕加索画所获得的精神充盈感，与去佛罗伦萨看文艺复兴时期人道主义艺术时所感到的精神升华和兴奋一模一样。（二）现代主义与过去的决裂，并不如一般人所以为的那样彻底、完全。一如文艺复兴那样。14、15世纪的艺术家和中古仍有连续性，现代艺术亦未完全毁掉全部西方传统。（三）20世纪的文学与艺术，虽与从前颇不相同，但那是用新的方式看人与社会，以适应社会之变迁。可是在变的同时，它仍保持了与理性的联系，也保持了思想和艺术的训练，而这些，乃是过去人文主义的特点。故现代这些东西，应视为人文主义的一种新版本。

这些辩护，谁也不能说它没有道理。因为万事万物，自其变者而观之，肝胆楚越也；其不变者而观之，则万古长新，固未尝变也。用这些理由去套，什么都可以说是人文主义的一种新版本。

何况，从现代艺术家大多数人的自我声称，或社会大众对现代艺术的感观经验来说，看现代艺术所获得之审美体验，绝对与看文艺复兴时期的艺术品不同；一般人也不会认为现代艺术之连续性大于革命性。

也就是说，近百余年间，中国所接受的美学与典范、所表现之美术风气，乃是非人文主义或反人文主义的。艺坛内部，也不易找着什么真正的人文主义者。

六、美学途径的分歧

在这样的时代或社会中，人文主义遂仅能靠少数人文学者来发扬。

（一）

可是人文学者对艺术或美学之态度也并不一致。例如牟宗三先生便很轻视美术，也反对以美育代宗教。他说：

蔡元培先生欲以美育代宗教，误也。无论西方意义之"宗教"或中国意义之"宗教"，皆不可以美术代。谢扶雅先生谓蔡氏之意正合孔子之意，亦误。儒家之教自含有最高之艺术境界。然艺术境界与蔡氏所说之美术不同。凡宗教皆含有最高之艺术境界，然宗教不可以美术代。宗教中之艺术境界只表示全体放下之谐和与禅悦。质实言之，只表示由"意志之否定"而来之忘我之谐和与禅悦。故孔子曰："成于乐。"成于乐即宗教中之艺术境界。试看《乐记》中对于乐之境界之阐明，皆当视为儒教中之艺术境界，而非可视为美术也，美术何足以代宗教？美术自当是美术，教自是教。蔡氏之言，根本反宗教，亦根本反儒家之为教。

后来他又再论人性时，区分两种人性论的路数。说"顺气言性"的才性一路，只能开出一美学境界，下转而为风流清谈之艺术境界的生活情调。反之，"逆气显理"一路，才能开出超越领域和成德之学。这时，"艺术境界"不再是指宗教中所含之艺术境界，而是带有贬意的词汇，是要被超越之物。

这样的两种艺术境界，其不同，要透过牟先生对康德的论述才能了解。

牟先生在译毕康德《判断力批判》之后，曾说："原无意译此书，平生亦从未讲过美学。处此苦难时代，家国多故之秋，何来闲情逸致讲此美学。故多用于建体立极之学。"把讲美学看成是闲情逸致与不急之物，轻蔑之意，溢于言表。这与康德用美学来沟通知性与道德，把美学看得无比重要的态度截然异趣。

牟先生也率直地批评康德这种态度，说康德所说审美判断之超然原则颇有未谛。他自己则是要超越康德的。

如何超越呢？牟先生《以合目的性之原则为审美判断力之超越的原则之疑窦与商榷》一文，指出康德所说的判断力担当不了沟通实践理性和知性的责任。"即真即美即善之合一之境者，仍在善之道德的心"。须能挺立此心，挺立道德主体，方能"摄美归善"，以善统真、以善统美，开出即真即善即美的合一之境。

这本于道德主体而开之真善美合一之境，就是他所谓的"儒教中之艺术境界"。此乃是良知教，是由良知善性仁心所显之境。至于那未摄美归善、未逆气显理，只显示美的艺术境界，就只是世俗所说的风流清谈、生活情调、美学境界，非其所能首肯者矣。

这种美学，其实是反美学的美学。要以超越美来包摄美，让美摄归于善之中。此时之美，实不复显其为美，唯显其为善而已。是以善所显之自由、充实、无相为美，故说是"即善即美"。其所谓美善合一，绝不能倒过来说是"即美即善"。因为从美是生不出善的，美亦不能显示为善。

整个牟宗三的哲学，也贬抑情感而强调理性。他说："本心明觉，其自身就是理性（法则）、就是觉情（道德之情）……。觉情、理性与法则，这三者是一。……如康德说，凡事情即是感性的，凡是心亦是感性的（所谓人心）。……如是，则理性处无心、无情。"道德之情，非一般的感情，犹如人心并非本心或道心。故道德之情乃是觉情、乃是理性。在这样强调理性的哲学中，由感性主体发展出来的审美创作与活动，在其间之地位亦可想而知了。

倘依其所分判，则中国除了孔孟即若干宋明儒者，能经由道德心而开显一艺术境界或美善合一人格之外，一切文学艺术，其实均落在才性、感情一路，未能向上翻转出实践理性。

这样的美学，不但难以应用于中国文学史艺术史的研究中，也无法据以发展文学批评与艺术批评。方东美曾说康德哲学之弊在于："除却真理外，其他艺术、道德、宗教价值亦殊无法安排，这在康德批判哲学里确是一个严重的问题。"牟先生的问题则比康德严重得多。

（二）

人文主义者徐复观，情况则与牟宗三不同。他在《中国艺术精神》一书中，先申论了类如牟先生所说的那一路美学，讲孔子所开启的乐教是如何地仁乐合一、美善合一，是人的精神透到音乐中去，所谓："人欲尽处，天理流行，随处充满，无稍欠缺。"故显其为美。但随之，徐先生就说这种艺术精神已逐渐转化于音乐，无待于乐教。为人生而艺术，超越一般人审美愉悦之层次、要求人向上提升以发其善心的艺术，也终因不好听、不好看而为世所厌弃。儒生、知识分子又不再有对音乐的追求；更无僧侣之教团组织维系音乐与仪节，以致这一路艺术精神毕竟是没落了。

再描述孔子乐教这一部份，徐先生与牟宗三一样强调了它美善合一、以仁心透显至音乐的性质，但具体解释并不相同。依徐先生的想法，是仁与乐会通，其根源处（亦即仁与乐之本质）可通，其最高境界也可含同。故可以道德充实艺术，艺术也助长并安定道德。这与牟先生摄美归善之说便极为不同。艺术较具地位，艺术本身就也可呈现出"大乐与天地同和"的境界，不必一定是要由道德心显艺术境界。

但无论如何，这一路，据徐先生描述，"为人生而艺术"者，终归转化、终归没落。故后世中国艺术，则都是由庄子学接来的血脉。

> 庄子所谓道，落实于人生之上，乃是崇高的艺术精神。而由他心斋的工夫所把握到的心，实际乃是艺术精神的主体。由老学庄学所演变出来的魏晋玄学，它的真实内容与结果，乃是艺术性的生活和艺术上的成就。历史中的大画家、大画论家，他们所达到，所把握的精神境界，常不期然而然的都是"庄学玄学的境界"。

这个讲法，几乎就是说：那种美善合一、仁乐合一的形态，乃是无生机的，后世亦难有所发展；要开展出具体的艺术创作及艺术生活，只有靠庄学玄学这一路。

他解释庄子的"心斋""坐忘"为什么可以呈现艺术精神的主体，当然是非常精采的。然而顺其说，我们恰好可以发现：他推崇的魏晋玄学或艺术生活和艺术，正是牟宗三批评为"顺气言性"，而希望予以超越者。

同时，心斋坐忘所把握到的心，固然可以是艺术主体；但这种心，落实在人生上，只是去欲、去私、游戏、无用、虚静。这样的心、这样的人生,与徐先生阐发人文主义的人生观,难道可以忻合无间吗?

纯艺术的精神,真可以作为人文主义者的归趋?徐先生自己未注意到这一层,反而摄儒归道,说:"儒道两家人性论的特点是:其工夫尽路都是由生理作用的消解,而主体始得以呈现。此即所谓克己、无我、无己、丧我。"这是把儒学道家化了。儒家诚然也有此遮拨工夫,却更以建体立极为主,本心发愿,致知尽心。是"志于道、据于德、依于仁、游于艺"。而非仅游于艺,非仅以"心有天游"为工夫,亦非以艺综道德与仁,而显一纯艺术精神也。

徐先生这样的美学,追求"官知止而神欲行",要去知去欲,以获纯粹意识(Reines Bewusstseiu),其形态实亦与人文精神或人文主义相去甚远。

唐君毅《中国人文精神之发展》第一部论"人文、非人文、次人文、超人文及反人文之概念"时,便曾判分孔孟为人文思想、墨子为次人文、庄子为超人文、法家为反人文之思想。古代荀子亦曾说庄子是"蔽于天而不知人"。人文主义者的美学,居然自认为人文思想于秦汉以后便无法再开艺术与艺术精神,或说:"儒家所开出的艺术精神,常须要在仁义道德根源之地,有某种意味的转换。没有此种转换,便可忽视艺术,不成就艺术。"而遁入天界,以天为人,以心有天游为人生之旨趣,实在也是件奇怪的事了。

(三)

唐君毅先生的情况又颇为不同。唐先生与阿伦·布洛克等人迥异,认为:

a. 西方人文主义并非西方思想的主潮。

b. 西方人文主义在19世纪前,主要在礼仪历史知识文学技术艺术中求表现,而未能在人类文化之全体,及人性或人存在之本质上立根。故其最高表现,亦只能到德国之新人文主义之透过艺术精神,以体验道—即自然即神知人的生命为止。

c. 现代西方之人文主义则有四型：

1. 为偏宗教而重集体之教会组织的，如天主教中圣多玛斯之人文主义思想。

2. 为偏宗教而要个人自由的，如贝德叶夫。

3. 为重科学、重人之为一自然的存在、物质的存在，而又重人之集体的组织活动的，此为孔德、费尔巴哈之思想，后成为马列主义者。

4. 为重科学、以人由自然进化来，较重人之个体自由的。此为一般英美之人文主义及自由主义者，如罗素、杜威、桑他耶拿、塞勒斯等。

d. 以上这几型现代西方人文主义又都存在着极多的问题。唐先生罗列这些问题为以下14项：

1. 古代对人尚有一确定方向之看法，近代则无。人本身成为了问题。

2. 人文主义与宗教是否兼容，尚未解决。

3. 人文主义与科学之关系，亦无答案。

4. 如有超人文之超越界，此世界是以理性或实有或价值为第一义之实在，或以上帝为第一义之实在？

5. 若上帝为第一义之实在，人能否同于上帝？

6. 人若欲上达超越界，是否只能通过信耶稣或教会？

7. 到底有无上帝，或能否说有上帝，或是否必须说有上帝，或如何说上帝，目前均仍为未解决之争论。

8. 如吾人信人而不必信上帝，则人之本质究竟是个体性，抑或集体性的？

9. 如肯定人为一自然之存在，而与自然相连续，是否有独立于人以外之自然物之性相，能为人所认识？人对自然之知识，是人所发现或制造？

10. 人对自己之知与对上帝、自然之知，何者为先？

11. 人之存在以外，若有上帝及自然，人之存在是否须依赖它？若依赖，是内在的或超越的？

12. 人之存在与其本性本质关系如何？

13. 论人应重在理性一面，抑或非理性、反理性的一面。

14. 人文主义对当代社会,能有何种实践性?

通过这十四问,唐先生一一考察西方近代各派及其与人文主义之关系,判断:西方现代人文主义思想中间问题之多,在根本上是因西方人文主义缺乏一个在本源上健康的传统。

希腊偏于自然主义与理性主义,希伯来信仰超自然主义,重视信仰,以神为本;尚个体之古希腊雅典思想,与尚法制组织之斯巴达、罗马亦为对立。以致西方人文主义思想陷于上帝与自然、宗教与科学,法制组织与个人自由等种种对峙中。人的主体性不能真正树立。

故依唐氏之见,要树立人的主体性,仍应回到中国文化。综观唐氏一生,也极为关切世界文化问题及中国人文精神的发展。他的思想,总环绕这一核心而开展,念念不忘以"中国文化的精神价值",进行"人文精神的重建",达成"中国人文精神的发展"(均为其书之书名)。

可是,唐先生所理解的中国人文精神,究竟是何种精神呢?

这不是宋明理学格局或牟先生那种思路所能把握的。因为从宋明理学或陆王式孟子学来看,中国思想文化的根株主脉,在于心性论。然而,依唐先生之见,中国文化实即一种礼乐文化。礼,含政治、宗教及道德;乐,含文学与艺术。礼,成就人生命精神的秩序、节制与条理;乐,成就人生命精神之充实、和融与欢喜。此种礼乐文化,兴于三代,既是我国文化的原始精神,又不断回应历代的新挑战而绵延下来,成为民族的具体文化生命。展望未来,唐先生更期待能把西方科技、民主、宗教等,"中华礼乐化""中国人文化",形成一庄严阔大之人文世界。

依此礼乐文化观,其视中国文化之重心,便在道德与艺术。和西方文化的重心在宗教与科学,适成对比。

正因为唐先生之思想重点,在于重建此中国人文礼乐精神,故美学在其间便自然有着不可忽视的地位。从乐的这一方面说,唐先生又提出人格美、人文美之说法,来解释礼为何不只对人生命的限制,而更能成就生命活动的秩序与条理。艺文美与人文美,两者合并起来,才能构成唐先生所谓的礼乐文化。

因此，美学，并不是唐先生整理理论中边缘性的东西。恰好相反，美学在唐先生思想中之地位，不但如康德之第三批评，用以通第一批判与第二批判之邮，且其总体文化观，即是美学的。礼乐文化，就是礼文艺文俱美的生命境界，礼与乐两端，也通过"美"这个观念来通之为一。

至于专论礼乐文化之乐的一部分，唐氏也有《文学意识的本性》《中国哲学中美之观念之原始，及其与中国文学的关系》《文学的宇宙与艺术的宇宙》《间隔观及虚无之用与中国艺术》《音乐与中国文化》《中国艺术与中国文化》等文。论旨甚为繁赜。

也就是说，类似唐先生这样的人文主义者，其人文主义与美学甚有关系，甚或其本身就显示为一套美学。吾人欲求当代之人文主义美学，不应求诸艺坛，反而须于此类人文学者著作中寻访之。

只不过，类似唐先生这样的人太少了。即使同样提倡人文主义、人文精神，牟宗三、徐复观等人亦无法发展出人文主义美学，遑论其他！未来中国人文主义的出路，终究还得靠我们这一辈人打出来。

汉语在世界语言中的地位

人是世上唯一会说话的动物,至今每个民族可能没有文字,却都有其语言。可是,中国人对语言的认识与众不同。

一

首先,是区别了语言在符号使用中的特性和优势。

因为人在有所思、有所感时,除了发出声音之外,还可用手势、表情、动作等来表达,不一定非立言不可。故中国人特别指出一种语言情境,那就是在昏暗中,在手势、表情、动作、旗号、文字等均无能为役之际,语言之用独具优势。《说文》:"名,自命也。从口夕。夕者,冥也。冥不相见,以口自名。"所指即此。

《释诂》说:"瞑,听也。"或《玉篇》说:"瞑,注意听也。"所指亦然。昏冥之中,声音正是最主要的传达方式。在手势、表情、动作等均无能为力之际,人才非使用语言不可。

一些跟说与听有关的词,如命,《说文》云:"命,使也,从口令。"聆,"听也,从耳,令声";令,"发号也,从亼卩";问,"讯也,从口,门声";闻,"知声也,从耳,门声"。睧,"古文从昏",大抵也都强调它在音声传达上的特点。隔门不见人,故以声传讯,适与昏夜不见人故扬声以示意相似。

人类学界有一种主张,认为人类发出声音,最初都只是用以辅助手势的,音节语也都多少会依仿着手势语。但从中国人对语言这种声音特性的认识及强调来看,这个讲法显然就错了。古人并不以为语言是继手势而用或代手势而起。因此,才会说音是"声也,生于心有节于外"。汉语中,凡从音之词,也多有昏暗之义。如暗、闇、瘖都是。

换言之,每个民族都有语言,其起源也可能都属于自然本能,但中国人对语言特性的掌握却颇有独到之处,与其他民族不同。

基于对音声的特殊感会,中国的语言发展当然也颇与其他民族不同。

二

语言学界一般把中国地区的语言划归为汉藏语系。在这个语系底下再分侗台、苗傜、安南、藏缅诸小系。有人认为汉语、缅甸语、藏语中有非常多相似的语根,因此它们可能来自一个已不存在的古老语言:汉藏语原型(Proto Sino-Tibetan)。但邃古难征,汉语与藏语之关系,学界也仍多争论。

汉语发展的时间很长,当然颇有演变。例如,中国人说养狗养猪,日本人就说是犬养猪饲,把宾语放在动词前面。中国人听了总要发笑,因为"狗养的"乃是骂人的话。可是古汉语中宾语前置的现象并不罕见,如《论语·子罕》:"吾谁欺?欺天乎?"就同时用了两种语序,有宾语在前的,也有宾语在后的。

又如汉语中量词极为发达,一个人、一张床、一匹马、一头牛、一只羊、一扇门、一根葱、一尾鱼、一叶舟、一方塘、一口刀、一把枪、一锭金,都有不同的量词,印欧语系语言便没有如此丰富。但古汉语的量词使用原先却较简单,与印欧语系差不多。

再者,印欧语系中复声母的现象甚为普遍,汉语古亦有之。依古音学家之推考,古汉语中辅音接合的可能性,甚至更多于现代的印欧语,如dg-、tp-、dm-、ml-、nd-、mbl-、nh- 等均为现代印欧语所不习见者。但后来复声母终被淘汰了,汉语只以单音来表示。故由语序、量词、复声母等这类事来看，汉语之古今演变不可谓不大。

然纵观汉语史，又可发现汉语的基本特质古今并无大异。其变化者，一是古有而渐丰，如量词在先秦，虽已有之但尚不发达，魏晋才大量出现。这种变，其实只是发展，只是踵事增华。

在古人说："孚马四匹，孚车卅两"（《小盂鼎》），"卯五牛于二珏"（《殷虚文字乙编》，7645），"其礻登新鬯二升，一卣"（《殷契粹编》，525），"予光赏贝二朋"（《三代吉金文存》，十三卷）时，早已注意到每一物事之特殊性，故其后才会广泛地以不同计量词去指称每一不同的物事。

另一种变化，则是选择的结果，例如词序和复声母。词序渐渐稳定，以宾语放在动词后面为主，复声母则遭放弃，都是有意识的作为，故是变本而加厉。

这也就是说：语言虽然是每个民族都有的，但对语言的意识，各民族并不一样。各民族语言之所以不同，即肇因于此。

本于这种"对语言的思维"，各民族分别创造了他们的语言。汉语相较于其他语系，所具有的特色，便可显示古人在造语时特具的思维状态或倾向。

顺着这些状态或倾向发展，后来汉语遂越来越与其他语系不同了。某些与其他语系类似的语言现象，也已逐渐淡化或改变。

语言，为人禽之分的界限，人文起始于此。故对语言的思维，也是思想史的起点。

三

世上语言，可略分为四种语法结构：孤立语、黏着语、屈折语、复综语。其不同可以看以下的例子：

汉　语　　　　俄　语
我读书。　　　Я читаю книгу

你读书。	Ты читаешъ книгу
他读书。	Он читаег книгу
我们读书。	Мы читаем книгу
你们读书。	Вы читаеге книгу
他们读书。	Они читают книгу

　　这六句话里，汉语的"读"和"书"没有任何变化。俄语的动词 читатъ 随着主语的人称和数的不同而有不同的形式，而 книга 也必须是宾格的形式 книгу。类似主语与谓语，形容词修饰语与中心语的组合要求有严格的一致关系，动词对它所支配的宾语也有特定的要求。词在组合中这般多样的词形变化，在汉语中是没有的。

　　因为汉语和俄语正好代表两种不同的结构类型。语言学中把类似俄语那样有丰富的词形变化的语言叫作屈折语，而把缺少词形变化的语言叫作孤立语。汉语即是孤立语的代表。

　　孤立语的主要特点，是不重视词形变化；但是词的次序很严格，不能随便更动。

　　上述的六个汉语句子，每一个词在句中的位置都是固定的。虚词的作用很重要，词与词之间的语法关系，除了词序，很多都是由虚词来表达的。比方"父亲的书"，"父亲"和"书"之间的领属关系是通过虚词"的"表示的。

　　这种关系在俄语里就需用变格来表示："книга отца"中的 отца 是 отец（父亲）的属格。汉语、彝语、壮语、苗语等都属于孤立语这一类型。

　　屈折语的"屈折"是指词内部的语音形式的变化，所以又叫作内部屈折。其主要特点是：有丰富的词形变化，词与词之间的关系主要靠这种词形变化来表示，因而词序没有孤立语那么重要。

　　像俄语的"Я читаю книгу"这个句子中的三个词，由于不同的词形变化都已具体地表明了每个词的身份，因而改变一下词的次序，比方说变成"Я книгу читаю"，或者去掉 Я，说成"Читаю книгу"或者"Книгу читаю",都不会影响句子的意思。俄语、德语、法语、英语,都是这种屈折语类型。

黏着语的主要特点则是没有内部屈折,每一个变词语素只表示一种语法意义,而每种语法意义也总是由一个变词语素表示。因此,一个词如果要表示三种语法意义就需要有三个变词语素。土耳其语、芬兰语、日语、韩语就是黏着语类型。

复综语,可以说是一种特殊类型的黏着语。在复综语里,一个词往往由好些个语素编插黏合而成,有的语素不到一个音节。由于在词里面插入了表示多种意思的各种语素,一个词往往能构成一个句子。这种结构类型多见于美洲印地安人的语言。

从孤立语和屈折语的比较来看,最大的差别在于屈折语的形态变化多。其变化有以下各项:

（一）性：俄语和德语的名词与形容词都有性的语法范畴,分阳性、中性和阴性三种,不同性的词有不同的变格方式。法语名词也有性的范畴,但只分阴性和阳性。"性"是一个语法的概念,它和生物学的性的概念未必一致。例如德语的"das Weib"（妇女）、"das Mädchen"（少女）在语法上是中性。其他各表事物的名词也分成各种性,例如太阳在法语里是阳性,在德语里是阴性,在俄语里是中性,等等。这种分性的观念,使墙壁、门、窗、桌、椅都有性别,中国人常感莫名其妙。

（二）数：指单数和复数。如英语的名词、俄语的名词和形容词都有单数和复数的变化。在中国,若讲到狗时,说"狗们",则会笑死人。我国只有景颇语、佤语的人称代词有单数、双数和复数的区别。

（三）格：格表示名词、代词在句中和其他词的关系。俄语的名词、代词的格有6种形式（名词单复数各有6个格的变化,故有12种变化）,修饰它们的形容词、数词也有相应的格的变化。名词、代词作主语时用主格的形式，作及物动词的直接宾语时用宾格的形式，作间接宾语时用与格的形式，表领属关系时用属格的形式。英语的名词只有通格和所有格两个格，芬兰语则有二十几个格。中国人学外语，对这些格的变化，常感一个头两个大。

（四）式：表示行为动作进行的方式。英语动词有普通式、进行式和完成式。"be + 动词的现在分词"表示进行式，"have + 动词的过去分词"表示完成式。

（五）时：表示行为动作发生的时间。以说话的时刻为准，分为现在、过去、未来。如英语"I write"（我写，现在时），"I wrote"（过去时），"I shall write"（将来时）。英语语法中通常说的"现在进行时"，实际上包括时和式两个方面：现在时，进行式；"过去完成时"则是：过去时，完成式。法语语法中通常说的"复合时"，也是包括两个方面的，如"越过去时"（plus-que-parfait）实际包括过去时和完成式两个方面。

（六）人称：不少语言的动词随着主语的人称不同而有不同的形式。俄语、法语都有三种人称。英语动词只在现在时单数的时候有第三人称。汉语不只无此变化，连我你他有时都很模糊，上海话说"侬"，有时指你、有时指我，即为一例。

（七）态：态表示动作和主体的关系。一般分为主动态和被动态两种。主动态表示主体是动作的发出者，被动态表示主体是动作的承受者。

以上这些语法的形态变化（性、数、格、式、时、人称、态），汉语几乎全都没有；某些语法功能，只需用助词来代替。

例如"我吃了"表完成式，"我吃着"表进行式。其他形式上的表现只有语序。词与词缀合成句，由语序关系确定其含意。

一些游戏语的故事，如主人逐客，下了条子说"下雨，天留客，天留我不留"，却被死皮赖脸的客人读为"下雨天，留客天，留我不？留"；或翁同龢气愤邻居常来门口便溺，写了告示："不可随处小便"，结果被邻人改为"小处不可随便"，把字拆开裱好了挂在厅堂上。这都显示了汉语中句子的意义，是靠不同的读法或对语序不同的处理而定的。

四

不止此也。汉语一些结合字句的词语，如前置词、接续词、关系代名词也都不予重视；在组成一句话时，主语、述语、宾语、形容词、副词也都可以颠倒或省略；主语亦不具备印欧语式的主语功能；句子更可以没有主语；主语与动词谓语之间的关系又非常松散，不存在必然的"施事加行为状态"及"被表述者（主语）和表述成分（表语）"等关系。这些，也都是它迥异于其他语言的地方。我以前说过：中国古代从来没有西方式的语法学，原因就在于此。

由于印欧系语言单词本身有丰富的形态表现，体现丰富的语法意义，因此早在亚里士多德讨论静词和动词时，就有了"格"形式的概念和"数"形式的概念。他把动词和静词的所有"间接形式"（形态变化）都纳入"格"的语法范畴中，还指出静词的"性"的区别。其后语法学之研究亦历久不衰。

印度则在公元前4世纪就有系统的《梵语语法》。

可是，汉语的语法形态变化甚简，只要明白了词，又明白了词序，句子自然就能通晓，不须做句法的形态结构分析。因此，从古至清末，中国只用训诂之学去释词、用句读之学去讲明语序就够了，根本没有也没必要有印欧语系那样的语法学。

由此差异，亦可发现印欧语言显示了较强的形式逻辑性，句子的谓语必然是由限定动词来充当的。这个限定动词又在人称和数上与主语保持一致关系。句子中如果出现其他动词，那一定采用非限定形式以示它与谓语动词的区别。

因此，抓住句中的限定动词，就是抓住句子的骨干。句中其他成分，均须借位格或关系词来显示它们与谓语动词的关系。而主谓语之分,又是从形式逻辑来的,以形成一种从属关系句法。

反观汉语的形式限定很弱,词序所构成的,乃是意义上的、事理上的逻辑关系,而非形式的(也有人称为"意向性意涵的逻辑"或"隐含逻辑")。故非"以形定言"之形态,乃是"意以成言"的。语意之明晰与否,不由形式逻辑上看,而要从词意的关系上认定。

语言学上称此为"形态优势"和"意念优势"之对比。

形态优势的语言,讲究形式逻辑的关系,时态、语态、人称等均有明确的规定。语句的意思,可由结构形态上分析而得,故句意较为固定。

意念优势的语言,是意念(词)的直接连接,不必仗赖形式上的连接,所以形约而义丰。对词意本身的掌握越准确越深刻,句意也就发生了变化。

因此有些人认为汉语不如印欧语明确、具形式逻辑性、含混、语意游移;以致用此语言所表达之思想也无明白的推理程序,显得囫囵、简单。有些人则推崇汉语抛弃了一切无用的语法形式,直接表达纯粹的思想,把所有语法功能全部赋予了意念运作,也就是思维,仅以虚词和语序来联结意义。

五

若把思维或概念外化为语言的过程称为"投射",则汉语是直接投射式的,英语等则须经词的形态变化、结构成形等程序整合手续,所以是间接投射的。相较之下,汉语自有简约直接的优点。

以"形式逻辑/意义关系""形态优势/意念优势""间接投射/直接投射""以形定言/意以成言"等区分之外,印欧语与汉语还可以"动词为主/名词为主"来区分。

汉语是以名词为主的语言,动词远不如在形态语中那么重要,注重名词的基本义类,然后利用句读短语组构语句。印欧语法则注重动词的形态变化。上古汉语动词还比较多，占71%，名词占20%。现代汉语动词则已降到26%，名词高达49%。可见整个汉语史有朝形态简化、动词作用弱化、名词作用强化的趋向。

意念优势的语言，本来就以词为主，而不以语法为重。在一些缺乏语法形态变化的地方，要完成其语法功能，也仍然要靠词。如前文说过的"我吃""我吃了""我吃着"那样，词本身无形态变化，但助词可以完成时态表示的功能。

数也一样，数在汉语中也是以词及词汇表示的，如人们，加助词以示复数；五匹马，加数词量词以示复数；异议，以词义融合表示复数；若干时日，利用表示复数的词汇；重重关卡，以叠字示复；年久月深，以成语示复。这些都是运用词汇手段（lexical means）的办法。

这种办法极为灵活，因为词与词是可以随机缀组的，因此它是个开放系统。语境不同，便可缀组不同的词。其手段包括利用副词、助词（如竟、竟然、就、就像、真、想、多想、多么、也许等）；连词（如若、假使、倘如、即使、本来、原本等）；助动词（如应、应该、理应、似乎、本可、会等）。

以词汇手段济语法功能之用，自然更强化了汉语"以意为纲"的特点。屈折语中语法形态上的转折，变成了汉语式的意念转折。善于听受汉语的人，也就不必去分析什么句法的结构，只须注意其遣词命语即可。

这些句子，可能仍由实体词构成，如"春风桃李一杯酒，江湖夜雨十年灯""古道西风瘦马，小桥流水平沙"。句子都是话题形式而非命题形式，主谓结构不明显。

当然，句子也可能利用虚词组成，如"时方随日化，身已要人扶"，虚词的作用不在表达语法范畴，而在显示思路转折，但词无固定词性，功能上的意义也不定。

同样，实体名词在句中一样可以具有语法功能。一个句子没有虚词，没有动词助词，照样可以理解。反之，若习惯了印欧语及其思维形态，对汉语语意，可就拿捏不准了。民国以来，治思想史者，往往就患了此种毛病。

这特殊的词语状况，结合其语法特性，就构成了汉语独特的形态。此一形态，与思维之关系，最明显的，是句子短。即使是长句，也往往可析成若干短句，句中以意联结，意断则句绝。

因此"离章辨句"非常重要。古代大学，要求入学一年后须有离章辨句之能力，即缘于此。不同的断句法代表对语意之掌握有所不同，因此这是以语意为主的句子。语意之单位是词，一词一意，故一词为一句的情况极多，至为简约。

短句在思维上代表简捷、直接。中国人常常也有把一些复杂的事相或概念，浓缩为三四个字的习惯，《三字经》及大量成语即为明证，思想是极缩约的。《诗品》称陶渊明"文体省净，殆无长语"，大约即是中国人对言词运用的极则。此亦代表了思想上的要求，所谓"言简意赅"或"文约意丰"，都是指这个特长。

短句精简的特色，因摒弃了机械式的关系结构，会使中国哲人放弃呆板的推理思维。汉语的概念直接投射形态，也使它较擅长直觉。

何况，汉语的语法形式匮乏，使得一个语句到底是什么意思，一个词语在语序组合中到底恰当否，都只能就实际的语词中去认清楚它的意义而定。这样的语言，对语义的掌握就更为重要，"语言学"势必成为"释义学"。

六

古代形容圣人，都强调其聪智；圣与听本来也就是同一个词。聪是耳朵听的能力，故圣人之圣，从耳，从口。听得懂人话，才能掌握意义。

孔子自谓："六十而耳顺。"境界尚在五十而知天命之上。注云："耳顺者，声入心通。"发言者心生言立，听闻者声入心通，两心相印，才能形成一次透彻深刻的意义传达。此种理解与传达之关系，比诸形式推理，更需要体会、诠释的工夫，亦非形式推理所能奏功。此则非只懂印欧语、只晓得形式推理者所能知矣!

  语言先于文字,语言也是人禽之分的关键。但语言不是工具,它是人类心灵状态在声音上的表现。不同的民族、不同的心灵状态,有不同的语言、不同的表现方式。

  即便语言只是工具,每个民族创造工具的思维也不相同。正如有些民族创造了筷子,有些就只用刀叉。刀叉制作繁难,形状也较复杂,但未必优于筷子或可以替代筷子。这是创造工具的不同思维创造了不同的工具。

  可是运用这些不同的工具,却必然又会使饮食活动产生差异。因为吃涮羊肉就绝对无法用刀叉,只能用筷子。会创造出涮羊肉这种吃法,也是因为有了筷子。

  创造语言的思维,创造了语言,语言又转过来创造了思维,亦如为了吃东西而创造了筷子,筷子又影响了吃东西的方式和内容。

  中国人在上古,创造了汉语这样一种颇异于其他语系的语言,其创造思维,乃是上古思想史上的第一声,是人啼而非禽语,且是汉人之音声语句,非其他类型的言说。

  本此思维,继续发展,汉语本身既形塑了后来的思维,后来的思维也逐步完善着汉语。因此某些特性,古仅萌芽,后乃茁壮;某些现象,古本有之,后则删汰。整个中国哲学史,也就与汉语语言史合而难分了。更不要说嗣后所有思想均采用汉语来表述啦。

  正是,"心生而言立,言立而文明",华夏文明,于兹起焉。

百年汉字演进史

百年来的汉字史,乃是一部演进史。汉字背负了曾经使中国积弱不振的罪名,成为被改革的对象。

针对汉字进行改革,是民初即已开始的文化运动,但与其他国家的文字改革性质不同。

一、消灭汉字

文字改革有两种。一是在文字制度内部改,例如秦始皇的"书同文";或印尼改用印度字母,后来又改用阿拉伯字母;改变都仍在同一种文字系统内进行。

另一种却是文字制度的变革,例如朝鲜把汉字废除了,改用谚文;越南改用拉丁化字,把表意文字转变为拼音文字。

我们的文字改革,则先是起于体制内的改变,而逐渐要废除汉字,变成了改变体制。以简化为阶段过渡,最终想要达到拼音化之目标。

一百年前,即1920年,钱玄同即在《新青年》七卷三号发表了《减省汉字笔画的提议》;1923年又在《国语月刊》发表了具体方案,倡行简体字。这种简体字之功能,即在于让汉字逐渐减省,逐渐抽象化,与拼音接轨。

此一思维,最基本的想法就是仿效西方。最早提倡拉丁化的朱文熊在《江苏新字母》(1906)中就说:用官话字母或切音符号都不好,"不如采用世界通行之字母"。他所说的世界通行之字母，就是拉丁字母。

但当时着眼点仍在注音，并非用以代替汉字。可是这个方向迅速与新文字运动合流了。1931年瞿秋白等人在海参崴举行中国新文字第一次代表大会，在瞿秋白《中国拉丁化的字母》的基础上，通过了《中国汉字拉丁化的原则与规则》方案："要根本废除象形文字，以纯粹的拼音文字来代替。"但基于现实需要，"不是立刻废除汉字，而是逐渐把新文字推行到大众生活中去"。

随后就在苏联远东华侨工人间推行北方话拉丁新文字，渐渐发展到上海。推动主力是苏联。

当时非但是以简减汉字之手段，以达全面改变文字体制，走向"世界文字共同的拼音方向"；也与语音合流，发展汉语拉丁化。激进的，甚至主张干脆废掉汉语，全面采用拼音，或采用"世界语"。

二、仿效欧洲语言

然而，此种思想不折不扣是在欧洲中心论底下形成的，所谓拉丁化或"采世界通行之字母"，根本就是对欧洲拼音文字的模仿。因为，从来没有人提倡用阿拉伯字母、斯拉夫字母、印度字母。

以世界文字的分布来说，大抵有五大块，一是拉丁字母，二是汉字，三是印度字母，四是阿拉伯，五是斯拉夫，余为其他。因此，拉丁字母并非世界通用之字母，甚为明显，但过去谁也不重视这一点，因为眼中只有欧美，而其他文字之地区更都是被视为落后地域，故欧洲之拉丁文字遂理所当然地被视为是先进的、科学的。

就人口数来说，汉字及汉字系之使用人数不亚于拉丁字母。就字母系文字来说，阿拉伯字母的分布地区亦仅次于拉丁字母区。可是在欧洲中心主义者的心目中，其地位都远不能与拉丁字母相比。

欧洲中心主义者不仅视野偏狭，更缺乏社会文化观。例如欧洲，沿着俄罗斯、乌克兰，到今天塞尔维亚、黑山的西边，分界线以西信奉天主教，用拉丁字母；分界线以东，信东正教，就用斯拉夫文字。为什么同在欧洲，那些用斯拉夫字母的人不都采用拉丁字母呢？岂非文字之使用，内含有文化因素吗？

同理，北非中东，凡信伊斯兰教者都采用阿拉伯字母。中亚、西亚、南亚，乃至我国亦然。印尼先采用印度字母，后改阿拉伯字母，亦可印证其伊斯兰化的历程——相反的是土耳其，采用拉丁字母代替原先的阿拉伯字母，即显示了它想融入拉丁文化圈——印度字母，通用于印度、斯里兰卡、尼泊尔、不丹、缅甸、泰国、柬埔寨等地，亦同样可说明文字的使用并非工具而已。

文字改革者认为："汉字能够改革的根本原因，是文字的本质属性：工具性"，工具既可借用或创造，当然也可以改革。如果汉字这种工具不方便、不好用，自然就需更换。所以全力去攻击汉字如何"不科学"、如何不便于学习、不便于应用。

殊不知由文化角度看，文字从来都不只是工具。由文化角度看，谁都认为别种文字不便学习、不便应用。由文化角度看，就算再不方便，难学、难认、难记，该文化体仍会坚持采用属于它的文字。这个道理，就像同在欧洲，信东正教的地区绝不会采用拉丁字母一样。

我国周边各国，本来都用汉字，后来文化自信渐增，就要自造文字，也是同一个道理。

所造文字，不少比汉字还要繁复。例如西夏文，一般单字笔画都在十画以上，且无明确之偏旁体系。壮族的壮文、越南的字喃，由于合体字多，笔画结构也颇繁复。在湖南西南的江永县还有一种"女书"，是瑶族女子发展起来的一种汉系文字，既利用汉字减损变形，又有圈点等符号。

这些文字，我们非其文化圈的人，觉得它难，可是在它的社会中广泛使用、流传，特别是在民间歌谣、故事的抄本中，人家可没嫌难。我们觉得它没啥必要存在，干脆采用汉字，省事又能广为流通。但这种说法，能获得写女书的女人家认同吗？

凡此，均可知脱离了文化观点的文字工具论，乃是不符文字使用状况的意识形态编织。

　　同样的编织，就是他们有虚假的历史观。其现象之一，是建立假的文字进化史观，二是把这种史观抽离具体而真实的历史情境，单独且概念化地说。

　　假的文字进化史观，是说文字当由象形进化到拼音，或其他各种讲法，总之就是拼音最进步，汉字较原始或较落后，必须改进。

　　例如周有光《世界文字发展史》把文字史分为三期：一为原始文字（刻符、岩画、文字画、图画文字），二为古典文字（苏美尔楔形文字、埃及圣书、中国文字、玛雅文字等），三为字母文字。

　　他根本没谈印度、阿拉伯。直接说最高级的字母文字创自地中海腓尼基人，其后传入古希腊，"开创了人类文字历史的新时期"。因此他又得出一个规律："从意音文字向音节文字发展的规律"，据他看是人类都相同的。

　　请问这是研究还是宣传？古印度亦为人类四大古文明之一，为何论字母文字就忽略了，径自说腓尼基人之发明"不胫而走，成为全世界通用的文字"？又为何古印度就可以脱离此种规律，一下子从原始跳入最高级的字母阶段？

　　再者，他抹杀了一个事实，即古埃及与苏美尔文化都是被消灭才导致其文字未继续发展下去的。使用拼音文字的民族占据了他们的故地，便被周先生解释为文字由古典时期进化为字母时期，这不是抽离乃至遗忘了历史，而孤立、概念化地编织文化进化史吗？同理，他艳称拉丁字母推行之广，强调汉字文化圈日渐萎缩，而根本没说那是欧洲殖民运动的结果。

　　目前拉丁字母的使用区，是欧洲一半、美洲与大洋洲全部、非洲大部、西亚土耳其、东南亚新加坡、马来西亚、印尼、菲律宾、文莱、越南。这些地方，除欧洲本身外，都是因被殖民统治才会采用拉丁字母的。

　　正如蒙古，早期采回纥字母书写，后采藏文字母创八思巴蒙文，都非斯拉夫字母系统。及至苏联时期，受其控制，才改用斯拉夫字母。这是政治势力介入使然，非文字本身就有这么一个进化的规律。抽离或掩饰了这些历史事实而讲的文字进化史，只能是虚假的意识形态编织。

三、欧洲中心论对字形和语法的影响

此外，为了简化汉字以达到拼音，而且是用拉丁字母拼音，改革汉字的先生们还杜撰了另一条规律：文字符号由繁趋简，以"证明"简化是大势所趋，是进步的。

这种说法，违背了汉字文字学的基本常识：字，由初文孳乳而浸多者也。其初简、其后繁是不待说的。一字多义时为了辨义，也会不断增加符号，如"云"加"雨"成"雲"，加"艹"成"芸"；"文"本义就是花纹，但字义分化后加"糸"成"纹"。一个字，本身当然也有古简后繁者，如"无"与"無"，"囗"与"國"。但大趋势就是繁，字愈来愈多，字还结合成词，词也愈来愈多。

何况，文字使用能力是文化的表现，越有文化的人，就越喜欢使用、能使用、常使用较罕用、较难写、字形较繁的字或词汇，而且其词汇量也愈大。违背了这个文字社会学的事实，而空说简化规律，只能让人感叹成见之误人而已。

欧洲中心主义在语文方面之影响，不仅表现为语言文字改革，仿效欧洲建立的语法学，也是其中一端。

中国古代并无所谓语法学，清末马建忠《马氏文通》以后，才模仿英文建立起语法学。这是大家都知道的事。此事不只在语法学本身甚为重要，对文字学也是有影响的。因为古代以文字学为主，附论声韵；现代学术，则只有语言学。除了中文系仍开设文字学课程之外，试问有哪个大学或社科院会成立文字学所？《马氏文通》，讲的却是语法，因为它模仿的是西欧文字。在西欧拼音文字体系中，文字只是语言的模拟或记录，因此文字仍是语言，只不过是"书面语"罢了。这跟中国文字迥然异趣。

整体语言学的欧化，除建立语法学之外，汉字亦已消失于此一语言中心的思维中。现在的学科建置，就明定为古代汉语、近现代汉语，等等。

四、欧洲对汉字的排斥、吸收、误解与恐惧

从整体上看，注重分析和描述语言符号之结构，是20世纪西方语言学研究的普遍倾向，形成结构主义的思潮。对此思潮或现代语言学，英国语言学家莱昂斯（John Lyons）概括为五大特点：一，承认口头语言的优先地位；二，采用非规范性的描述方法；三，承认共时研究的优先地位；四，承认语言与言语的区分；五，接受结构主义的观点，把语言看成一个关系的系统，而系统成员（声音、词语等）没有独立之关系与意义。

第一点，指索绪尔（Saussure）《普通语言学教程》开始，即只重视语言，视文字为记录语言的工具："语言和文字是两种不同的符号系统，后者唯一的存在理由在于表现前者。"基于这个理由，现代语言学并不研究文字。就算研究，也仅限于表音文字体系。

索绪尔从能指的角度，讨论了文字系统的一些重要特征：

1. 文字的符号是任意的，例如字母"t"和它所表示的声音之间没有任何关系。

2. 字母的价值纯粹是消极的和表示差别的，例如同一个人可以把"t"写成好些变体，但在他的笔下，这个符号不能跟"l""d"等相混。

3. 文字的价值只靠它们在某一个由一定数目的字母构成的系统中互相对立而起作用。因为书写符号是任意的，它的形式并不重要，或者毋宁说，只在系统所规定的限度内才是重要的。

4. 文字符号是怎样产生的，这完全无关轻重，因为它们与系统没有关系。人们把字母写成白的或黑的，凹的或凸的，用钢笔还是用凿子，对它们的意义来说并不重要。

所以，文字，依他看，没任何特殊之处。

其他几点，均与这一点相关，尤以第五点为要，因为这是过去的语言研究中所缺少的。

所谓"关系"是指索绪尔的横组合与纵聚合这两个概念。虽然传统语言学里也有相应的范畴，如词性分类和语法结构，但现代语言学的独到之

处,在于它坚持语言成分没有独立于相互关系的意义。亦即:语言中的每一个分子,它的身份必须由其他相关的成分来界定。犹如我们只有先搞清楚这一颜色与其他颜色之间的关系,才能够把握它们的意义。所以说,语言符号的意义,不在于它是否与某一非语言的实体相对应,而在于它和同一系统中其他成分的关系如何。

这种结构语言学的特殊识见,就是其所以名为结构语言学的原因。语言学之功能,便是分析语言之结构、说明每一成分在该结构中之关系。

但是,语言系统是语言学研究的产物,非母语使用者本人的意识所能及。在具体使用语言时,讲话者的主观意识并不把语言当作一个符号系统。如一个讲汉语的人在实际会话中用"桌子"这个词语时,该词并不是以语言系统中的某一成分出现在话语中,说话者只知道自己和他所认识的其他人曾经在类似的真实生活情境中使用过这一词语。

语言符号的意义与外在事物和状态之间的对应关系,在中国文字中更为明显。例如汉字中"象"这个字,一般指称耳朵大、鼻子长、有一对大长门牙伸出口外的动物。如果按照结构主义的理论,概念的形成跟语言之外的物体没有关系,该字或词之所以具有意义,是因为它不是"虎",不是"鹿",也不是"马",等等;而且,象到底是什么,还须由语言系统来决定。这种说法,显然与汉字的发生情形不符。

同样的,索绪尔认为语言的能指与所指并无必然之关系,因此他才会说符号是任意的,字母"t"与它所表达的声音之间并无任何关系。拼音或许确是如此,汉字却不。不仅象形、指事、会意之符号,能指与所指颇见关联,形声字之声符亦多兼意。

也就是说,汉字本身就是对索绪尔理论最有批判性的材料。当代解构主义者雅克·德里达(Jacquea Derrida)在反对索绪尔及整个现代语言科学时,便注意到了笛卡尔、莱布尼兹等人当年借鉴汉字所发起的哲学运动。

据德里达说:由笛卡尔倡导,经 A. 基歇尔(Athanase Kircher)、J. 威尔金斯(John Wilkins)、莱布尼兹等人草拟的"关于文字和普遍语言、关于万能沟通手段(pasilalie)、多用文字(polygraphie)、通用思想符号

（pasigraphie）的所有哲学计划"，鼓励人们由当时新发现的汉字中设想一种西方历史上没有的哲学语言模式。

这是汉字对莱布尼兹的影响。在他看来，汉字与发音分离，使它更适合哲学研究。而莱布尼兹的想法又是受到笛卡尔之启发。笛卡尔曾设想："若出版一本涉及所有语言的大辞典，并给每个词确定一个对应于意义而不是对应于音节的符号，比如，用同一个符号表示 aimer、amare 和 φιλιτν（这三个词均表示"爱"），那么，有这本辞典并懂得文法的人，就可以通过符号而将那些文字翻译成自己的语言。"又说："如果发现了这一秘密，我敢肯定，要不了多久，这种语言就会传遍全球。许多人会愿意花上五六天时间学会这门能与所有人沟通的语言。"

这个秘密，在中国一点儿都不稀奇，每个人都知道：因各地方言太多，语言无法沟通，所以才要"书同文"。一旦写下来，就可让说任何话的人看得懂。这么浅显的道理，在欧洲却是个从来无人想到的秘密。笛卡尔触探到了这个秘密，莱布尼兹再由汉字之启发，才能设想到这种"通用字符"的办法。

莱布尼兹认为："普通文字，可以节省我们必须节俭使用的记忆与想象。……也显露了它可将符号留在书本上，以便有暇时再加以琢磨的秘密；而且，它使我们在推理时不费多大力气。它用符号代替事物，以便使想象力安定下来。"

所谓普遍文字或通用字符的模型就是汉字，莱布尼兹渴望从汉字中借用其独立性。因为他相信汉字具有非表音性质。汉字似乎是"聋子创造的"，故可独立于语言之外，他说："语言是通过发音提供思想符号。文字是通过纸上的永久笔画提供思想符号。后者不必与发音相关连。从汉字中可以明显地看到这一点。"又说："也许有些人工语言完全出于选择并且是完全任意的。我们相信，中文就是如此。"

在致白晋（Bouvet）神父的信（1703 年）中，他更把埃及的、通俗的、感性的隐喻性文字，与中国的、哲学的、理性文字区分开来："汉字也许更具有哲学特点，且似乎基于更多的理性考虑，它是由数、秩序和关系决定的。故只存在不与某种物体相似的孤零零的笔画。"

对于莱布尼兹的话，德里达并不完全同意，因为他所要批判的，是整个欧洲文化中内含的逻各斯中心主义，因此他更要由索绪尔及现代语言学上溯黑格尔、卢梭、亚里士多德、柏拉图，等等，做整体批判。故他认为莱布尼兹之论并不彻底："逻各斯中心主义是人种中心主义的形而上学，它与西方历史相关联。在莱布尼兹为传播普遍文字论而谈到逻各斯中心主义时，中文模式反而明显地打破了逻各斯中心主义。"

莱布尼兹的汉字观，当然颇多错误，不足据以为典要。但在打破欧洲中心论，也就是逻各斯中心主义、语音中心主义、在场形而上学、白人人种中心主义、现代语言科学霸权等的意义上，却是值得重视的。德里达称述之，其作用亦在此。

莱布尼兹对汉字的误解，最明显的，就是说汉字与声音无关。其实汉字并非完全与声音脱离，形声、转注、假借均与声音有关，声义是结合的。莱布尼兹只从字形上去认识，自多误说，故德里达也批评他是"汉字的偏见"。而声义有关这个特点，在德里达手上，就发挥得更有批判力。

德里达针对拼音化的问题说：许多人以为拼音化是一种进化的历程，没有文字能摆脱此一进程，可是实际上根本没这回事儿。因为连所谓"拼音"这个概念都是虚构的。他说：

> 由于结构上或本质上的原因，纯表音文字是不可能的，而且它从未彻底减少非表音文字。尽管表音文字与非表音文字的区分是完全必要和合理的，但相对于协同性和基本联觉（synesthésie）而言，这种区分只是派生的东西。不仅音标拼词法不可能是全能的，而且它早就开始损害无声的"能指"。"表音"与"非表音"决非某些文字系统的纯粹性质，在所有一般指称系统中，它们是或多或少起支配作用的典型概念的抽象特征。它们的重要性很少取决于量的分配，而更多地取决于它们的构造。譬如楔形文字既是表意文字又是表音文字。我们的确不能将每种书写符号能指归于某一类别，因为楔形文字代码交替使

用两个声区（registres）。事实上，每种书写符号都有双重价值，即：表意价值与表音价值。它的表音价值可能简单也可能复杂。同一种能指可以有一种或多种表音价值，它可以是同音也可以是多音。

由于以索绪尔为代表的现代语言学完全没弄明白这些道理，所以德里达总结说："索绪尔将语言系统与表音文字（甚至与拼音文字）系统相对照，就像把它与文字的目标相对照一样。这种目的论，会把非表音方式在文字中的现象解释成暂时的危机和中途的变故。我们有理由把它视为西方人种中心主义，视为前数学的蒙昧主义，视为预成论的直觉主义。"

透过德里达的论述，我们可以发现欧洲中心主义者的语言观，除了蒙昧主义及人种中心主义使然外，更深层的，乃是对文字的恐惧。

语音或语言，在他们的论述中，是那么崇高，文字只能从属于它。可是实际上，他们之所以要大声疾呼，强调语音语言，正因他们觉得人们已不重视语言了，语言已经被文字吃掉了或压掉了。所以卢梭说："文字不过是语言的再现；但奇怪的是，人们热衷于确定印象而不是确定对象。"索绪尔则感叹："文字与文字所再现的言语如此紧密地结合在一起，以致文字最终篡夺了主导地位。"

于是索绪尔才设想声音与意义之联结应该是最自然的纽带，然后说这种自然的关系往往被文字颠倒了："我们觉得，词语的文字图画是持久、稳固的东西，比声音更适合于构成语言在时间中的统一性；它远比自然纽带，即声音纽带更容易把握。""文字图画通过牺牲声音而最终将自身强加给它们……自然关系被颠倒了。"

索绪尔他们的做法，就是想重振语音语言之声威，把一般人们认为文字比语言更重要之观念，再颠倒过来。

五、汉字，软弱的崛起

这种对文字的恐惧，在黑格尔那儿即曾表现过，而且被他跟对中国的恐惧关联起来。

据德里达描述：黑格尔贬低文字或使文字处于从属地位，强调逻各斯的作用，谓文字是自我的遗忘，是内化的记忆的反面，开创了精神史的Erinnerung（回忆）的外化。上承柏拉图《斐德若篇》所云："文字既是记忆的方法，又是遗忘的力量。"可是他对文字的批评不触及拼音文字。他认为拼音文字表达声音，而声音本身即是符号。因此，它由符号的符号所组成，是最好的文字，是精神的文字。反之，如莱布尼兹所描述的汉字或象形文字，则是文字本身通过非语音因素背叛生命。它同时威胁着呼吸、精神，威胁着作为精神的自我关联的历史。它是它们的终结，是它们的限定，也是它们的瘫痪。它中断呼吸，在字母的重复中，且限于小范围，并只在为少数人保留的评注或诠释中。它妨碍精神创造活动，或使这种创造活动无所作为。最足以代表这种现象的就是中国。所以他说："中华民族的象形文字仅仅适合对这个民族的精神文化进行诠释。"

黑格尔对中国的诠释，大家都知道，那不仅是欧洲中心主义，更充满了日耳曼种族偏见。可惜，近百年来，讲语言学、提倡拼音化、要废除或简省汉字、畅言文字应该进化为字母文字者，却对他们自己这种心态蒙然不察，落入逻各斯中心主义、欧洲中心主义而不自知，反而自以为是先进的，是为了中国人好。

待解构主义这类批判出现后，大家才恍然，发现那些言说原来只是披着的"国王的新衣"。

近年兴起的文化语言学，即站在这个基础上，发展出了一批汉字文化与汉字诗学理论，论旨繁赜，主要观点是说：

1. 汉字是表意的文字，其形象有利于形象思维特性，西方语言文字缺乏感性与形象，只是单一的"语言中心"。

2. 由于汉字和汉语的特性，中国文化是以与西方不同的思维方式为基础的。中国的思维方式，因汉字形象化而具有感悟性强的特点；西方拼音文字符号经过抽象，不利于感性把握，因此会形成理性中心的缺陷，这是文化层次的主要区别。

3. 在文本和语境（context）中，汉字汉语的能指与所指相合，而西方语言的能指与所指分离，这样西方会有能指中心现象，而汉语则能避免此类现象产生。

但这类论说大抵都比较温和，最多只是说中西方不同，汉字所形成的汉文化、汉诗学自有其特色，跟西方拼音文字及其文化不一样。偶尔也还会有些人想证明或说明中西虽异，其中仍可互通，如钱锺书就在《管锥编》中说：道与逻各斯都兼有道理（ratio）与言说（oratio）二义，故可"相参"。

可是谁也不敢像德里达那样，率直指出西方逻各斯中心主义及语言中心论是走错了路，以免被指为汉字沙文主义。

虽然如此，百年来欧洲中心主义加诸汉字的灾难，已略可暂纾，得以在较平等的地位上讨论彼此之异同，亦非坏事。

但汉字的命运并未因此步上坦途。欧洲中心主义并未被德里达一类批判批死。它是一种势力，具有社会实质的力量，更有世界形势的结构性支撑，与社会政经运作是相配合的。因此，欧洲中心主义，在社会上仍继续起着实际作用；且随着形势推移，欧洲中心亦已逐渐发展出以美国为新中心的全球化思维及动势。

六、对全球化及美语帝国主义的质疑

在世界主义者的思维中，有一个全球文化概念的中心问题，即一种全球性的语言。

马克思在思考这个问题时，也受到了19世纪建构各种人工通用语言的影响，那些语言中，最驰名也最为持久的，就是本文前面提到的世界语。今天，它已经得到联合国教科文组织（UNESCO）的赞许，而其机构"世界语联合协会"也已经获得UNESCO以及联合国其他组织的支持。

然而，世界语的词汇和书写体，都来自欧洲语言（拉丁语、希腊语和日耳曼语），所以，它其实就是欧洲中心主义的语言。

虽然如此，世界语在世界上的适用度，远不如欧洲的一种自然语言：英语。

目前，世界上百分之九十的科学家使用英语写作，四分之三的邮件是用英语写的，电子信息80%是用英语储存的。因此美国哲学家罗伊·韦瑟福德（Roy Weatherford）才会把英语取代所有其他语言的现象，视为"美国作为一个军事、经济和娱乐超级大国主导"的结果。他相信这将保证世界和平，因为"世界各地的爱国主义者和沙文主义者最最恐惧的事情就要变成现实了：我们最终要成为'一个世界、一个政府、一种文化'了"。

随着英语、美语的流通，特殊的美国中心文化逐渐建立起了霸权，美国人的价值观、消费商品和生活方式在四处扩散，形成了文化批判论者眼中的"文化帝国"。

所谓的"地球村"实际上是座美国村，所以戴维·莫利（David Morley）等人强调："如果脱离了美国文化帝国主义的悠久历史，实际上就无法认清后现代理论家们强调的全球化趋势。即便不自20世纪20年代起，至少也是自第二次世界大战起，文化帝国主义的战略，实际上便一直是美国外交政策中完全有意识、显而易见的举措了。"

全球化，成了美国文化帝国主义的论述或事实后，欧洲当然有严重的失落感及认同危机。对欧洲人来说，全球化是一种威胁而不是开辟了新天地，因为它给欧洲造成了身份危机，欧洲的国家不再居于世界的中心，不再是全世界价值观念的发源地。"那个叫强者和世界领袖的欧洲不复存在；那个是一切上等文化灵感源泉的欧洲已经干涸"。

欧洲曾经象征着文明与进步，现在却是指紧缩与抑制。欧洲的事业曾经是世界主义的，而现在要复苏的理念却是欧洲排他主义。并且现在"欧化"也不是指欧化世界其他地方，而是指欧化欧洲自身。

此即：做一个欧洲人、归属于一个共同的欧洲家园的观念。1992年开始促进推广的正是这种欧洲共同社会认同的观念。试图建造一个文化统一体，以作为一个欧洲共同市场的基础，这个市场足令欧洲在世界的经济体系中跟美国竞争。

换言之，美国文化帝国的全球化论述及行动，刺激了欧洲的自我认同，欲积极保卫欧洲文化。

全球化论述，也引起了许多思想家的反省与批判。例如李欧塔所称的"后现代状况"，许多人就认为不能普遍化，全球许多地区并无此种体验和状况，其历史也未必就一定要走向后现代。

例如，斯图尔特·霍尔（Stuart Hall）就认为，后现代主义一方面"指全世界如何梦想做'美国人'"，另一方面，仅仅是"历史遗忘症的再版，其特征为美国文化——新的专制"，很容易就可以把许多关于"全球后现代"的宏伟宣言看成是意识形态的主张。另一些人则指出媒体与美语这类媒介，并不只是媒介或技术而已。这些东西有非常特定的来源（欧美），受控于特定的利益团体（迪斯尼、时代华纳、贝塔斯曼等），因此其所谓交流或交谈，只是美国及一部分欧洲国家讲，而其他地方聆听而已。

德里达和扎伊尔德的批评更猛烈。德里达指明：我们仍旧生存在"白种男人把他自己的印欧神话、他自己的逻各斯……他自己习惯的神话当作普世事物"的环境里。因此他批评西方的理性中心主义（logocentrism）"只不过是强迫全世界接受自己最本源、最猛烈的种族中心主义"。

扎伊尔德则指出：西方版的东方主义和历史决定论常常造就出一种本质性的普世主义，它从欧洲及西方的视角（并以之为最高点）来看待人类历史，从而形成自恋式的以自我为中心的知识。其实，若不存在"西方"，那么也不会存在东方。正是"西方"赋予了"东方"存在与同一性。但它所给予的"东方"，在本质上呈劣势且存在缺陷。东方文化被界定为低等文化，这种文化是根据其所缺乏的东西（现代性、理性、普世性）而界定的。因此东方被认为落后、非理性、独特，等等。

七、面向全球推广汉字的挑战

面对全球化，除了要认识其中含藏的霸权性质外，更须在行动上有所作为。

首先应该做得更积极的，是面向全球的华文教育。

目前世上学华语的人已渐增加，但台湾的世界华文教学未得当地政府政策支持，海外教学点已渐趋萎缩。祖国大陆之对外汉语教学，相对来说便较为蓬勃。"全球孔子学院计划"，仿西班牙塞万提斯学院、德国歌德学院之例，在全球开办孔子学院。目前全球华语教学的教材、教法、辅助教学工具、教学形式、教学机构等，比起美语教学还是瞠乎其后的，须大力强化推动，自不待言。

其次是中文计算机的发展。

目前电子中文的处理方式，一是在系统内采用双或多音节内码表征汉字，如 BIG5、GB2312、GB18030、CJK、Unicde 等。二是，在计算机硬盘建立汉字库，运行时部分调入内存。这汉字库又分一级常用、二级通用、三级扩充等。三是，以中文输入法调用汉字库中存放的汉字。输入法"万码奔腾"，拼音、五笔、仓颉、手写、快码、语音辨识等，什么都有。四是，按汉字的字体、字形、字号显示或打印汉字。可在计算机上显示出汉字，这种状况固然相同，但不同系统中表征汉字的内码完全不同，系统未必兼容，词组的输出率也都偏低。

除中文系统分歧外，众所周知的困难，是繁简字的不同。目前繁简字转换技术已渐成熟，但仍不完善。转换的误差很难改善。

中文计算机发展另一问题，是中文作业系统环境。计算机是西方的发明，故其作业环境就是英文。中文要能具有中文操作系统、程序语言及应用程序等整体的中文环境，跟英文一样，仍是需要努力的。

是的，革命尚未成功，同志仍须努力。

何以内地没有史诗？

有段时期，人们由于某些偏见，惋惜意大利没有悲剧、法国没有史诗。

美学家克罗齐认为这个现象很好笑，曾批评说：把某民族不具有某一文类视为耻辱或缺陷，惋惜某国没有"史诗"，并对该国终于产生了史诗作家、终于有了史诗作品表示庆幸是种文化偏见。

不幸，这也是近百年来我国内地文化领域常上演的闹剧。

一、寻找史诗

继讨论在中国作品中寻访悲剧的活动之后，许多卓越的批评家也在纳闷：何以中国内地没有史诗或长篇叙事诗不发达？

例如林庚《中国文学史》中把卜辞、《易经》中的短歌、雅颂等，划入"史诗时期"，却又说这个时期并没有史诗，也没有伟大的悲剧和喜剧，这种难堪的现象，原因皆在于文字太特殊了。

朱光潜《长篇诗在中国何以不发达》一文则说史诗和悲剧在我国不发达的原因，是哲学思想平易和宗教情操浅薄，好比荒瘠的土壤中开不出繁茂的花来。

至于胡适，一方面说"故事诗（Epic）在中国起来得很迟，这是世界文学史上一个很少见的现象"，一方面则设法在历史中寻找故事诗。意思似乎是说：虽然花开得迟些，毕竟还是开了。

王梦鸥先生却认为花开迟了总是不妥,所以他便把商人玄鸟之颂、周人履帝武之诗,全算是叙事诗而被删存在《诗经》中的残余;又怀疑《离骚》也是模仿古代叙事诗而写成的自叙传。

苏雪林则说:"外国学者每谓世界各文明古国皆有史诗,独中国(内地)没有,当是中国人组织力欠强之故……笔者闻之甚感耻辱。其实组织力与想象力也是养成的,我国人的文学自来常走错路,何止史诗一端呢?"

另一些人,则硬要找出中国内地的史诗不可。

他们找到的"史诗"真是洋洋大观,从《诗经》、汉赋、楚骚、卜辞、《易经》中的短歌、《日出东南隅》《孔雀东南飞》《秦女休行》《悲愤诗》《上山采蘼芜》《木兰辞》,到一切带有本事的诗歌全算在内。

其他总总比附,不一而足。可是大家都忘了:文类,必然在语法形式之外,又与其美学目的及价值信念有关,故文类表现必与文化传统深具关联。某一文化体系之内,定有相应于此一文化理念的一种或几种代表性文类;不同的文化体系,其代表性文类必不相同,更不必说有共同的文类出现。例如我国的赋、骈文、律诗,在其他文化体系中就没有。史诗和悲剧,也当然不是每个民族或文化体系中所都有或必须有的。

还有些人却把诗史误为史诗,如钱锺书《谈艺录》引论荷马之说,以为"史诗即是诗与史融而未化,昧者不知,谓古诗即史,是有史无诗也,其说以之论诗史一门,尚觉扞隔难通,何况诗之全体?"也是把诗史跟史诗弄混了。

其实,史诗(Epic),与诗史恰好相反,它不但是个文类的观念,而且属于叙述文类之一,用以区别抒情诗体或其他文学类型。

二、什么是史诗

中国内地的文类批评,早见于曹丕等人的著作中。西方文类观念则首发自柏拉图,他将物与人的再创造(reproduction)分为两种模式,一种是模仿，一种是形容。根据这两种模式，又可将诗歌分成三类：1. 戏剧诗（drama ticpoetry，模仿人的动作）；2. 叙事诗（narrative poetry，形容人的动作）；3. 对白与叙事混合体（mixed mode of dialogue and narrative）。

亚里士多德继承其说，将文学体裁划分为悲剧、喜剧、史诗等。史诗之为一文类，遂以此相沿迄今。

固然，在如此悠长的时间里，史诗亦曾屡经变迁，但其文类特质大抵还是一贯相仍的。譬如规模之庞大复杂、格律之堂皇浑厚、形式之广纳奇字譬喻、内容之包罗历史及英雄事迹等，不仅有形式结构可资识别，亦有与形式配合的风格内容足供类分。

1. 史诗与历史

史诗与诗史，易混淆处在于它们都与史有关，也都与叙事有关。据美国诗人庞德说，一部史诗即是一篇包含历史的诗。史诗必以历史材料为内容，是不容置疑的，但这并不表示历史即是史诗的主题。因为史诗本身乃是超越写实范畴的作品，其目的固然在传述历史事件，却也因此而完成娱乐大众的效果。所以保罗·麦钱特（Paul Merchant）在《论史诗》一书中说："史诗的双重关系：一方面与历史有关，另一方面与日常现实有关。"

这清晰地强调了它的两种原始功能。它是一部编年史、一本部落之书、一部有关风俗与传统的重要记录，同时也是一本供大家娱乐的故事书。其叙述活动，既然意在取悦群众，则它所叙述的史迹就不可能是真实的历史，而是为着听众兴趣而恣意想象创造的，充满了作意好奇的幻设，以及大量神话、民间故事、风俗与传统的材料。

故而，在史诗里，历史是资材，超写实的虚构是它的性质，而娱乐则是目的。

就其使用历史题材而言，史诗主要是叙述超凡的英雄事迹，因此，英雄与神人的冒险、追求，构成了史诗的内在骨干。后来的史诗，虽不再写英雄和神话，却仍以英雄式的个人为主，成为倾向于某人自传的史诗。如华兹华斯的《序曲》、庞德的《诗章》、大卫·琼斯的《咒逐》等都是。

由于叙述超凡的英雄之事迹，所以史诗又必须含有大量虚构与想象，其本身往往成为寓意文学的一种。它不像诗史表现历史之意义，因为它的意义并不在史事或历史上，而是借用史迹来表现另一层含意，例如"追寻"或其他。

蒲柏在《制造史诗的方法》一文，开头就用寓言来替称史诗，并说："写寓言的方法就是：从任何一篇旧诗、历史书、传奇或传说中，把那些能够提供最广泛长篇描写的故事部分，抽出来……然后选一个主角（可以因为他名字悦耳而选择），把他放进这些冒险中，让他在那里活动十二卷。"其言虽不免过分，却显示了史诗的创作特征，以及它可以任意容纳作者想象和寓意的事实。

这种寓意文学，实际的作用在于娱乐：一方面娱乐大众，一方面娱乐自己。当时史诗吟唱，本是大众娱乐的项目之一，而娱乐的基本活动，即是佯从（make-believe），以假象创造渲染，在现实世界中另造一意想世界，使自己与他人沉酣其中。

为此，作品如何造成一生动、眩人心神的快感、达到戏乐的效果，自然成为作者用力之处。史诗大量穿插神话和想象、引用古典作品，极力显示博学多闻，广泛运用譬喻，恢张敷陈，辅之以音乐，即是为了完成这种效果。

2. 史诗的形式要件

史诗的形式，是为了配合娱乐需求而设计的，并逐渐成为一种文类传统。其中，最明显的就是吟唱。

吟唱诗人自命为神祇与英雄的代言人，宣称："如果你们杀害了一名吟唱诗人，那位为神祇和人类歌唱的人，你们将懊悔莫及。我是无师自通的，而天神在我心里，栽培了歌曲的种种唱法。"

他们对歌唱有着特殊的天赋和研究，唱来自然能引人入胜。就叙述文学而言，这是种非常自然而普遍的情形，因为叙述活动既诉求于群众，对群众反应的考虑便会影响到创作，叙述文学的许多特征也只当这些外在因素被列入考虑时，才能解释。

譬如我国话本小说里赞颂及诗词的运用，即是如此。对当年古希腊吟唱者的演唱状况，一般中国人只要看看《风雨像生货郎儿》杂剧中记说唱人张三姑的自述："无过是赶几处热闹场儿、摇几下桑琅琅蛇皮鼓儿、唱几段韵悠悠信口腔儿，一诗一词都是些人间新近稀奇事，扭捏来无诠次，倒也许会动得人心、谐得人耳，都一般喜笑孜孜。"也就不难想象了。

一位吟唱者，一个晚上能吟唱完的数量，称为"曲"。史诗的规模和长度，通常以十二曲或十二卷为准，够吟唱者唱十二晚。

当然也有许多超过此数，如《伊利亚德》《奥德赛》有二十四卷、奥维德《变形记》有十五卷、拜伦《唐璜》有十六卷等。这种庞然大物，其内容必然是复杂无比的。拜伦说他的史诗十二卷，每卷都要包括爱情、战争、飓风、船只、船长和统治新角色的国王，就是其中一例。

这样庞大的形式结构，一方面固然可有充分的创作自由，也容易让人感受充溢磅礴、气象恢阔的快感；但另一方面却也容易使人有究竟是"诗还是帆布袋"的疑问。因为在这么庞大的结构中，组织往往较为散漫（黑格尔即曾说过，史诗较多节外生枝，各部分有较大的独立性，故联系比较松散）。

史诗另一个形式特征，是它充满了祈祷和譬喻。譬喻的使用，原因及其所欲达成的效果，是娱乐；祈祷则来自史诗和宗教、神话的关联。文艺复兴时期，批评家塔索（T. Tasso）甚至认为史诗虽以历史为题材，却必须是一种真正宗教（如基督教）的历史。换言之，史诗不能不涉及宗教，虽不一定以某种宗教信条为主题，却含有浓厚的宗教意味。而且伪教和异教的历史也绝对不适合用为史诗的材料。

三、史诗非诗史

透过这些文类特征，我们可以简单地将诗史与史诗做一比较：

1.诗史代表一种价值观念，而此观念之发轫，往往在历史文化意识勃兴之际。论者渴望在诗中展现作者的人文精神与文化理想，记录并批判一代史。这与史诗之偏于想象性寓意的宗教精神，截然互异。

史诗自始即弥漫着神秘色彩，吟唱者也以神祇的代言人自居。使得史诗中的人物,与神的关系变得非常重要。冒险与奇迹,更是展示英雄或神意的必要手段。这种特殊精神倾向,或许与西方古代文化有关。西方文化,由其起源处看,不但不是人文的,而且是反人文的。心智偏于外向世界的放射,则形成爱奥尼亚(Ionia)诸哲人的素朴唯物论、科学精神,以及叙述文学。偏向宗教经验,则产生奥菲(Orphic religion)重灵轻肉之说。二者相融相即,糅为希腊文化,而史诗则为此古典时代的一种文化表现。史诗之精神迥异于诗史,可谓其来有自。

2. 诗史是以历史文化为观照的主体,且含有浓厚的价值判断。史诗则为英雄的行传,即使后来逐渐演变成个人自传,也仍侧重于个体生命的表现。敏特诺(Minturno)尝谓:史诗为一严重及显赫行动之模仿。所谓严重及显赫行动,即指历史上重大的事件及英雄人物。戴尼楼(Daniello)亦云:英雄诗是皇帝及武装慷慨勇敢之人显赫行动的模仿。这和贺拉斯所说,史诗的中心是非凡的人物一样,均强调个体生命的冒进与表现。

3. 诗史因为对现实政治有所批判和记录,所以,创作手法多倾向于讽喻,使用隐喻和写实二者,交互为用。史诗则因其本身乃是超乎现实的,故而譬喻的使用只是纯修辞学的,与诗史完全不同。

4. 史诗借资吟唱,且篇幅阔大。诗史则本身并非叙述文类,故亦无此限制。元白乐府及千字律诗,固然属于长篇,但宋人诗话中,也常引证一二短句以说"诗史"。有史法的山谷浯溪碑诗,本身就不长。这是因为诗史一辞,系就作者整体生命及作品之意义表现而说,与文体本无必然关系。

5. 史诗是大众的娱乐,诗史则是严肃的意识创造。其目的与作用互不相同,写作内容和表达方式遂亦相异。就史诗而言,历史只是材料;诗史则本身便成为史,且能照明历史事件。

6. 最重要的是:诗史仍旧是诗,而史诗则不是诗。诗史本非文类之观念,因此说某人之诗为诗史时,史只代表了诗的某种性质,犹如米芾所说的"画史"。史诗则不然,有史诗,便有非史诗的文类,借着这些文类划分,我们也可以清楚地看到史诗逐渐蜕化为小说的事实。

四、史诗不是诗

古希腊直到亚里士多德时代仍无"诗"之共名，只有某一文类的类名。

因此亚里士多德撰作《诗学》主要的工作有二：一是把一切模仿的艺术括称为"诗"，拉丁文 Poe-sis，在希腊字中本为一般制作之辞，泛指一切制作品而言；他用"诗"总括这许多文类，诸类型虽或不同，却都是"诗"。二是将以上各种文类的不同，视为"诗"在发展时不同阶段的现象：经由祭奠酒神的诗歌、史诗，而到悲剧。

因此，诗的发展史，其实也就是悲剧的发展史。它随时间之演化而表现为多种文类，史诗即其一也。故可以用与悲剧相同的律则来讨论它。但它终究不如悲剧，因为它并非发展的终极，不能浓缩理想。就此而言，"亚里士多德的诗学，是戏剧的诗学，尤其是悲剧的诗学。"

这两点，都和中国传统对"诗"的看法大相径庭。从第一点来看，诗几乎成了文学的代词，可以总括模仿之艺术。中国诗，除了偶尔可以兼指词曲外，一般不如此用，也不如此想。其次，亚里士多德将"诗"视同"文学"，而且又是"模仿的艺术"，则这种诗与中国之所谓诗，在性质上亦不相同。因为自《尚书》和《诗序》以来，中国歌诗是环绕着"诗言志"这个观念而发展的，其性质并非模仿；而亚里士多德将诗艺术的性质界定为"模仿"，也使得他的"诗学"缺少了抒情诗，成为戏剧的诗学。

不仅如此，亚里士多德又说"诗，是借语言以模仿的艺术，其体或散行或和韵"，在体制上，中国诗也没有不用韵的散行体。

可见无论在指涉、性质、体制各方面，此诗与彼诗，皆非一物，隶属于"诗学"观念下的"史诗"、作为悲剧前身的"史诗"，要到中国诗歌里来认亲戚，岂非缘木而求鱼？

再就第二点看，史诗之成为一文学类型，乃因为它是悲剧的前行阶段，其艺术成就虽不如悲剧，却与悲剧有相同的艺术律则，例如其故事结构必须和戏剧一样、必须与悲剧做同样的分类，等等。但由于史诗只以叙述或韵文为媒介,进行模仿,不供完全表演,因此它与戏剧间的关系又十分暧昧,徘徊于小说与戏剧之间。早期的长篇小说,往往是剧作家的创作,而蒙有史诗之名,例如塞万提斯的《堂吉诃德》、斯特恩的《项狄传》即被称为17、18世纪的史诗。梅尔维尔的《白鲸》等,也博得史诗之名。

但另一方面,20世纪20年代德国表现主义者皮斯卡特(Erwin Piscator)及布莱希特则又倡出"史诗剧场"的理论(认为除了表演之外,史诗和悲剧的基本差异是:史诗只有"悲剧的片刻",而非集中于危机,因此史诗剧场不像戏剧剧场那样,直线发展并替观众提供感情的激动,而是呈曲线跳跃地发展,广阔而富有变化,逼使观众采取决定,思考事件中所获得的教训)。

因此,史诗无论在性质和发展流变的历史事实上,显然都不是"诗",而是小说或戏剧。其中又以类同于小说的成分更大些,沃伦和韦勒克合著的《文学理论》曾说"大部分的现代文学理论都把想象性文学(imaginative literature)分为小说(长篇小说、短篇小说、史诗)、戏剧(不管以散文或诗体写成)和诗(主要指与古代抒情诗相对应的作品)三类",即是基于上项理由。

史诗不管在叙述方式、语型语态、时间空间的处理等方面,均与诗(抒情诗)不同,而与小说属于同一体类。归入小说,较为合理。这种情形,就像词话不是词一样。

词话是说唱系统的文学,其性质是小说而不是诗歌,虽然其中也杂有诗体。

这个分别,蕴含了一个颇有意味的问题。原来那一般被称为中国 Epic 中最杰出的巨构《孔雀东南飞》,对此吴乔《答万季野诗问》就说:"问:焦仲卿妻,在乐府中又与余篇不同,何也?答:意者,此篇如董解元《西厢》、今之数落山坡羊,乃一人弹唱之词。"这个回答精彩极了,史诗之在中国,正是与诗歌平行发展的说唱系统,才较具有此一性质。故王船山也说:"自《庐江小吏》一种流传后,元白继踵,潦倒拖沓之风遂盛。彼盖古人里巷所唱盲词白话，与明末市井刊行《何文秀》《玉堂春》之类唱本相似。"

这些说唱系统的作品，本来即介乎小说和戏剧之间，而后来的演变，则多蜕化为小说，因此日人中野美代子《从中国小说看中国人的思考方式》就将《大目乾连冥间救母变》《大唐三藏取经诗话》《西游记》视为中国的叙事诗。

此类弹唱文学，向以宗教及历史为两大题材。《孔雀东南飞》自是早期的弹唱类文学，等到唐代变文兴起，这类作品就更多了。

变文本身有全韵、全散及韵散夹杂体，其内容则或说佛生平故事如《八相成道变》《佛本集行经变》，或说佛菩萨故事如《降魔变》《大目乾连冥间救母变》，或说历史及时事如《伍子胥变》《王昭君变》《舜子至孝变》《张义潮变》等。

与变文同时发展的，则有讲史；后来的陶真、崖词、鼓词、莲花落等，亦属说唱系统。崖词多为六言诗，陶真则为七言诗体，据《西湖老人繁胜录》所载宋代杭俗"凡傀儡，敷衍；烟粉、灵怪故事、铁骑、公案之类。其话本或如杂剧、或如崖词"，明田汝成《西湖游览志余》卷二十所说"杭州男女瞽者，多学琵琶，唱古今小说、平话，以觅衣食，谓之陶真。大抵说宋时事，盖汴京遗俗也。……若红莲、柳翠、济颠、雷峰塔、双鱼扇坠等，皆杭州异事，或近世所拟作也"，可知此类唱词或与杂剧相似，且后来多衍成散文小说，其性质则为历史故事与民间传奇，与宗教的关系也很密切（红莲柳翠等均与宗教度化有关）。

莲花落，本来也是宣扬教义的曲子，起于唐五代，称为散花乐，到宋代才成为贫人的歌唱，元明间极盛，且发展成大型的叙事莲花落。其体以七言诗体为主，较宋代的叙事鼓子词、覆赚等更进一步。

至于词话，其体略同于陶真，但增加了十字句，元明间颇盛，至明末分化为弹词和鼓词二类，多以历代史事为叙述对象，如《大唐秦王词话》《水浒传词话》等均是。杨慎的《历代史略十段锦弹词》尤为重要，其书有程仲秩旁注、董世显、朱玑评订，张三异、孙德威辑注，后来江南人改名为《廿一史弹词》，梁辰鱼并撰有《江西廿一史弹词》拟其体。续作则有陈忱《续廿一史弹词》、顾彩《第十一段锦弹词》、金诺《明史弹词》、张三异《明史弹词》、古木散人《明末弹词》等。

关于以上这些说唱文学，凌濛初《南音三籁》卷首所载《谭曲杂札》说"元曲源流：古乐府之体……一变而为诗余集句……再变而为'诗学大成'……忽又变而文词说唱、胡诌莲花落，村妇恶声、俗夫亵语，无不备矣"云云，是很好的总评。

说唱，必须以特殊的声腔技巧，才能吸引听众。所以唐人效法讲经僧文淑的声调，制为歌曲；宋代孔三传创为诸宫古调，士大夫皆传其声。

且其说唱颇与戏剧有关，除上文所举陶真、崖词外，元《通制条格》卷廿七搬词说"农民、市民、良家小弟，若有不务正业，习学散乐，搬唱词话，并行禁约"，《元史·刑法志》也说"诸民间子弟，不务生业，辄于城市坊镇演唱词话、教习杂剧，聚众淫谑，并禁治之"。搬、演，都指其表演性质而说，可见它们在说唱中也带有若干表演成分，但与纯粹的杂剧仍有区别而已。

说唱的内容，多为史事，敷衍传奇，以供娱乐，且又与宗教有相当的关联。

这些性质与"史诗"皆有相似之处。尤其是说唱中专讲英雄式个人历险经过的，例如《大目乾连冥间救母变》《伍子胥变》等，与 Epic 之形态尤为接近。

但我们必须注意：

（一）说唱中不像"史诗"那样注重英雄或超凡的人物，所谓"满村听唱蔡中郎"，正与说唱《孔雀东南飞》《木兰辞》一样，门类甚广。且其行动也未必是人类的重大事件。

（二）含有宗教意味的说唱，有时与叙事无关。变文中仅演述经文而不叙写故事的，像《地狱变》《父母恩重经变》之类，宝卷中亦有之。

（三）袁枚《随园诗话》曾说："咏物诗无寄托，便是儿童猜谜；读史诗无新义，便成廿一史弹词；虽着议论，无隽永之味，又似史赞一派，似非诗也。"弹词等说唱系统文学，虽大多以诗体为主要构成方式，而历来总未承认它们是诗。原因是弹词多只是事件，不能透视历史，照见史中深微奥义；又客观叙述，未能诗言志，亦非诗之所喜，可见诗必须是合抒情叙事于一治的。诗家论诗，素推"诗史"，而摒说唱于门外，理由不难由此揣知。

所以，综合起来看，比较文学是很难的事。要知其同、别其异，不强以已从人（如硬要在中国内地文学中找史诗和悲剧），也不强以甲同乙（如硬要说史诗即诗史），亦不浑沦貌袭（如说《孔雀东南飞》《木兰辞》就是叙事诗），而真能深入到各自的文学传统内部去洞察幽隐（如搞清楚史诗是怎么回事、词话说唱又是怎么回事），都是要下工夫的。前辈们随意比附，模糊影响之谈太多了，实当引以为戒。

中西戏剧观念的差异

中西戏剧观念大不同，从一个术语、关键词来看，就可一目了然。这个关键词，叫作"情节"。情节乃汉语词汇，宋元时期已常用；近代则常被认为是戏剧、故事中之单元。这是因为亚里士多德《诗学》传入中国后，我们用了"情节"这个词去译它。

而当时这么做乃是不得已的。因为我国本无他所说的那些个概念，故亦无一相对之词汇可供对译。勉强译为"情节"自然也就引发了不少误解。

底下，我会利用辨析亚里士多德"情节"辞意的方法，来展示中西戏剧观念如何与为何不同。

一

情节，为亚里士多德在《诗学》中论戏剧时的重要术语。但这个词，后来论者各有用法，渐成一烂熟之语，含义越来越模糊。晚清以降，国人用这个词，也很随意、宽泛，大抵指小说或戏剧中的一段故事，或一组事件。法律用语上，亦常说某人涉案情节重大。

某些文学理论、文学批评，更是喜欢讨论情节安排，甚至把列维－斯特劳斯的神话单元，也译为"情节单元"，做了好多研究、写了好多文章。一些人更直接用"所谓情节，指事件的安排"之类话来解释《诗学》，或用情节来讨论中国的小说与戏剧。

本来，一个语词，在各个时代必有其不同的含义与用法，约定俗成。但日常用语固然不妨从俗从众；若做文学批评用语使用，则不严谨些总是不妥。因此底下我想针对亚里士多德的"情节"一词，略作释义，以免误用与滥用。

二

亚里士多德的论说方式，是层层排除、步步紧缩、越讲越窄。首先，他所说的"诗"，并不是中国人所说的诗，是泛指"制作艺术"而言。

依此定义，他应该会讨论各种艺术。但在各类艺术中，他却仅论以节奏、话语、音调构成者，那些以色彩和形态模仿者则存而未论，这就排除了绘画与雕塑。

然后，他又将音乐和舞蹈排除开，谓音乐仅有音调和节奏、舞蹈只用节奏。因此，他谈的只是以语言模仿的艺术。此即文学。

但在文学中，他又只论史诗和戏剧，没有讨论到抒情诗。他认为史诗是格律文，以六音步格为主；戏剧（悲剧与喜剧）是兼用节奏、无音乐伴奏之话语、有音乐伴奏之唱段、格律文的艺术。故史诗的艺术地位比较低，因而亚里士多德讨论的主要是戏剧，尤其是悲剧。

然后，他认为悲剧必须包括六个成分：情节、性格、言语、思想、戏景、唱段。但这六者并非一样重要。

他最不重视戏景，其次是唱段。他说："唱段是最重要的装饰。"装饰，原意是调味品。菜中固然不能缺少调味品，却没有人炒菜时会把调料当成主菜。唱段在他的看法中，地位如何，也就可以想见了。

戏景则比唱段更不重要。他说："戏景虽能吸引人，却最少艺术性，与诗艺的关系也最不重要。一部悲剧，即或不通过演出和演员之表演，也不会失去其潜力。""靠着戏景来产生（令人感到悚然和怜悯之情）效果的做法，既缺少艺术性，更会造成靡费。那些用戏景展示……情景的人，只能是悲剧的门外汉。"

音乐对亚里士多德来说也不重要，或者说，对他所说的诗来说并不重要（在《政治学》中，他就认为音乐是很有力的模仿艺术）。可是，他论戏剧而轻视戏景布置和演员演出，实在就不太寻常了。

据他在《修辞学》中的描述，当时戏剧比赛中，演技甚为重要，演员的重要性甚至已超过诗人。因此，他贬抑演出的重要性可视为矫俗之举。但此举实有重大意义。

一般说来，戏剧的"戏剧性"表现在演出。一出戏，若无法演出或未演出，通常会被认为是不圆满或未完成的。可是，亚里士多德却区分"叙述"与"表演"。他说荷马擅长以表演或扮演式模仿进入角色，其他史诗诗人则以叙述。这两种写法，都是史诗与戏剧所容许的，都因模仿行动中的人物而有戏剧性。

换言之，戏剧的戏剧性并不建立在表演上，而建立在对动作的模仿上。戏剧因此而不必是表演艺术。对动作的模仿，既然可以用表演的方式或叙述的方式，则表演也就不是一定必需的。所以说"情节若组织得好，即使不看演出，仅听叙述也能达到令人净化的效果"云云，即是由此推论出来的。

表演既不必然需要，戏景布置当然也就降低了重要性。不但如此，亚里士多德还批评利用戏景徒然造成靡费，且只是低劣诗人的本领。不强调戏景、只靠情节编织即能动人，才是他所心许的。

如此反对演出效果、贬抑表演性，可说是戏剧中"剧本论"的祖师，也使他的戏剧理论接近小说或叙述文类理论。

三

情节、性格、言语、思想、戏景、唱段，六者之中，言语与思想显然比戏景、唱段重要，因为戏剧毕竟只是以语言模仿的艺术。可是语言模仿什么呢？亚里士多德说："戏剧之所以为戏剧，是因为它模仿行动中的人物。"

情节和性格,都是用来显示人物的。而"性格"与"情节"谁又比较重要?那当然仍是情节。

他认为,许多新手在尚未娴熟编织情节前,大抵已能熟练地使用语言和塑造性格。但此种熟练,一方面,不重要。他说:"没有行动,即没有悲剧。没有性格,悲剧却仍可以成立。"另一方面,不可能因为他所谓性格,乃指"言论或行动若能显示人的抉择,即能表现性格"。所以性格须透过行动来表现。模仿行动的,就是情节。所以,没有行动即无性格可说。

四

六大成分,经如此处理后,悲剧大概就等于情节了(他也常把它们当同义词互用)。情节不但是悲剧的成分,也是目的,他说:"情节是悲剧的目的,……是悲剧的根本。"用形象的话来说,是悲剧的灵魂。性格的重要性占第二位。悲剧是对行动的模仿。

悲剧是对行动的模仿,这同时也是他对情节的定义。但这样的定义实在不易让人明白,因此需要再做些解释。情节,是对一个单一而完整的行动的模仿。

单一,是说它是个单一的事,例如一个人一生中可能有许多事件可述,但一出戏只能找出他一件单一行动来叙述,而不是这也要说那也要讲,结果东拉西扯,所述之事就会多不相干,或无法形成整一性。

完整,是说事件的各个部分必须是有机的整体,若任意挪动或删减其中任何一部分,都会使整体松脱、断裂。因此,不应有剧中可有可无的事物。

这"完整",除了有机整体这个意义之外,还须有个结构:"一个完整的事物由起始、中间和结尾组成。"起始,称为"结"指由事件之始到人物即将变化,转顺境成为逆境的前一刻。由变化开始到剧终,则称为"解"。结与解,事实上涉及命运的问题。

结,指一人或一事逐渐在发展中形成,结成一个命运的困局。解,则指这个困局的解决。悲剧所表现的，就是一个人命运的变化。

从起始、到中间、到结尾，从结到解，推动情节发展的要素有三：突转、发现、苦难。亚里士多德把情节分成模仿简单行动与模仿复杂行动的两种。简单行动，指人物命运无突变、发现及其伴随的行动。复杂行动反是。悲剧情节当然以后者较胜。

突变，指行动的发展突然转出原本进行或预期的方向。发现，指从不知到知。悲剧就是要通过这两种状况，反映人物的幸与不幸。苦难则指毁灭性或痛苦的行动。

组织情节时，除了注意突变与发现之外，亚里士多德又对情节的结构有一些提示：一，应是复杂型而非简单型。亦即不应表现好人由顺境落败，也不应表现坏人由逆败转为成功，而应写德行跟我们差不多，不十分坏，也不具十分美德，但却因犯了某些错误而遭受不幸之人。受灾并非他本身的罪或邪恶，才能引发恐惧与怜悯。二，情节须是单线而非双线。应表现人物由顺境转入逆境，非由逆转顺，更非一个结局是好人得好报、一个结局是恶人受惩罚。

接着，要再解释何谓"行动"。前面一再说情节是对行动的模仿。行动，是指人通过思考与选择而进行的有目的的实践活动。故无自主性的人或未成年人，无行动可言。行动所引起的后果，也必须由行动者承担。

正因情节所模仿的是这样的行动，所以它才有伦理意涵，非一般所谓的故事、事件或动作。通过行动，也才能显示人的抉择，表现其性格。

这个性格，也非一般意味，而是具有伦理意义的。正如通过正义的行动，才能让人表现为并成为有正义性格的人，性格与其道德实践是直接相关的。

也就是说，平常的人吃喝拉撒睡、聊天闲扯打屁、嬉游消磨时间，都称不上是行动。看相、论星座以说之性格，也并非性格。依我们的才性，随顺生活而发生的事件，也都不能算是情节。情节，须涉及理性化的抉择、思考。

五

亚里士多德如此主张,与其伦理学有关。他把人分成理性与非理性两种成分。非理性指嗜好欲望等生命。人若想成为一个有道德的人,就必须遵循理性原则,不能随顺感官欲望度日。故道德实践的内涵与能力,即是理性。而人又唯有如此,才能获得幸福。过理性且有道德的生活,便是获致幸福的先决条件。

因此,亚里士多德根本就把"幸福"定义为:"灵魂遵循完美德行的一种活动(见《尼各马可伦理学》)。在这种思想底下,他论行动,当然不指一切无意识或感官嗜欲之类,而是要专就人理性化的行为来说之。

但是,依他的理论,遵循理性方为道德,遵循道德即可幸福,岂非有道德者必有幸福乎?亚里士多德确实如此想。而悲剧,即被他视为足以佐证此一想法之物。

悲剧中的人物之所以遭受不幸,看起来是命运,其实是因他犯了某些错误。他的理性行为、抉择行动,使他蒙受不幸。这抉择的行动,既然表现了性格,则其悲剧也可说是性格使然。

而正是因为这个伦理实践,造成了不幸,所以观剧者才能由角色的遭遇引发道德上的同体震动,兴起切肤之痛,感受到悲惧与怜悯。因为那不是他人的命运,而是每个人在道德实践活动时都会遭临的状况,跟自己的幸福息息相关。

六

以上是针对亚里士多德的阐释。"情节"在中文语汇中,用法跟亚里士多德完全不同。如《水浒传》五十三回:"过卖道我店里只卖酒,没有素点心。店口人家有机糕卖。"李逵道:"我去买些来。"李卓吾评本眉批道:"每于小小事上生出情节来,只是贵真不贵造。"三十七回:"宋江因见了这两人,心中欢喜,吃了几杯,忽然心里想要鱼藻汤吃。"批也说:"从极小极近处，生出情节，引出鱼牙主人来，妙甚。"这些都是以情节论小说的例子。

这些用法及其含义均与亚里士多德不同。先说节。节，是章法底下的概念，指一段。《水浒传》三十五回，金圣叹评："篇则无累于篇耳，节则无累于节耳，句则，累于句耳，字则无累于字耳。"篇、节、字、句，正是章法的问题。

同书第二回李卓吾眉批有两段话说："从往来常情上引出关目，便不是琼森节节。""从碎小闲淡处生出节目来，情景逼现。"关目节目，强调文章要从小地方生出另一段来。前文所谓"每于小小事上生出情节来"，也是这个意思。"情节"一词的含义这就很清楚了。情节，只是说文章中的一个段落、一个关目、一节故事。节目关目，之所以又称为情节，是因为中国文学强调情的缘故。

一般都晓得我国诗词以抒情为主，可是我国叙事文学一样重视情。或者说我国文化本来就重情。因此我们很少说"事"，总是说"事情"。李卓吾讲"从碎小闲淡处生出节目来，情景逼现"也是由情讲节。

李卓吾又批二十二回说"情事都从绝处生出来"，所谓情事、所谓由绝处生出，正与张竹坡评《金瓶梅》四十回所称"文字无非情理，情理便生出章法"相似。章法节目，事出于情，故云情事、情节。

此外，如金圣叹批《水浒传》廿三回"才子为文"，必和欲尽情极致，王希廉《红楼梦》评本六十七回"上回尤三姐公案已经了结，尤二姐如何结局自当接叙。但竟接直写，文情便少波折"，冯镇峦《聊斋志异》评本卷三"文人之笔，无往不曲，直则少情，曲则有了味"等，大抵也是如此。为文要尽情，文情起伏则见诸情节。

七

亚里士多德《诗学》传入中国后，我们用了"情节"这个词去译他的muthos乃是不得已的。因为我国本无他所说的那些个概念，故亦无一相对之词汇可供对译。勉强译为"情节"自然也就引发了不少误解。

例如情节的核心精神在于情,亚里士多德却是位绝对的理性论者。他所说的情节与情无关,反而强调理性的统一秩序。这个秩序既需完整,有开始、中间、结尾,又需长短适中,形成一个完美的结构,难怪他被视为美学理性论的创始人,重视秩序、大小、计算、完整等概念。可是,中国人说情节与结构,含义恰好相反。

《儒林外史》卧闲草堂本三十三回:"凡作一部大书,如匠石营宫室,必先具结构于胸中。孰为厅堂、孰为卧室、孰为书斋、灶厨,一一布置停当,然后可以兴工。"《水浒传》金圣叹评本十三回:"有全书在胸而始下笔著书者。"中国小说戏曲论结构,大抵如此,会从"胸中丘壑"方面立论。这与亚里士多德从剧本剧场去谈结构长短,等等,可说南辕北辙。

中国人讲结构当然也有由文本上说的一面。但这属于"法"的一面,中国人总喜欢说"文无定法",不会像亚里士多德那样拘泥。如《青楼梦》邹弢评本六十二回:"随事作文,不可固执。因文成事,不可板滞。若拘以一法,虽作器下亦不能,况文章哉?"《水浒传》金圣叹评本四十三回:"文无定格,随手可造也。"都是例证。

因此,情节也者,乃是因情而生出许多事情,形成许多节目来的。生出,是生命形态的模拟。生命是活的,且能生出新的生命。故情节重在环环相扣,一节生出一节来。金圣叹评《水浒》,屡用"生出"、"行到水穷,坐看云起",即是如此。第五回"此篇处处定要写到急杀处,然后生出路来";八回"直要写到只索去罢,险绝几断,然后生出下文";三十回"行到水穷、又看云起,妙笔";四十八回"真是行到水穷,坐看云起"。这样的话语,在其他评书者手中也是非常常见的。

这种"生出"的观念,导致我国小说之情节不是整体统一的有机结构,而是一波未平一波又起、一节串生一节、环环相扣又奇峰突起的既连又断形式,与亚里士多德的想法完全相左。

正因有这些不同,我国讲情节时,当然也就与亚里士多德所欲关联的一些东西,例如命运、悲剧、道德实践、幸福与受难等毫无关系了。

八

若从戏剧的角度说，特重情节的亚里士多德悲剧观，也与我国戏剧迥异。亚里士多德不重戏景、不重唱段。我国戏剧也可以不重戏景，但非常重视唱段。

元杂剧就以唱为主，所谓旦本末本，即以正旦一人或正末一人独唱到底。第一部曲论著作，则是燕南芝庵的《唱论》，其后《中原音韵》《太和正音谱》《曲律》以降，论戏，均称为曲。

直到李渔《闲情偶寄》，才在《词曲部》中分结构、词采、音律、宾白、科诨、格局六方面论戏剧创作。但继响并不多，民初，吴梅才在《论剧作法》中，吸收了李渔《演习部》的观念，取结构、词采、音律、宾白、科诨、格局，形成一套剧作理论。

但此所谓结构等，仍与亚里士多德有极大的差距。像李渔说的结构，"戒讽刺、立主脑、脱窠臼、密针线、减头绪、戒荒唐、审虚实"，与吴梅所增的"均劳逸"，显然均与亚里士多德讲的毫不相干。

为什么论剧者不会像亚里士多德那样去讲情节呢？因为中西之戏剧原即不同。

亚里士多德针对古希腊悲剧立论，我国则至迟在宋代就不可能以"完整统一""模仿动作"的观念去编戏。宋代演《目连救母》杂剧，连演八天以上，即已形成连台本戏的形式。到明郑之珍的《目连救母劝善戏文》则多达百出左右。每地演出时，视情况演一天、三天、七天、十天、半个月不等。戏中除了目连救母外，尚穿插了许多小节目，如哑子背疯、尼姑思凡、和尚下山、匠人争席等，可以依演出之需要而调整。在传奇方面，南戏《张协状元》以来，也类似如此，一场接一场。在生、旦戏进行过程中穿插不少净、丑、末的戏。这种连场的形式，明清传奇也多如是，与西方戏剧大异。

换言之，不同的戏，本于不同的思维；不同的思维，又影响着不同的戏剧演出形式。而戏剧的不同，遂使中西方在思考情节问题时，各自发展了不同的路。我不喜欢如钱锺书先生那样，囫囵说"东海西海，心理攸同"，而想真正做点东西异同的比较。故略述亚里士多德情节之说，并与我国传统的情节观做点比较，以供参考。

中西比较文化学到底该比较什么？

一般人并不知道，也不关心学者怎么想，可是学者的想法，常已把他的脑子给搞乱了。同样，世界的争端多起于观念的冲突，而许多正是学者引起的。因此，了解一些学术上的路数，其实是生活上的必需。

底下，我要介绍一下比较文化研究的思路与进展，并借此说明中西文化上最大的不同。

一、关于人类命运的不同思路

近代西方人到处去殖民，学者常随着商人和军队深入榛莽，进到那些所谓原始蛮荒的地区，研究活在那里的种族。所以民族学、人类学、人种学，指的遂不是所有的人类，而只是"未开化的""原始的"人。他们住在欧洲之外、有奇风异俗，等着欧洲已开化的人类学家去发现、去调查。

社会学，理论上研究一切人的社会，可实际上亦是如此。他们（社会学和民族学）是孪生的，所以1938年成立中国社会科学研究所时，就包括民族学组。1930年，中国社会学社成立于上海，蔡元培先生之报告题目也是：社会学与民族学。接着，1934年便成立了中国民族学会。

史学也受影响。因为上古一段，十分需要人类学家对"原始社会"的一些研究成果或假说来提供推拟。如泰勒（Tylor）的精灵信仰说、局部外婚制说、表兄弟姐妹婚制说、父母依子女命名习惯；摩尔根（Morgan）家族血缘与亲缘制度说；涂尔干（Durkheim）的初民心理说、集体表象说；

霍历豪斯的道德起源说；乃至图腾说、母系说等各式各样的推论，都曾被广泛应用于古史研究中。

这就是为什么比较文化研究看起来应该是客观的，但却常不脱西方人居高临下看东方亚非民族的缘故。

我们文史哲研究中常见的中西文化优劣论，进化的假说就十分普遍。关于文化交流，则深受人类学中播化派的影响。

进化论者认为文化发展的模式是由低到高、由原始到开化，而且这模式是各民族都一样的（将来也都会一样，所以又是趋同的、普世的）。例如由图像文字逐渐发展到拼音；由神话时代到人文、由神权到理性；由人治到法治。

播化派则主张人类未必是一条相同轨道上的大进化，而是由不同中心、不同原因形成的各个文化起源点，相互传播、影响、交互作用。其中，民族迁移之作用也十分明显。因此这类学者较重视文化圈、文化中心以及文化迁移的概念。

这想法当然不错，但主流的意见仍不脱上述模套：文明主要是古埃及、古希腊、古印度影响出来的。例如英国史密斯的埃及论，至今就还深具活力。该理论是说全世界文明均源于古埃及，然后传至美索不达米亚、土耳其、印度、叙利亚、中国、日本；印度那一支则再传至密克罗尼西亚与美拉尼西亚，进而传入波利尼西亚和美洲。

这讲法，后来有许多变形。例如说不是由古埃及传播开来，而是由两河流域。在我国古史研究中，统称此类说法为"中国文明西来说"，于清末民初风行一时，迄今仍不乏嗣响。伴随着这个说法的，还有体质人类学方面的人种非洲起源说，近年且有近乎"定论"般的架势呢！

我自己接近播化派，认为世界有许多文化起源点，相互传播，交互作用。但各民族又自具特色，各有各的一套。

人神关系，就是其中最重要也最突出的。其他东西，如文字、青铜、图像、技术都好传播，但这一点绝难改变。所谓民族文化基因、文化特点，大抵就在这儿，是上古老早形成且确定了的。

二、不同的神人关系

（一）神话

要说明中西不同的人神关系，最直接的，是正视一桩事实：中国神话比希腊、印度少得多，或者说根本没有神话。

神话这个概念及中国神话的系统描述和建构，都是民国以后的事。现在找出来的所谓神话，却多是战国至汉朝叙述的古代故事，盘古开天之类故事甚至到三国才有。整个神话数量，即使包括后来的"仙话"与"传说"，也仍是较少的。所以整个民族的人文性较高，成为极显著之特征，与印欧民族很不一样。就连这些少数所谓神话，中国与古希腊也非常不同。

在古希腊神话中，最早的泰坦族神话中的神（天、地、海，等等）是单凭生殖和血缘而拥有神性的，但这种地位随即被后来的神凭借武力所推翻，其后用暴力取得统治地位即成为了惯例。

这些神都不是道德神，也不为人类谋利益，只是一些力量神。他们用自己掌握的自然力互相争斗，也用以威胁人、支配人。

要到奥林匹斯神系产生后，整个神界和人间才有了秩序。以宙斯为首的奥林匹斯神系，最大的特点就是以诸神代表或掌理社会性、精神性的职能（法律、正义、婚姻、交通、文艺、技术、智能，等等）。自然属性（太阳、雷电、火等）则是从属于这些职能的手段。

但这些新神同样也不为人类利益着想，所考虑的只是自己的统治。

相对来看，中国那些为数不多的"神话"里的神就截然不同。祖先神、自然神的地位一直非常崇高，行业神、职能神之位阶则在祖先神与自然神之下，且往往由祖先神或圣哲神兼代。因此我国不是用神来表示或掌理精神性及理会性职能，而是被用来作为人们对古先圣哲创造功业、泽被人群的感念。

故而中国人在法律、道德、文艺和一切社会生活、精神生活中，只效法先人、圣人,并没有分化出专司某一方面职能的神灵,且由神来管理该事务。

例如古希腊人说雅典娜代表智慧、维纳斯代表爱情、缪斯代表文艺。又将人的一切精神生活和社会生活都看作某种神力的体现,如宙斯职司法律、希拉掌管婚姻、阿波罗主持文艺和科学、赫尔墨斯则是交通和商业之神等。中国人无此类说法。

中国的行业神皆后起,神话时期无之,且位阶都较低,与古希腊不同。而所谓行业神,也多是该行业的创造者,所谓祖师爷,属于行业中之祖先崇拜。

(二)神学

公元前8世纪,赫西俄德已把当时流行于希腊的两百多个神,按照一脉相承的血缘关系依次整理为一个合乎逻辑的系统。但他这个系统完全是仿照人类的生殖来构撰谱系的。

后来泰勒斯则从事物相互间的自然规律来解释整个世界的形成,并摆脱了古希腊神话的"神人同形同性"的比附,认为万物起源于水。

依亚里士多德《形而上学》的描述,这其中有哲学含义:"有些人认为去今甚久的古哲,他们在编成的诸神的记载中,也有类此的宇宙观念。他们以海神奥启安与德修斯为创世的父母,而叙述诸神往往指水为誓……事物最古老的最受尊敬,而凡为大家所指誓的,又应当是最神圣的事物。这种关于自然的解释,究从远古何时起始,殊难论定,但我们可以确言泰勒斯曾这样的指陈了世界'第一因'。"

这种把全部神人纳入一个系统中,并为之确立一个"最高、最初的第一因"之行为,不止泰勒斯在做,其他还有许多同道。

如毕达哥拉斯及其学派认为灵魂是"以太的碎片"或各种元素之间的比例和数的和谐,而神则被看作"诸数之数","我们在那里发现数,神也就降临到我们"。赫拉克利特(Heraditus)则认为灵魂是最干燥的火,神则是本原的火,是永恒的活火。

这些，都是用某种自然的元素或关系来解释神的。但这个东西却又是最高的，高于其他一切元素或关系。

因此赫拉克利特才说火是"神圣的逻各斯"，逻各斯是本原的火在宇宙中燃烧的"分寸""尺度"，是万物的命运和规律，也是智慧："人类的本性没有智慧，只有神的本性才有""智慧是唯一的，它既不愿意又愿意接受宙斯的称号"。

逻各斯（λογος）的本意是"话语""表述"。本来是人的精神所特有的东西，即思想和理性的标准（尺度、分寸），用在火和万物的规律身上其实只是一种借用。

逻各斯甚至高于毕达哥拉斯派的"数"。数虽然也是抽象的，但它完全是物质世界的一种关系，人们把它用在精神的事物上时只是从自然界"借用"而来。逻各斯却是名正言顺地属于精神世界的。

赫拉克利特把神看作逻各斯，并把作为神的逻各斯看作一种比人的精神更高的精神，即开启了后世希腊理性神学的道路。埃利亚学派又继承并发展了这条思路。塞诺芬尼说："有一个唯一的神，是神灵和人类中间最伟大的；无论在形体上或思想上都不像凡人。""神是全视、全知、全听的。""神毫不费力地以他的心灵的思想力左右一切。"

如此一来，往后希腊神学的发展就有一条不同于中国的道路了。

从柏拉图的"创造主"、亚里士多德的"第一推动者"、斯多亚学派的"普纽玛"和"世界理性"，一直到新柏拉图学派的"太一"，都是沿着塞诺芬尼所开辟的这条道路发展的，最后还为基督教提供了完备的宗教哲学理论基础。

换言之，神话的性质不同，神人关系也就不一样。古希腊神话中的神，对人起掌管、支配作用。后来自然神学的发展，不但没有改变这种神人关系，反而强化巩固之，建立了一个超强的神，全知、全能、全善，人只能是它的创造物，永远不可能是神。这样的神话及自然神学，与后来传入罗马的希伯来宗教异曲同工。

三、不同的天帝、不同的文化

（一）天命观

中国的神人关系就完全不同了。中国的"帝"不具有万物起源、唯一、第一推动者、神意目的论这些含义。

中国的神虽也对人世发挥支配作用，可以"帝令其风""帝令其雨"，或影响人事，如"王封邑，帝诺""伐邛方，帝受我佑""上帝将复我祖之德"，但这种支配与古希腊神话及自然神话中所讲的支配非常不同，不拥有高居一切具体事物之上，作为"第一因"那样的支配力。而且，这种支配是神人互动的，人透过修德或敬事，可以知天命，亦可改变帝令；透过占卜，可以与神沟通，趋吉避凶；帝令、天命，本身亦与古希腊之命运观迥异。

从词源学看，《说文解字》曰："命，使也，从口令。"所谓天命，就是指作为主神的"天帝"所发布的那些具有主宰效应的命令。段玉裁在《说文解字注》中指出："令者，发号也，君事也。非君而口使之，是亦令也。故曰：命者，天之令也。"可见命字源初是指君的职能，后来才转而被赋予了拟人化的天，成为天之令。

也因此，天命就像君命一样，其主宰效应主要是指向了人们的各种行为活动，很少涉及自然界本身。

诚然，天命也可以支配某些自然界的现象，如"帝其令雨"或造成地震等；不过，天帝在这方面发挥主宰效应的动机，似乎并非要改变自然界，而是"为人事而自然"。不仅雨雪会直接影响农业生产活动，而且在中国人看来，地震、彩虹等自然现象也都不是与政事治理活动无关的。故那些与人文践履活动缺乏直接联系的自然现象，往往不在天命观讨论的范围之内。

而虽然天命对于人具有决定性的作用，以致天命往往成为人们必须接受的前定"命运"，但中国人从来没有因此主张人们可以消极地听天由命、坐待其成。

相反，它往往特别强调：即便在获得了天命允准的情况下，人们也应该充分发挥人为活动的自觉努力，力求在"自天佑之"的基础上，真正实现"吉无不利"，做到"永言配命，自求多福"（《诗经·文王》）、"天命自度，治民祗惧，不敢荒宁"（《尚书·无逸》）。甚且，积极的人为努力甚至还是能够延续天命惠佑的先决条件，因为只有真正做到了所谓的"王其德之用"，才有可能确保"祈天永命"（《尚书·召诰》）。

可是，天命也像君命一样，虽然具有前定作用，却又不是必然不易、无法改变的。不但可以变更，甚至还有"天命靡常"（《诗经·文王》）的特征。导致变更的原因，尽管可以说是直接来自天帝，却往往取决于人为活动的实际状况。例如，倘若某位君王消极懒惰、败坏德行，就会"不敬厥德，乃早坠厥命"（《尚书·召诰》）。反之，倘若某位君王积极努力、自强不息，尽管天帝原本并不惠佑，也照样能够将无命变成有命。

因此，一方面，天命对于人具有决定性的主宰效应，因而人必须服从；另一方面，人在必须遵循天命的同时，又可以对于天命产生反馈性的影响，或是积极实现天命、或是导致天命变更。

（二）决定论

古希腊的"命运"则并非如此。在古希腊宗教中，命运并不是出自神的意志命令，甚至也不是出自"命运三女神"（Fates）的意志命令。所谓命运三女神，也不过是命运这种具有前定作用、令人敬畏的冥冥力量的一种拟人化的象征。

故命运不仅能对尘世中的凡人发挥命定的主宰作用，还能对天国里的神灵发挥命定的主宰作用。古希腊宗教中的各位主神（像乌拉诺斯、克洛诺斯、宙斯等）对于天上人间的许多事情也能拥有生杀予夺的决定作用，但他们自己的兴衰沉浮，甚至他们自己主神地位的获得与丧失，却依然不得不服从于在冥冥之中已经前定的命运。

命运一旦前定，就不可能变更，而是必然会以不可抗拒的力量得以实现。因此，无论人神如何充分发挥自己的能动性，都无法扭转或是改变自己注定的命运。例如，在著名的俄狄浦斯的传说中，虽然这位古希腊英雄早就获悉了自己的前定命运，并且想尽一切办法、努力试图躲避，但最终还是无可奈何地落入了弑父娶母的悲剧结局。同样，虽然天神乌拉诺斯、克洛诺斯也曾经事先得知自己将被推翻的命运，并且千方百计加以预防，但最终也是不可避免地丧失了自己的主神地位。

在殷周宗教中，人虽然无法抗拒天命，却可以凭借自身的积极努力，通过天人互动而影响天帝、改变天命。在古希腊宗教中，命运不受任何人为因素的影响制约，因此命运观是一种决定论。命运超绝于一切之上，其地位亦如造物主或上帝。其意不可知，其命不可改。

在殷周宗教中则不然。天命由天帝发布、直接体现天帝的意志，因此天帝也可以更改命令或是收回成命，以致天命具有偶然性意蕴，并非决定论。

决定论当然也不一定就不好。虽然自此之后，"意志自由"与"决定论"之矛盾，成为西方哲学上缠讼不绝之大问题，历史决定论也引发了诸多诘难，但从另一个角度说，西方自然哲学或科学之源，或许即来自此种命运观及决定论。

罗素就曾指出："以荷马史诗中能够发现的真正宗教意蕴，并不是奥林匹斯山上的众神，而是那种就连宙斯自己也要服从的命运、必然、定数这些冥冥之中的存在。命运对于整个希腊思想都产生了极大的影响，并且也许就是科学能够形成有关自然规律的信念的渊源之一。"

这是因为命运的宗教观念转化为必然（Ananke）的哲学观念。例如，阿那克西曼德就认为，万物都是按照必然性产生；赫拉克利特认为的"逻各斯"本身就包含着必然规律（确定尺度）的哲理意蕴；亚里士多德更是具体分析了必然性的概念，并且主张：三段论式的逻辑证明也是一种必然。

古希腊哲学家们有关必然性的这些见解，为希腊自然科学形成必然规律的观念奠定了坚实的基础。

西方科学以追求自然之规律为主，与中国科学以人天互动的"天工人其代之"为思想主轴不同，此亦为原因之一。

彼此优劣，固难断言。但无论如何，中西人神关系、天人关系、天命与命运观之不同，是昭然若揭的。中西文明几乎所有不同发展，都要从这个基点上去了解。西学东渐以来，不能掌握这基本差异而作的胡乱比附、套用、优劣比较太多太多了。

中西文化的合与分

许多人说西方文化重分析,中国文化重融合。说得对!但能有个哲学的解释吗?下面是我的分析。

一

嵩山少林寺里有一块著名的石碑,叫混元三教九流图。作者三教九流中人,又名酒徒仙客。画作于明嘉靖中,画了一个圆陀陀类似不倒翁的人物,展开图卷,上有图赞,说三教九流"各有所施。要在圆融,一以贯之。三教一体,九流一源"。

少林寺是著名的禅宗祖庭,达摩开宗。可是寺院里放这样的石碑,而且是放在极显著的地位,岂不正显示了中国人对学术的态度?

中国学术,自来重视合。宋元明清时期,三教合一,尤其蔚为风尚,相关学派与教派不知凡几。虽经社会现代化冲击,迄今依然活力无限,甚至还有许多融合基督教、伊斯兰教,讲五教合一的。

有些人认为这只是一种通俗性的作风,而且各教含糊笼统地合到一块儿,有点杂烩汤的味道,不敢苟同。

但这也许只是他们没融合好,中国自来却一直是主张融合的。堪称第一部学术史专篇的《庄子·天下》就是如此:"古之所谓道术者,果恶乎在?……曰:圣有所生,王有所成,皆原于一。"

先秦诸子都属于道术的一部分。道是一,各种方术均源于这个一。一后来分散了，才变成诸子百家。而这是一种衰落的过程。人人各得道之一偏，成了一曲之士，故不能"判天地之美，察古人之全"。一是道，多只是方；一是该遍周全，多只是偏，只是杂。

道家本来就强调一，一就是道。老子云："昔之得一者，天得一以清，地得一以宁，神得一以盈，万物得一以生，侯王得一以为天下贞。"这个一就是道的别名，所以修道者要抱一。所谓："圣人抱一为天下式""载营魄抱一"。庄子也如此。

他悲观，是因他觉得未来一定会分之又分，"百家往而不反，必不合矣！"可是他忘了，道的一个性质正是反，老子不就说了吗？"万物并作，吾以观其复"（十五章）"道、强为之名曰大、大曰逝、逝曰远、远曰反"（廿一章）。一不断分裂下去，未必就不可合。或者说，基于对道的体认，我们应该相信：方术虽分，不断分裂下去，越走越远之后终究是要反的，所谓物极必反。班固《汉书·艺文志》就是这么看。

班固把学术分为九流十家：儒、道、名、法、墨、阴阳、兵、农、纵横、小说。庄子说各家同出一源，所以班固便径以各家为流。源是本，流是末；源是一，流是多。这都与庄子相同。

但源远益分之后，班固却与庄子不同，认为它们终究是要合的，因此他说九流之学乃"一致而百虑，殊途而同归"。一致、同归，均指各家在未来终究要趋同趋合。

他们对学术史的分析，影响深远，因此这已成为我国人论学的基本观念。由于道出乎一，所以各家虽然分了，可是它内里仍具内在之可通性，可以会通。所谓统之有宗，会之有元。宗与元都是一的意思。又由于未来仍然可能合或一定要合，所以我们又总是说万流归宗、殊途同归。宗、一、本、原、元，都既是本原又是归宿。

以道观之，本来就该道通为一。因此我们也可以说，这种会通和合的学术观，就是齐物论，是一种"以道观之"的结果。由此发展下来的学术，遂亦以综合、融合、会通见长。

二

当然，中国人论学，也不会没有重分的一面。《易·文言》："君子学以聚之，问以辨之。"用言辞来分辨，以定然否，叫作问以辨之。

《史记·平原君虞卿传》注引邹衍语曰："辩者，别殊类使不相害，序异端使不相乱，抒意通旨，明其所依，使与人知焉，不务相迷也。"辩或辨的方法，就是分异分类，所谓别殊类、序异端。区而别之以后，各为之抒意通旨，说明它的依据何在，使其不同厘然可辨，不致混淆。这就是分的工夫。

强调分、辩或辨，名家墨家最甚。《墨子·小取》说："夫辩者，将以明是非之分、审治乱之纪、明同异之处、察名实之理。……摹略万物之状，论求群言之比，以名举实，以说出故，以类取、以类予。"

明同异之处的"处"，不是指场所、地方，而是指名。孙诒让注引《国语·鲁语》"智者处物"韦昭注云："处，名也。"注得很好。辩者主要是从名上去分辨事物之异同，彼此也以名言相辩，且还要讨论名与实的问题。

墨子是主张以名举实的。名，古代用法包括语言和文字，故曰："论求群言之比，以名举实。"例如见一匹马，而说这是马。马就是一个名，且是一个类名，用以说明此物属于马这个物类，因此《经说上》说："命之马，类也。若实也者，必以是名也。"通过对名的掌握，就可以达到邹衍所说"别殊类"的目的了。这叫察名实。

那么，什么叫明同异呢？《经说上》云："同：二名一实，重同也。不外于兼，体同也。俱处于室，合同也。有以同，类同也。异，二必异，二也。不连属，不体也。不同所，不合也。不有同，不类也。"

二物之同或异，包括：二名一实的，当然同。例如章太炎又叫章疯子，并不是另一个人。

一物为另一物之部分，则是体同。毕竟不是异物异类，所以我们也常用部分名来代称该物，例如一尾鱼、一头牛。

若二物像两人同坐在一个屋子里,便是合而同在一处。我们平常说同仁、同伴、同乡、同僚,均属此类,物虽非一,往往合同。例如双方签的合约就叫合同。

再就是类同。如马,白马、黑马、花马都叫马,其实每匹马都不一样;马只是个类名,不同的马都叫马,同属一类。

至于异,二物名异实也异,当然异,是二物,所以叫"二必异"。二物不相连属,是不体同,故亦异。其他不合、不类,也都是同的反面。

墨家显然十分重视这些同异问题,以"别同异"为其特征。

察名实、别同异之外,还有一个重点是"离坚白"。《经说下》:"见不见,离一二、不相盈,广脩坚白。"意思是说一颗石头,见只能见其白(色),石之坚就非视所能见,故见与非见要分开来谈。石之白,为石的一种性质,石之坚是另一种性质,也要离而二之,不能相盈。相盈是相含之意,犹如广狭和长短,亦是二事,不能相含的。

辨名实、别同异、离坚白,是谈辩的几个重点。各家在名实关系、同异之分或坚白到底如何离上,见解十分分歧。如墨子说名以举实,这时名实关系就是合而不离的,实指物,故《经说上》云:"举,拟实也。"《经说上》又云:"告之以名,举彼实,故也。"可是依公孙龙子看,名以指物,实却不是物,而是指物确实存在的那个实。他在《名实》篇中说:"物也,物以物其所物,而不过焉。实也,实以实其所实,而不旷焉。"物与实是分开的。因此他的审名实,是:"名,实谓也。"这个东西如果确实是那样的存在,实其所实,我才名之。因此他是:实则以名谓之,而非考察名与实之间的关系。

但无论如何,名墨之辩均以分为手段。离坚白的离即是分离,别同异之别,也是分别;辩或辨,亦是分辨之意。以分析分辨为能事,成为名墨论学之特色。

对此,道家是批评的,《庄子·天下》讲到惠施公孙龙,就说彼等只是"辩者之自囿也",自己关在一个小圈子(其实就是语言的圈子)里爽,不能见天地之大。邹衍也说辩者"烦文以相假,饰辞以相悖,巧譬以相移,引人声使不得其意。如此，害大道"，评价都不高。儒家虽讲正名，却也不赞成如此析分论学，荀子对他们就大肆批评。

三

名墨分析之学因与中国文化的主要精神不合，故长期受排斥或忽视。《墨子》到了晚清才有孙诒让为它作注，《公孙龙子》仅藏在《道藏》里，惠施书则根本亡佚了。

可是这些学问在晚清民国，竟大大复兴了，研究名学几乎成了一种热潮。胡适的名著《中国哲学史大纲》，其实也是以他先前所作《先秦名学史》为基础改写而成。就连反对胡适的牟宗三先生，后来也作有《名家与荀子》，阐发名墨一路较具逻辑性格的思路，可见一时之风气。

这样的转变，显然与晚清民初接纳西学的时代情势有关。西方学问，相较于中土，自然是重分析而不重综合的。晚清民初之名墨复兴，其实只是整个学界采用西方学术方法乃至体系的一部分表现。

所以谈名家墨家的人，都用命题、逻辑去阐释，并努力证成《白马论》《指物论》《墨经》具有逻辑学上的价值。这属于第一级的接纳西学。类似古人之"格义"，用大家已经懂的知识去解释那些大家还陌生的东西。

佛教传来时，魏晋人以老庄之术语与观念去讲佛学，以"无"解"空"、以"道"解"般若"等即是格义。但近人乃是倒过来的反向格义，非古代"以中书释外事"的形式，而是把中国学问附会到西学格局中去。

要知道：名墨之学，固然以分析为事，但其实中国"名学"无论从方法和目的上看，都与西方的逻辑不同，尤其不是命题式的，详见拙作《文化符号学》的自序。可是不要说当时讲《墨经》《公孙龙子》的人，就是后来牟先生、陈癸淼、沈有鼎、庞朴、谭业谦等，大抵也都如此。

比这种格义更全面地以西释中，可以胡适为代表。胡的《中国哲学史》，本是在《名学史》的基础上写的，其内容当然以论名学为主。而此名学又非中国意义，乃是以西方由逻辑分析发展起来的哲学为框架，套用着来解释中国哲学。于是,不止名墨这一支,整个中国哲学亦整体西方哲学化了。既矜为旧瓶新酒,时又或不免为旧酒新瓶。

今日,已有不少人在争论"中国到底有没有哲学",其实就是在反省这种做法。认为西方以逻辑方法、思辨分析形成的爱智之学,可能与中国义理之学不同,未必适合称为哲学或以哲学衡之。

由胡适更往前走,就会丢掉中国这个旧瓶子,直接去讲西学,如沈有鼎、金岳霖那般,径去治逻辑。牟宗三论数理逻辑,写《认识心批判》、译维特根斯坦《名理论》亦如此。

西方哲学当然也是博大精深的,但无论怎么看,它基本上是以一种分的方式在想问题。例如逻辑,基本性质即是把一般思维形式和任何可能的内容分离开来。不分,就无法谈思维方法。于是,无论"哲学家是智者""人是两足动物"或什么,我们可以说它都是以一种"S是P"的结构来表述。"是"是个系词,将主词"S"和谓语"P"联结起来,或将"P"视为对主语"S"的某种情况之表述。任何命题,我们均可以脱离其具体内容,如此这般,从句子结构来分析它。

其次,一般命题的基本原则是矛盾律。矛盾律也是分。凡物,均分为"甲"与"非甲"两类,一物既是"甲"就不能是"非甲"。甲与非甲矛盾,为矛盾律;甲是甲,为同一律;甲与非甲又是穷尽的排斥关系。甲与非甲间不能还有中间物,称为排中律。

再者,在主谓结构中,谓词又可分为对主词的定义、固有属性、属或偶性。此即亚里士多德《论辩篇》中的四谓词理论。依此说,若主词是个种类概念,那么对这个类的表述就是属,如人是两足动物,"人"与"两足动物"就是种和属的关系。

至于三段论,文德尔班(Wilhelm Windelband)《哲学史教程》已说得很清楚,那是从一般到特殊的推论。所谓科学知识,就是通过这一论式,让特殊的东西获得论证。对于特殊是否从属于一般,亚里士多德认为基于两种判断,一是考虑它的量,亦即主词从属于宾语的限度,是全称判断、特称判断或单称判断;一是考虑它的质,亦即从属关系有或没有,关系是结合还是分离的。

这些，无处不显示分的精神。分类、分种与属、分形式与内容、分主语与谓语、分谓语有若干种、分甲与非甲、分一般与特殊、分质与量、分关系是合抑或离，无往而不分。

这还只是从亚里士多德逻辑这方面看，若扩大来说，在亚里士多德以前，唯心与唯物、本质或现象、有限与无限、灵魂和身体……早已是浑沌凿破、二元对立的析分之局了。凡事两分，两分之后再继续分。

如柏拉图把善的理念称为"一"，可是这个一又具有"不变的事物"与"变的事物"的二重性。对应于理念的是理性，对应于知觉世界的是非理性，所以一之中已是两分。然而非理性又要再分为两种因素，一是倾向于理性的高尚因素，二是抗拒理性的低级因素。前者称为精神或意志，后者称为感官欲念。亚里士多德之后，更是"百家往而不反"，各人根据其所分者，自下定义、各构系统、"各得一察焉以自好"。整个哲学史呼应着《圣经》说上帝在巴别塔混乱世人之语言，让人无法沟通的故事，无限析分之后，难以融合。

哲学上如此，宗教上也是一个犹太教，分为新旧，生出基督教来；基督教又一分为二，先分为罗马公教与东正教，再分为新旧教；然后又分出伊斯兰教。分而不可合，目前还争执得厉害，不逊于前些年唯心与唯物两大阵营之争。

印度的情况相仿。佛教本以宇宙万象为"众分法"。可是对此方法若再做析分，便又可分为心物两类，心是能见，物是所见之相，故说一为见分，一为相分。前者是心，后者是心所攀缘之境，故曰"心所"。在佛陀时，只说"三界唯心"，见《十地经》。后来小乘便分了"见"与"相"。

小乘的看法，是认为外在世界确实存在，是客观的，为心之所缘。心也是有实体的。以这个心跟境接触了，就会缘境而现起一种似境的行相。犹如我们看见一处风景，脑海里便有了一幅景象。这个景象看来似境，但它不真是境，只是心缘境时生起的一种心的活动罢了。

大乘反对这种看法，因为万法皆空，外在世界本不存在，故不承认有一个客观的实境。觉得我们所见到的外在世界诸相，正是小乘所说的行相，陈那《集量》把它称为相分。除相分之外，别无实境。其次，心有能生现似境之相的能力，则是见分。见分是能缘、相分是所缘。在相见二分之外，还有一分，叫自证分，是相见两分所依之体。如此便是三分了。到了护法，依三分又增第四分，认为在自体分上，因有自缘用的缘故，应再立一"证自证分"。四者功用各别，所以不即；四者又是一体，所以不离。

陈那是佛教因明学划时代的大师，在他之前的称为古因明，之后的称为新因明。而因明也是和欧洲逻辑最相像的学问，不少人称为佛教逻辑，俄国舍尔巴茨基《佛教逻辑》就在讲因明处处拿欧洲哲学来和它类比。两者之相似，不只在三段论法，更在那分析性的心灵。

因明学在汉传佛教中却不受重视。玄奘之前，大乘佛教几乎不谈因明；玄奘本人虽精通因明，但仅翻译了陈那的《门论》及商羯罗主《入论》，其弟子为它们做了些疏记，却也多不传，远不及藏传佛教对因明的重视。真正结合汉藏及西方逻辑知识而对因明大有阐发的，也是在清末民初。吕澂、太虚、周叔迦、陈望道、陈大齐等，钩沈发覆，跟复兴名墨绝学一样，颇有成绩。

原因何在？非今人头脑大胜于古人，只能说这套分析性的方法跟中国人不契，故遭了冷落。但它恰好又与现代社会受过西方文化洗礼的知识人，在思想、气质和方法上相契合，以至重新获得了发扬。

四

以上就分合两边略论中外文化。说明欧西及印度是长于分析分类的，我国则是长于综合融合的。

因着这种合，中国人在真、善、美三个面向上也都主张合。在真的层面讲天人合一，在善的领域讲知行合一，在美的部分讲情景合一。

首先说真。真善美三分，本来是西方的概念，中国基本上是合在一起说的，不单独强调真。

其次，西方说真，尤其与中国人不同。西方说的真（truth），主要是命题的真。命题是靠句子，因此真是指句子或命题真、或者句子与命题真的条件。他们说"是真的"，只是一种谓词表述。由此发展开来，或认为真就在于命题与事实相符合，称为真之符合论；或认为真不在于命题与事实的关系，而在一系列命题和信念之间的融贯关系，这称为真之融贯论；或认为"是真的"这句话跟它所说明的对象并不在同一个层次上，因此它的含义不能由它所说明之对象表述出来，称为真之语义论。

凡此等等，其理论都是由"句子"出发的。中国人则不是用句子作命题式的讨论，而是用字词来谈问题，故根本没有命题之真这回事，更不会问句子跟事实符不符合。陈汉生（Chad Hansen, "Chinese language, Chinese Philosophy, and Truth", *Journal of Asian Sudies*, Vol.LXIV, NO3,1985.491-519）说中国哲学没有"真"的概念，一部分原因即在此（说的是没有西方式的真）。

在汉语中，真一向不从语句或语义上看。这个字主要是就人说的。《说文》解真字是"仙人变形而登天，从匕"，在匕部。这不是匕首的匕，是变化之化，讲的是由俗人变化成为真人。以真人之真作为真的本义。表明了真不是认识论的问题，而是存有论的。

因此，《玉篇》解真，说是"不虚假"，也不能认为是指它跟外部世界吻不吻合。因为真实不虚假，对中国人来说，乃是指做人是否真诚、不虚伪。《说文通训定声》："真，假借为慎，犹诚也。"《韩非子·解老》："真者，慎之固也。"《庄子·渔父》："真者，精诚之至也。"《荀子·劝学》杨倞注："真，诚也。"都是这么解。真首先不是语句问题，其次不是与外物相关联相符合的问题，而是人的内在真诚与否。

这种内在的真诚，再深讲，便内与性命相关，外与天道相关。《庄子·秋水》："谨守而勿失，是谓反其真。"郭象注："真，在性分之内。"《山》："见利而忘其真。"成玄英疏："真，性命也。"陶渊明诗："此中有真意。"《文选》李善注引王逸《楚辞》注："真，本心也。"都是就人之内在说。我们平常口语说"真心实义""真情""真知灼见"，均属这一种。

把真跟天道结合起来说，则如《庄子·渔父》："真者，自然之道也。"《素问·上古天真论》："以耗散其真。"张志聪集注："真者，元真之气也。"《淮南子·精神》："所谓真人者，性合于道也。"平时我们说"返璞归真"即用此义，说人合于道，回归了本原。

以上两方面是相关的。为什么真诚就是人的本性呢？因为唯有真诚不虚，才合乎天道，不论这个天道是就理说还是就气说，天地运化，都是真实的。人唯有合于这种天道，才是正直正确的。真有时也解作正，如《汉书·河间献王传》："留其真。"颜注："真，正也。"《文选》古诗十九首："识曲听其真。"李注："真，犹正也。"都是。平时我们把"真正"连成一个词来用，即本于此。

除了由语言上考察中国人"真"的观念外，我们还可以看看《老子》。

《老子》说："孔德之容，惟道是从。道之为物，惟恍惟惚。惚兮恍兮，其中有象；恍兮惚兮，其中有物；窈兮冥兮，其中有精；其精甚真，其中有信。"（廿一章）道的具体内容用真来形容，表示那是真实不虚的。故曰其中有信，这是从道这一面说的。五十四章："修之于身，其德乃真。"这个真就是说明人之德行的。天之道与人之德，均以真来表述，而这两者确实也相通贯。

通贯之例，亦可见诸庄子。《庄子·齐物论》："道恶乎隐而有真伪？言恶乎隐而有是非？"真伪与是非不同，真关联于道，是非则是语言行为上的事。这跟老子以真说道是一致的。《大宗师》又说："有真人而后有真知。"真人就是老子说"修之于身，其德乃真"的那种人。人具有此种德行，才能突破语言的障蔽，获得对道的"真知"。庄子认为言辩乃是小知，"圣人不由而照之于天"，唯有超越言辩，以天道观物才能获得真知。真人就是可以照之于天的人，因为他本身便与天地合德。故《大宗师》云："天与人不相胜也，是之谓真人。"天人不对立，相合了才是真人。真知则要以真人为基础，没有真人就没有真知。

天人合德，又可见诸《孟子》。孟子曰："尽其心者，知其性也。知其性则知天矣。存其心，养其性，所以事天也。"又说："君子所过者化，所存者神，与天地合其德，上下与天地同流。"

所以儒家讲修身，一定说到知天；说天道，也一定谈到人的性、命、仁、诚。如《中庸》说："诚者，自诚也，而道自道也。诚者，物之始终；不诚无物。是故君子诚之为贵。诚者非自成己而已也，所以成物也。"

诚，我们说过，跟真是同义字。以诚来说明道，正如老子以真来表述道。开头两句讲道之运，犹如"天行健"，是"至诚无息"的。底下接着说君子应体察天道，也要诚。且因诚本是天道，故君子既可以诚成己，当然也可以如天道一样成物，所以说诚是"合外内之道"。这是由天道讲下来的。

《中庸》另一段："君子不可以不修身；思修身，不可以不事亲；思事亲，不可以不知人；思知人，不可以不知天。"则是由人讲到天。诚是天存在的方式，也是人存在的方式。诚体现于天的健动无息上，亦体现于人的修身"夕惕若厉"上。所以修身要践仁，才能知天。天是践仁的基础，又是践仁的结果，刚好成为一个圆环，至诚之人遂与天地为一体。

这是天人合一。合一之原理在于能合其德，非可泛泛由感受或境界去说。而且如此合，亦是物我合一、知行合一、情景合一的基础。如庄子云："天地与我并生，万物与我为一。"是由人说人与天相合；董仲舒云："天亦有喜怒之气、哀乐之心，与人相副，以类合之，天人一也。"是由天说天与人相合。天人合一，所以万物与我并生，物我可以合一。

天人合德，有真人而后有真知。真知本于真的修德，故知道与行道是不能分的。王阳明说知行合一的根据即在此，故曰："就如称某人知孝、某人知悌。必是其人已曾行孝行悌，方可称他知孝知悌。不成只是晓得说些孝悌的话，便可称为知孝悌！"（《传习录》上）这是知行合一，至于情景交融、情景合一，根子也是物我合一，这里就不多谈了。

天人合一、知行合一、情景合一，可以概括中国思想上合的取向。西方却不是合的。人被上帝从伊甸园中逐出的神话，象征了人天破裂的文化格局，目前更是在长期无法获得上帝之赦免后，愤而宣布"上帝已死"，要由人来戡天役物了。

五

由中国文化重合这个角度讲下来，接着便可再谈几个重要的观念：交合、感通、中和、礼乐、圆融。

（一）交、合

感通，可由《易经》上说。易的乾坤两卦，一阴一阳、一天一地，本来是矛盾的，但两卦都讲合。

乾之象曰："大哉乾元，万物资始，乃统天。云行雨施，品物流行，大明终始，六位时成，时乘六龙以御天。乾道变化，各正性命，保合太和，乃利贞，首出庶物，万国咸宁。"文义甚美，而其中"保合太和"一语尤为切要。

在乾道变化之下，万物各有性命，且性命均得其正，是一境界。万物芸芸，物各有性，而又能彼此相合，共成一宇宙，为另一境界，所谓"万物并育而不相害"，此所以为太和，有广大和谐之意。这是乾之合。

坤呢？坤之象曰："坤，厚德载物，德合无疆。"这是坤之合，以无边广阔之姿，合载万物。

乾坤各有其合之后，还要进而讲乾坤合。《系辞下传》："阴阳合德而刚柔异体。"谓阴阳天地之表现虽不同，但其德是合的。此其一。乾卦坤卦之后，又有泰卦，是专讲乾坤合的。象曰："天地交而万物通也。上下交而其志同也。"魏曹丕特别重视这一卦，视为天地之本，说：

> 阴阳交，万物成；君臣交，邦国治；士庶交，德行光，同忧乐，共富贵而友道备矣。易曰："上下交而其志同。"由是观之，交乃人伦之本务、王道之大义，非特士友之志也。

天地万物均因交才能生能成，故此卦比乾坤更为重要，为存有之源。天地交泰，自然大吉。

（二）感、通

《易经》上部以乾坤居首，下部则以咸卦发端。咸不是交通，而是感通。咸即感字，后来加上心是强调感动在心的意思。此卦是个婚姻卦，一开头就说："咸，亨。利贞。娶女吉。"这个卦就跟曹丕推崇泰卦讲交通一样，因为是讲阴阳男女交感交媾的，是阴阳之合。

咸也是和的意思，《逸周书·武穆》"周公吊二叔之不咸"、《庄子·天运》"帝张咸池之乐"的咸，就都解为和。咸之所以是和，即由其感通交合而来，由合得和。

（三）异而同、睽而通

乾坤交泰或咸卦的阴阳交合，都是异类之合。这是《易经》的一个特点，犹如水火既济。水火乃矛盾相斥之两物，怎能合呢？于此便可见出一种不同于亚里士多德的思路了。但这也并不是无视其异。恰好相反，合是在分类之后再进行的一个活动。这里，我们可以来看同人卦和睽卦。

同人卦，是天与火的结合，象曰："同人，君子以族类辨物。"这个卦是讲一个团体中大家上下一心的，《淮南子·缪称训》云："至德者，言同略、事同指，上下一心，无歧道旁见者。……故"易"曰：同人于野，利涉大川。"就是此卦之正诂。现在我们称同僚、同事为同人，也用此意。

然而此卦之象却是族类辨物。族类辨物，不就是分辨的工夫吗？可是这分出来不同的各个类，却不因此就分裂、分散出去，反而齐心同德，合为一体。所以才叫作同人。这种合同，是在族类辨物的基础上合的。故虽合而并不丧失各自的殊异性，虽分而亦不因此便不合，是我国讲合讲同十分重要的观点。

睽卦也是如此。睽，上火下泽，也是水火不合之象。所以象曰："上火下泽，睽，君子以同而异。"乃是睽隔不通的卦。但此卦卦义却反而是通，其象曰："天地睽，而其事同也。男女睽而其志通也，万物睽而其事类也。睽之时用大矣哉！"

解易者，大家都知道要由卦象去解，可是很少人明白卦象与卦义有时并不吻合，甚或竟是相反，同人卦与睽卦就是如此。越是相反相异之物，越要令其沟通整合，为此两卦之精神。而也唯其为相反相异，所以才能通。它以男女为例，男女之相吸引、之相合相通，不正因为男女有别、男女睽不相通吗？男女若无如此大的差异，就没吸引力，没有相通相合的动力；若不睽隔，也不会引得人发狂似的想合在一起。这种辩证的诡趣，若只从分的一面去想，就不能体察了。

（四）仁、礼

知乎此，而后可以言仁与礼。

仁，其实就是一种感通。通人我，人饥己饥，人溺己溺；爱人，己所不欲，勿施于人，都是仁。由这种通人我之感出发，才能构建人文社会，故《序卦传》说："物大然后可观，故受之以观。可观而后有所合，故受之以噬嗑，嗑者合也。物不可以苟合而已，故受之以贲，贲者饰也，致饰然后亨。"

人文世界，是以仁为基础建立的。人均能关怀别人、感受别人的痛苦与需求，才有人文世界可说，否则就是人相食的禽兽社会。因此人文世界有一种人与人求合求同的趋力，彼此相亲而渐合群。但人相合之后，势必又要求有个秩序，否则就是苟合，是乱来，是混乱。这个秩序就是礼文。文，是交错的花纹，形容礼使人的世界显现出了等级、秩序。仿佛一匹白布上有了文采。所以仁与礼，仁是感通以相合的，礼就是分的。

可是礼之所以要对人群做出分来，却是为着合的。以荀子为例。他论礼，特重分义，因此常把"礼分"合为一个词来用，说："礼者，法之大分，类之纲纪也。"看来很有族类辨物之意。所以人须知统类。知类，是透过分类的辨法，去明白某事某物应为某一类，如此就能如网在纲地掌握万事万物了。但是这么做以后又要求通，故《不苟》说："智则明通而类。"不通达便称不上知类。后来《礼记·学记》说大学生三年要能"知类通达"，就用了荀子这话。这是从方法学的意义上说类、知类。

然类同时也是用来言礼的，在礼分上，如何既说分又说通说合呢？

荀子用了一个与《易经》相同的讲法来说："人何以能群也？曰分。"（《王制》）睽卦，不是说男女睽而其志通吗？男女因睽隔所以才志通。荀子也同样问：人群要怎么样才能合呢？要令其合，便需使其有分。礼就是这个分。儒家与墨家不同，墨家是要"尚同"的，所以无分；儒家则重礼、重分。然其重分，乃是为了使人能合，整个礼分的精神遂因此不是分而是合。礼是"合群者也"。能明乎此，便称为明统类。

（五）礼、乐

换言之，礼与仁相比，仁显其为通，礼显其为分。但礼之目的却不是为着分，乃是为了合。但由于礼太显其为分了，为了彰明其合的精神，故又须再讲乐。乐演奏时，能带给尊卑长幼各种不同礼制身份者共同的感动，穿透一切区分，达到大同之美：

> 是故乐在宗庙之中，君臣上下同听之，则莫不和敬。在族长乡里之中，长幼同听之，则莫不和顺。（《乐记》）

《乐记》把音乐形容为"通伦理者也"，即因音乐有这种可以跨越阶级、身份、礼制角色的力量。历来形容乐，都说"乐可以和"，令人和乐和谐，原因在此。

（六）中、和

和，是通过合达成的，乾之象曰"保合太和"，用太来形容和。儒家其他经典则常说中和。太和、中和其实讲的都是合以后的和，可是这个和为啥要用中和、太和来形容呢？

合，如前所述，是两物之合，特别是两矛盾之物合了，才叫和谐。可是，合到底是什么意思？是一加一等于二，抑或白加黑成了灰？再说，两物既是矛盾的，怎么能合呢？亚里士多德不是说物要么是甲，要么不是甲，怎能有一个既是甲又不是甲的东西？水火相逢，不是火烧干了水，就是水浇熄了火，水火既济是种什么情况？

这些问题都是十分实在的,我们不能囫囵笼统地说合和,和到底是一种什么状况?

中、中和、中庸、太和都是针对这个问题说的。两物之间叫作中。和不是一加一的总合,也不是一边各一半,各打五十大板的折中,而是"中"。但亚里士多德已经说过了,两物矛盾,其间是没有中的,这称为排中律。既然不可能有这个中,这中就既不是两物,亦不在两物之间,而是两物经过辩证综合而形成的一个超越的中。这个中显示的和,因为与一般意义的和不同,故或名为中和,或称为太和。

(七)中、庸

中也就是庸。《文言》:"九二曰:'见龙在田,利见大人',何谓也?子曰:龙德而中正者也,庸言之信,庸行之谨,闲邪存其诚,善世而不伐,德博而化。"中正,指的就是庸言庸行。

这种中庸之德,不只儒家讲,道家也讲,庄子《齐物论》就说:"凡物,无成与毁,复通为一。唯达者知通为一。为是不用而寓诸庸。庸也者,用也。用也者,通也。通也者,得也。适得而几矣!因是已,已而不知其然谓之道。"

成与毁,便是矛盾之两端。这两端,唯达者,也就是能以道观物者才明白它是可合、可通之为一的。所以他不会执着于这两端,只会通之,得其中庸。他获得中庸的办法可能和儒家不同,但说中、说庸、说和并无差别。

(八)圆、融

中和之和,乃是一种广大和谐的境界。这样的和谐,后来也常以圆融来形容。融,当然是指其融合,融合而达到完美完满之境,便称为圆满。

这个圆,大家都以为是佛教传入后才用上的(佛教喜欢说圆成、圆满、圆光、圆觉、圆融)。其实,圆是中国本有的词汇,《易经》上就说

"方以智，圆而神"，后来佛经译者大量用这个字去翻译梵文中表示完美这个意思的词，才变成仿佛圆字是个佛教术语似的。

同时，我们当知佛教向来喜欢论名数，三性、三业、三苦、二谛、十二处、十二因缘、四圣谛、三法印、十地、八识、十八界……不胜枚举，但其实并未以圆来论什么。圆只作形容词用，无实指。例如《圆觉经》，说的只是净觉。圆只是对净觉的一种描述。

圆有具体实指的，大约只有判教时说的"圆教"一词。天台判教，以圆为极，谓其非顿、非渐、显露、不定；华严判教，则自称一乘圆教。这个圆教的说法，印度并没有，故我认为说圆、圆融、圆教，正是中国重视和谐合和的一种表现，圆融即是"和合太和"的另一种说法。中国人讲合，确实是以圆融为最高的理想。

现在，你选择核融合，还是核分裂？

在时间的面相下

新潮、新潮流是近代最流行的词汇之一。而其使用均与"时尚"相连结,所以它的思想史意义,又在于它与时间相连结,突出时间义。与古时李益《江南曲》"早知潮有信,嫁与弄潮儿"、李嘉祐《南浦渡口》"东风潮信满,时雨稻秧齐"等诗之突出时间义相似。

可是时间是顶复杂的东西。康德把时间、空间视为思想之先验形式,理论物理学则加入了三个因素:互动、运动、速度。加上这些,时间、空间就会产生变化,例如形成曲线,或引力造成时空扭曲,等等。离地面越远,时间也会越快,所以山上和海面的时间是不一样的。如果使用 GPS,时间在山上就会加快五千万分之一秒。古代神话常说"天上一日,地下一年",理由正在于此。

不过近代思想史使用时间比较简单,最常见的只是"新旧"。新代表时间近,旧的时间远。新潮的词汇谱系中,新文学旧文学、新戏旧戏、新史学、新青年、新方法等都属于这种时间序列。

与新旧类似的是前后。如"前现代"与"后现代""结构主义之后",等等。

另外就是远近。"近代"最近,远的是古代。若嫌古代太长,可再区分为远古(上古)、中古。

这看起来是一种时间的自然区分,实则不是!因为,上述时间观都是单一的、直线的。而这种时间观,就恰好是种新潮,是受西方影响的。

中国原先的时间观就不是这样。固然也有这种直线式的,却还有一朝一朝、一时代一时代接龙式的；用《易经》卦象推演的元、会、运、世；六十甲子的不断轮转；一张一弛的三统说、文质代变说；盛衰起伏的正变说，等等。佛教传来之后，也吸收了佛教的"一刹那""劫数"。历劫重来，时间就又重新开始。民间宗教则说三元甲子，青阳、红阳、白阳三劫。

现代中国人对这些皆已陌生了，只熟悉西方那种直线单一时间观。

而直线单一时间观本身却又是有具体思想内容的，不像我们平常只用作纪年工具这么简单。

其思想内容是什么？是基督教对时间的安排。把自然时间序列跟上帝的恩典、基督的生命、教会的发展、圣父圣子圣灵的关系统合起来，就形成以耶稣出生为元年的纪年法。教会形成和教权行使的年代，历史才开始，所以之前是上古。教权后来受到挑战，政教分离了，神圣世界跟世俗社会拉开了距离，上帝的归上帝、撒旦的归撒旦，则叫作近代。

此一时间观之形成、它在史学中的运用及其弊病，斯宾格勒（Oswald Spengle）《西方的没落》、柯林伍德（Robin George Collingwood）《历史的理念》言之已详，但迄今不能动摇它在我们社会中的地位。如果有人忽用孔子纪年、黄帝纪年，或道历、佛历，则人人侧目，咸以为怪。

甚至，在斯宾格勒批"上古、中古、近代"之际，我们的史家反而正热衷着把这个时间框架套进中国史里来。

文学史上最早的套用者是在苏州东吴教会大学教"中国文学史"的黄人。后来刘师培在北大开讲"中古文学史"亦用此架构，而通行至今。哲学史，则胡适、冯友兰也都这样用。

胡适的分法是以老子到韩非为古代、汉到唐为中世、唐以后为近代。

为什么汉到唐为中世呢？因为他认为这时也跟欧洲中世纪一样，思想的主体是宗教。唐以后为近代，则是当时一种主要思路，日本内藤湖南京都学派甚至由此发展出一套"唐宋变革"的论述，说中国如何由中古转变到近代资本主义社会。这当然是又跟马克思社会发展阶段论结合起来的说法，但底子跟胡适一样。

冯友兰和胡适却很不同。他把董仲舒到康有为全都划入中古，说近世哲学在中国还没开始呢！因为他认为汉朝以后思想家都以注解古人的方式来谈思想，类似西方中古教会的经院哲学。西方近代打破教会垄断，具有反叛精神的哲学，在中国还没出现。

冯先生这样的认知，现在看，当然可笑之至。可是那时我国学者知识人之心态、理想、自我期许却只是如此。陈寅恪那段到现在还激动人心的金句"独立之精神，自由之思想"，其实也是当时冯先生的理想，故他以为近代思想之特征即在于打破权威，自由独立思考。

殊不知，他服膺的新实在论大家怀特海（Whitehead）就强调过："整个西方哲学史就是对柏拉图《对话录》的注脚。"思想之所以能够有进展，从来不因人自由独立地漂流在海岛上呆想，而在于与伟大的灵魂对话，激荡、启发、辩难、借力。

故哲学史事实上就是诠释史。孔子是对夏商周的诠释，孟子是对集古代文化大成的孔子的诠释，董仲舒是对《春秋》的诠释，朱熹是对《四书》的诠释，王阳明是对朱子的诠释，戴震是对《孟子》的诠释，章太炎是对《说文解字》的诠释……。佛教道教也各依其"圣言量"而开展，跟西方是一样的。近年诠释学大昌，由《圣经解释学》发展出来的这门学问，亦已成为一切人文学之基本方法和视阈，回头再看冯友兰这类言语，自然会惜其幼稚。

依现在大陆的学科建置，一是把近代定性为资本主义社会；二是把时间定在鸦片战争以后，而不是宋朝；三是近代以后还有社会主义的兴起，所以20世纪30年代以后另称为"现代"，1949年以后为"当代"，兴起以后，步履还有点踟蹰，故又以改革开放以后为"新时期"。

这时的时间就空间化了。

本来在西方，哲学就是去时间性的，因为谈的主要是永恒。

这是它的老传统，所以讲思想常予以空间化，用地理（东方与西方）、结构（表面与内在、表层与深层、现象与本质、台前与背后）来谈。背后还有背后，无限延伸，就成为"第一因"。哲学主要是研究形而上学，而形而上学就是"物理学之后"的学问。近年我们说"结构主义之后""后现代"等,看起来是直线时间,其实也一样有空间意义。就像排队时,你排在我后面,我俩就构成一组空间关系。

东方西方是最早的架构,但不是你现在以为的。近代中国人以自己为东方,来跟西洋人对举着说,梁漱溟《东西文化及其哲学》这类东西文化论述,汗牛充栋。可是西方人说的东方,原先可不是指中国印度日本,而是指埃及、波斯。

早在古希腊,亚里士多德就设想世界是圆的,划分成温带、热带等区域,生活在不同区域的人过着不同的生活。其《政治学》首先为西方人勾勒出东方社会的形象,那就是"专制"和"奴性"。

中世纪学者大艾伯塔斯继承了亚里士多德的地理思想。在《区域的性质》中把占星术和环境结合起来,认为地球的可居住性由纬度决定,不同的可居住性,就影响着人类各地区的社会性。

这种论调,被称为早期东方专制论。但这一说法并未立刻流行起来,原因是中古欧洲主要是基督宗教之内部发展问题,与东方交涉尚少。主要交涉之东方亦仅限于埃及、波斯、阿拉伯世界。其所谓东方,基本上指的即是这些地方。

大航海以后,西方远航到了他们所说的"远东"。刚开始,当然震慑于远东的富庶繁华、文物制度,所以兴起了"中国热"。

但后来关系恶化,1748年的孟德斯鸠《论法的精神》开始把中国纳入"专制东方"这个老框架里去。罗马教廷更于1773年取缔耶稣会。中国人的宗教态度、社会状况,遂从足以与欧洲相对,甚或是更胜一筹的非基督教文明,转而成为一黑暗帝国,有待上帝拯救。

从亚里士多德以来,对东方专制之形成与性质的认定,就有命定论的色彩。认为专制国家之所以为专制,系因其地理条件、人口因素、气候、幅员等而不得不然。而这些条件,基本上也不太能改变,故专制政体事实上并不能改变,不得不成为一凝固之物。所以专制东方又称为"停滞东方"。

接着就是黑格尔对中国的精神现象学解释。认为中国的历史本身毫无历史性，不过是一个伟大没落之不断重复。

黑格尔只是一个例子，19世纪以来西方人这种态度是很普遍的。英人霍布森（John Atkinson Hobson）《西方文明的东方起源》概括道："欧洲人按照想象，迫使世界分裂为两个阵营：西方和东方。在这一新的观念中，虚构的贬低东方的观念，被作为理想的西方的对立面。西方被想象成天然具有独一无二的美德：理性、勤勉、高效、节俭、具有牺牲精神、自由、民主、诚实、成熟、先进、富有独创性、积极向上、独立自主、进步和充满活力。然后，东方就成为与西方相对的他者：非理性、武断、懒惰、低效、放纵、糜乱、专制、腐败、不成熟、落后、缺乏独创性、消极、具有依赖性和停滞不变。也就是说，西方被赋予的一系列先进的特性，在东方则缺乏此类优点。"

晚清开始，向西方学习的新派人士，当然很快就完全学会了这一套世界观。这也是他们获得的最完整之西潮。因为学什么学问、技术都很难，学鄙视却很容易。自由、民主等概念不好理解，说中国人懒惰、放纵、糜乱、专制、腐败、不成熟、落后、缺乏独创性、消极、具有依赖性和停滞不变等，那可是张口即来，再简单不过了。

这也成就了他们的"启蒙者"身份。改造国民和国家，脱离这种专制、停滞的状态，达到西方那样的进步、自由，便成为他们存在的价值与使命。

结构性的现象与本质区分也同样渊远流长。其思维方式大抵可以概括成一句话：透过现象看本质。认为任何事物都有一个深藏的本质；观察者不能被现象所惑，而应透过现象，揭示本质；才能掌握真相、掌控事物。

这种本质主义立场，是从古希腊就开始的。柏拉图之"理念"，亚里士多德之追究"第一因"，乃至基督教之上帝。两千年来一直是西方哲学的主流。

近代哲学之革命性，主要就是想打破本质主义（尼采、海德格尔、维特根斯坦、罗蒂、福柯、德里达、利奥塔等都被认为属于这一路）。但这套方法实际既久,深入骨髓,并不容易打破,反而还大有发展。

索绪尔《普通语言学教程》首先把具体的语言行为(言语)和语言中的深层体系(语言)区分开,把语言看作一个符号系统。产生意义的不是符号本身,而是符号的组合关系,因为这才是深层结构。故语言学不是研究语言,而是研究符号组合规律的学问。后来列维-斯特劳斯(《语言学的结构分析与人类学》)等人更用此法广泛分析了亲属关系、饮食、宗教仪式、游戏、文学与非文学类的文本等。在20世纪中期,这个结构主义阵营声势浩大,影响深远。

放到近代思想史上看,金观涛、刘青峰《兴盛与危机:中国社会的超稳定结构》《开放中的变迁:再论中国社会的超稳定结构》,孙隆基《中国文化的深层结构》就都是明确要找深层结构的。

结构主义用在中国文学研究上的尝试也很可观。试翻翻周英雄《结构主义与中国文学》、陈国球《结构中国文学传统》等书即可体会这一潮流的势头。

我自己发展"文化符号学",与西方结构主义、符号学、形式批评之关系之深,是不消说的。但我对这一路数仍不能无疑。

我不相信普遍性与抽象性,而强调特殊性与具体性。不仅每个作家每个时代不同,民族间也不一样。所以,假如有深层结构,我们的结构肯定会与西方不同。像列维-斯特劳斯说的"二元对立",我就觉得根本不能用来解释中国思想与文学。语言结构,终究是与思维、与文化有关的。

中国语言也不能以普遍语法概括之。早自《马氏文通》以来,汉语即有若干特性是大家都知道的,如词类区分方面,"泰西文字……无助字一门。助字者,华文所独,所以济夫动字不变之穷";拉丁语法中也无介词,只有前置词,马建忠参考前置词之作用,列了介词一类。可是他也说:"介字用法与外动字大较相似,故外动字有用如介字者;反是,而介字用如动字者亦有之。"

在句法方面,《文通》则说:"大抵议论句读皆泛指,故无起词。此则华文所独也。泰西古今方言,凡句读未有无起词者。"

我们不能说这些都是表面差异,汉语与泰西语言之深层结构仍是一样的。因为结构主义所相信的一些深层结构,如上文提到的"二元对立",在我看,汉语恰好就是反证。

汉语的一个特点正是正反无别、同义反复。故哀矜之矜,即是骄矜之矜;薄既是少又是多(如磅礴、薄海腾欢);止既是停止又是走(论语:以道事君,不可则止。止即趾,走开之意);离既是分开又是碰到(故离骚就是遭忧,离即遭);鲲既是小鱼卵又是其大不知几千里的大鱼;易既是变易又是不易;豫既是悦又是厌(尔雅释诂:豫,厌也);厌既是讨厌又是满意(犹如餍),殆均如庄子所云:"假于异物,托于同体,反覆终始,不知端倪。"二元是对立不起来的。

但更重要的差别可能还是在时间观上。

时间空间化以后,时间就愈来愈不重要了。所以形式批评所采取的,常是减法。不理会作者与创作时代,只把作品视为独立自足的有机体,分析这一首诗一阕词之美感便罢。而分析之方法又是具有普遍性的,什么时代什么人都可以用这套客观普遍的方法,针对其语言构造进行分析。某些人甚至并不太从事实际批评,只谈诗语言之普遍特征、叙述文之普遍结构,而后用之于各个作品的解析上去。

我则重视时间因素,想说明历史上不同时期的人对语言美的掌握有何不同。因此我的理论论述往往与我对中国文学批评史的勾勒混在一块,即事言理,具有史学气味。用结构批评的术语来说,我这种"历时性"而非"共时性"的研究,便跟他们不是一伙。

从现象探寻本质,或寻找深层结构,看来都是水桶或洞穴深潭的隐喻。然而流水般的时光呀,想把它箍在水桶里,哪里能够?

以苏格拉底为鉴

古希腊之所谓缪斯九女神,有点类似中国唐宋以后民间流行的行业神,分掌历史、音乐、喜剧、悲剧、舞蹈、挽歌、颂歌、天文、史诗。

缪斯乃文艺之神,故由她们分管的职事,便可以知道当时人之文艺观。其观念,现代人所不熟悉的,大抵有以下各端:

一,是绘画、雕塑、建筑等现代人认为的重要艺术门类,都不在其中。现代人所理解的或所看重的古希腊艺术,正是这些东西;而这些,当时人其实并不重视,甚且不以为是真正的艺术。

二,当时显然还没有整体的"诗"这一概念,谈的只是各种体裁的作品,如史诗、颂诗、悲剧、喜剧等。

三,无论哪一种诗,又都是和音乐分开来的。当时所谓史诗、颂诗、喜剧、悲剧,主要是朗诵或吟唱。诵或吟,固然就有音乐性,却不是配着音乐的。

四,音乐既与史诗、悲剧、喜剧等分由不同的女神掌管,那么,是否音乐即已独立,脱离了诗,自成一大门类?却又不是这样!史诗、颂诗、悲剧、喜剧之所以由多神分掌,而音乐只归一女神管理,是因为音乐不如诗那么重要,故可以把所有音乐并归到一位女神名下罢了。

古希腊时期之音乐,地位及内容均不如我们现今一般认为的那么高。当时根本没有纯器乐的演奏,歌唱也不重要。谈音乐,更主要的是说一种和谐的理念,如毕达哥拉斯所说数的比例、构成等。也无整体之音乐概念。故具体谈音乐时就会如亚里士多德《诗学》那样:论诗,分述悲剧、喜剧、抒情诗、史诗、酒神颂歌;论音乐,便举长笛、竖琴为说。要等到基督教兴起后,才有真正独立出来的音乐。

这几点,都很可与我国的文学发展史做对勘。

例如第一点,古希腊人之所以不重视建筑雕塑等,是因当时人把各种制作技艺,分为"自由的"与"平民的"。这一区分,是由当时政治上的自由人与奴隶而来,故平民的制作即是奴隶的。什么是奴隶的呢?一门制作技艺,若极需要体力,与自由艺术主要靠着智力不同,那么它就是奴隶的,自由公民不屑为也。绘画、建筑、雕塑等均属于此。

须知直到文艺复兴时期,画家还常隶属于医生、药剂师或出版商的行会,建筑师、雕塑家还常隶属于泥瓦匠、木匠行会,便可知此类艺人旧时均属于工匠,其人与其技艺都是受卑视的。西塞罗把雕塑、绘画、建筑等称为"脏的技艺",与诗分开,良有以也。

当时还有一说,谓技艺可分为"为教育的"和"为娱乐的"。雕塑、绘画等均只能提供视觉之娱,故与诗之充满神性不同。

我国谈艺,初不如此。许多人可能会想到唐宋以后绘画及各种工艺也同样有一个先受鄙视,其后努力将自己诗化的过程。可是夷考渊源,我们就会发现古人论文谈艺显然无这等身份、体力智力、脏不脏、为教育为娱乐之分。

艺字的本义就是植栽,乃工匠之事也。然而,《周礼》云保氏教国子以六艺,可见艺并不仅属于工匠、奴隶,也不脏,且亦不仅是娱乐的,更是教育的。

文,这个字的一个主要意思则是纹绣编织。所谓"文章",常指黼黻,《楚辞》曰"被文服纤",《荀子·非相》曰"美于黼黻文章",即是明证。编织是女工的技术,但好文章同样称为锦绣。这是因"文"这个字通贯于天地,天文地文人文,在一切地方显现。与古希腊孤立地说文谈艺,愈说愈窄、分来分去迥异。

关于第二点，当时人还没有整体的诗观，也和我国的情况大异。我国早在《尚书·尧典》里就说了"诗言志"，这即是对诗的整体概括与定性。后来《左传·襄公二十七年》记赵文子对叔向说"诗以言志"、《庄子·天下》说"诗以道志"、《荀子·儒效》说"《诗》言是其志也"，等等，都延续其说，形成中国诗学极稳定的传统，而开端乃极早、极明确。

不过，诗言志，中国人太熟悉了，竟常不知此语之可贵。此语可贵处，除了刚刚说的显示了一种整体性的诗之观念外，还在于它显示了西方很晚很晚才能有的想法：诗是与个人自己直接相关的。

西方早期的诗，乃是与神相关的。直到拉丁文中，诗人跟先知还是同一个词；古希腊时期，诗就更是主要由先知和巫师朗诵的了。雕塑、建筑、绘画等技艺之所以不能跟诗比肩，这就是个关键。诗由神示、天启、灵感而来，其他的只是技术、知识、程序。

中国古代也有颂诗，也有祭神之歌舞，也讲诗心窈冥通乎鬼神，然而诗言志，显示的只是诗人志之所之，诗人自己才是诗关注的主体与内容。这个道理，西方也许要到近代才明白。

至于音乐与诗的关系，我们和古希腊亦极不同。古代诗、舞、乐当然也有分立的现象，例如我们早有独立的器乐演奏，并不配词，像《诗经》中那几首"佚诗"就是；也有徒歌，不配舞蹈，像《诗经》中的国风，可能就是如此。但整体说来它们仍是一体的，甚至有时可以用一个"乐"字来包括。"乐"这个体系的弱化和分化，是战国以后的事，与西方的情况颇不相同。

因此，对照古希腊，是十分有益的事。近年北美和大陆学界热衷推广雅斯贝尔斯的"轴心时代说"，谓中国、古希腊、古印度在同一时期都经历过一场"哲学的突破"。此说讲讲当然也无所谓（本人并不赞成，详见拙作《中国传统文化十五讲》），但它常引起一种附会类比之风，把古希腊哲人跟我们先秦诸子想象成差不多的一群人；把孔孟想象成苏格拉底、柏拉图；把古希腊的哲学突破内容，拿来讲孔孟的成就。我觉得这些都是荒谬的，既不知中国学问，也不懂西方。

老实说,苏格拉底何敢望孔子?纵令古希腊哲人当时有所谓的突破,其思致、意蕴、境界,问题多多,跟孔孟是不好比的。别的且不说,仍从"诗"这部分来看:

柏拉图《理想国》卷三曾记载苏格拉底和阿德曼托斯讨论教育问题时,主张许多故事不应讲给孩子听,例如地狱之事,会让孩子产生畏惧,将来就不勇敢了。因此,便也要限制诗人不准写这些东西;而古代传下来的史诗中,若涉及这些,亦应删去:

> 让我们从史诗开始,删去下面几节:"宁愿活在人世做奴隶啊,跟着一个不算富裕的主人。不愿在黄泉之下啊,统率鬼魂。"其次,"他担心对凡人和天神/暴露了冥府的情景;阴暗、凄惨、连不死的神/看了也触目心惊。"其次,"九泉之下虽有游魂幻影,奈何已无知识"……此外,我们还必须从词汇中剔除那些阴惨可怕的名字,如悲惨的科库托斯哥、可憎的斯图克斯哥,以及阴间、地狱、死人等名词。……应该删去那些挽歌。……

此外,诗歌还不该描写英雄哭泣、忧伤、憔悴、叹息,亦不应大笑、情绪激动。如荷马说"赫菲斯托斯手执酒壶,绕着宴会大厅忙碌奔波。极乐天神见此情景,迸发出阵阵哄堂大笑",这种有点酒神精神的句子,都该删去。

这是因苏格拉底主张人须有克制的美德,故又认为"有侍者提壶酌酒,将酒杯斟得满满的。丰盛的宴席上,麦饼、肉块堆得老高"之类句子也应该删。因为他所说的克制,对一般人来讲,最重要的是服从统治者;对统治者来讲,则是克制饮食等肉体快乐的欲望。

把他这些话拿来跟我国的"诗教"相比,差异可就太明显了。

首先,孔子删诗书、正礼乐,看来似与苏格拉底想干的事相仿,但孔子可不曾把那些涉及死亡、描写哀乐的诗删去。《诗经》中到处都可以看到苏格拉底想删掉的那些内容。后世儒者强调"温柔敦厚,诗之教也",却也承认阳阿薤露等挽歌的崇高价值,挽歌在汉魏南北朝隋唐期间也一直盛行不衰。

其次，如此昌言诗人什么可写什么不可写、古代诗歌什么地方该删，是中国圣贤绝对说不出口的，连韩非子也不敢说要如此。后来秦始皇焚书之所以遭人诟病，即由于整体社会反对如此这般清洁化思想。

至于把克制之美德界定在服从统治者和饮食的生理欲望上，一是匪夷所思，绝不符合正义；二是浅薄，与我国儒者论克己复礼，境界与意蕴都相去辽远。

古希腊是个备受近代人美化歌颂的时代，其实有太多可诟病、可质疑之处。罗家伦翻译的英国柏雷《思想自由史》虽然把古希腊、古罗马视为理性自由时代，认为中古是理性入狱时代，文艺复兴与宗教改革才唱起了解放的先声；却亦不能不说柏拉图所建构的是个铁牢，所有公民，都须相信他规定之宗教，否则不是被处死就是被囚禁（第三章）。

其实不仅柏拉图如此限制或扼杀思想自由，处死苏格拉底的社会或苏格拉底本人，又岂能被视为理性自由的呢？

不是数学的古希腊几何学

一

柏拉图学园门口,曾高揭大字"不懂几何者,不能入此园"。是的,不懂几何学,也曾被认为就永远入不了欧洲文明之门。

徐光启《刻〈几何原本〉序》就是这么看的。

其序曰:"《几何原本》者,度数之宗,所以穷方圆平直之情,尽规矩准绳之用也。……真可谓万象之形囿,百家之学海。"认为它是一切术数学问之纲领。

他拜利玛窦为师,想把西方科技诸书译成中文;但转念一想,若这本书没译,译其他的,就都白扯,所以还是先译了这本(利先生从少年时论道之暇,留意艺学,且此业在彼中所谓师传曹习者,其师丁氏,又绝代名家也,以故极精其说。而与不佞游久,讲谈余晷,时时及之。因请其象数诸书,更以华文。独谓此书未译,则他书俱不可得论)。

后来此书在我国几次刊印,刊印者也表达着同样的态度。这态度是什么呢?就是:只有了解几何,才能建立科学知识,进而发展科学文明。中国历史虽然悠久,但几何学长期不发达,正是科学无法在本土生根茁长的原因,故传刻者悁焉忧之,特刊译此书,以启蒙愚。

对此启蒙论,中国人不服气也不行。因为明清之际,利玛窦等传教士带着以几何学为首的欧洲科技来华,就打败了我国的科技士,成功掌控了钦天监。清末,西方科技大胜中土也是事实。技不如人之后,我们虽然由初中开始就让学童努力学几何;可是,谁都知道,那是拼了命也学不好的。为此被罚被打被骂,最终出了校园,全部忘光。中国之科学,终于进步有限,可能就跟中国人尴尬的几何能力有关。

二

但偶尔也有不服气的,说:我们几何不好固为事实,然而几何不代表数学全部。而中国古代亦自有数学上辉煌的成就,何至于几何不发达就导致整体文明衰弱不科学?

几何这个词,一说最早来自于阿拉伯语,指土地的测量之术,后来拉丁语音译为geometria。一说几何这个词最早来自于希腊语土地和测量两个词合成,历来视为数学之一分支。1607年徐光启虽首译为几何,当时人其实多称为形学,直到1910年《形学备旨》第十一次印刷时,才改名为《续几何》,可见几何一名是20世纪才一统江湖的,其实则形学也。

若就形学说,则其内容也非希腊独有或独创,中国就有,古埃及、古巴比伦也早有。欧几里得所写的《几何原本》只是把原先古埃及等地所传及古希腊已有者整理而成。古希腊本来在这方面也不突出,例如毕达哥拉斯定理(勾股定理)讲的事,古埃及和古巴比伦在之前一个五百年就知道了,埃及对截头金字塔的方形棱锥体体积之测量、古巴比伦之三角函数表等,亦是古希腊望尘莫及的。

形学之外的数学,领域又大得很,如中国所擅长的各种计算,多非由土地测量这种平面空间处理法所能问津。像圆周率,中国比欧洲提前一千多年便能精确到小数点后七位。可见欧几里得几何并不就代表几何学,许多也非原创;几何更不代表数学,几何不发达之民族,或许另有擅长的数学领域,远胜古希腊。

由此说开去,则我们还当知道:数学的基本是数数,从一到若干,然后以数来测量天下万事万物。而记数之法,关键是两点:一是几进位(我们是十进位，逢十进一。有些民族是二十进位或十二进位、六十进位，目前计算机则是二进位制）；二是位值（一个数码表示什么数，不仅取决于这个数，还要看它所在的位置，例如22，两个2，但前一个2与后一个2不等值，前一个代表的是20，数学之所以具有哲理性，即在于这类事例中）。此外，还有零的问题。0这个记号是公元876年以后才由印度人首先使用的。因此许多数学史都说零这个概念乃由印度人发明。其实概念与符号表述是两回事。我国早期没有0这个符号，我们用什么表达零呢？用空格，例如摆算筹时，遇到零的地方就空一格，以空来代表零，无物无数在其中，深具哲理意味。若书写或印刷，则以□表示，或干脆写成o，金《大明历》或秦九韶《数学九章》就这么处理。

零的问题比较特别，许多民族于此没有发展，如希腊。

进位制及位值制稍微普遍些。可是普遍之中也有优劣之分，如巴比伦人、玛雅人都懂位值制，然而巴比伦人用的是六十进制，玛雅人用的是二十进制，都不如我们方便。记数法采用位值制又是十进制的，世界上以我们为最早，所以后来算数能长期执世界之牛耳。

反观西方，到罗马都还不会位值制呢！罗马数学之记数法是用C表示一百，若要表示二百则须写成CC，所以你若要记录3888，就得写成MMMDCCCLXXXVIII。你说笨不笨呢？

最后这句话，虽看起来有文化歧视之嫌，可实际上每个去欧美游玩购物的人在柜台结账时心底都不知翻来覆去咒了多少遍。近年售货员仰仗计算机，情况当然颇有改善。但不会数数的特征，确实与中国人形成巨大反差。

这类事例，可以无穷开列下去。近代中国总在缺乏科学方面受尽讽嘲，而数学被认为是科学之基石或重要部分，科学落后，必然由于数学落后。因此谈起数学，当然也是自惭形秽的。

可是若偶尔晓得了一点数学史，就会纳闷：中国古代数学不是挺好的吗？算数、代数都如上文所说长期领先世界。数学教育，至迟在周朝就已列入"六艺"之一，成为国家教育之一部分，还不像古希腊只柏拉图学园在强调。相关《算经》著作更不比西方少。到现在，一般人记数能力也和上文所说一样，远胜西方人。怎么说中国数学就不行了？

与欧几里得《几何原本》同时，中国清华《简算表》可以计算 0.5 乘以 0.5 到 495.5 乘以 459.5 的任意二元乘法，还可以逆运算推导除法。相比之下，同时代的西方算术实在是小儿科，连乘除法都算不好呀！

三

再说天文学。

早期毕达哥拉斯学派本是宗教，玄想曰：天体有十个，因为十是完美的数字；地球是球体，因为球体是完美的物体；轨道应该是圆形，因为圆是完美的形状。

柏拉图也一样。他以几何学设想宇宙开头有两种直角三角形，一种是正方形的一半，另一种是等边三角形的一半。从这些三角形就推理出四种正多面体。火微粒是正四面体，气微粒是正八面体，水微粒是正二十面体，土微粒是立方体。第五种正多面体是由正五边形形成的十二面体。这是组成天上物质的第五种元素，叫作以太。然后，整个宇宙是个圆球，因为圆球是对称和完善的。宇宙的运动则是一种环行运动，因为圆周运动最完善。四大元素中每一种元素在宇宙内的数量是这样的：火对气的比例等于气对水的比例和水对土的比例。万物都可以用一个数目来定名，这个数目就是表现它们所含元素的比例。

所以他说："天文学和几何学一样，可以靠提出问题和解决问题来研究，而不去管天上的星界。"

你说这些不是罔顾事实的瞎想吗？

他还推论道：地球是一个小球，天空是一个大球，大球包裹着小球。所以小球在中央，没有动。大球在外面，围着小球转。故宇宙分成两部分。一部分是地球，住着我们人类和其他动植物。另一部分是天球，高高在上，围绕着地球。地球在中央，静止不动，天球在外面，绕着地球转。

太阳、月亮和那么多的星星，都是镶嵌在天球上的小圆球。给天球分成好多层。最里面一层离地球最近，月亮镶嵌在上面，这层天球就带着月亮转。每一层天球，转动的角度和速度都不一样。方向也不完全一样，有点像一只超大号的钟表，一直精确地转动。这个同心球模型，被亚里士多德发展得更是复杂，竟有55层同心球壳。

相较之下，我国天文学完全不同。我们是最早有历法的国家之一。天文官"观象授时"，要具体观察节气、朔望、置闰、交食和时间，有多项专门内容的观测手段和计算方法。还有七政、五纬、二十八宿、四象、三垣、十二次、分野等天文基本概念，绝不是这样玄想的。其知识也普遍通用于老百姓之间，故顾炎武《日知录》说："三代以上，人人皆知天文。七月流火，农夫之辞也。三星在户，妇人之语也。月离于毕，戍卒之作也。龙尾伏辰，儿童之谣也。"

16世纪前，天文学在欧洲的发展一直很缓慢，良有以也！

四

于是，数学界朋友或谈比较文化的人就都哈哈大笑，怜悯地出来解释，或曰：古代好，近代差了，正符合"李约瑟难题"，可有各种猜想。或曰：古代中国固然也会数学，也有许多技术，但那些往往只是基于实用之目的而形成的，或缺逻辑论证之程序，或无何以获得数据之证明，故非科学，最多只是科技，而且与哲学思辨无关，等等。

这种解释背后的标准，就是欧几里得与柏拉图的几何学。在这些人心目中，这种几何学就等于数学、就等于科学。即或数学还有其他领域，但主体仍是几何学，且是欧几里得式的几何学。

所以，总之，自19世纪以来的我国思想态势，不听你讲讲那些大道理，大家都和徐光启差不多，奉《几何原本》为标杆。有并符合它才是科学进步的，没有或不如它，便代表落伍。

现在我们批评它独断、有欧洲中心主义霸权心态都不难，可是它所坚持的理由,即使现在批评它的人也未必能摆脱。什么理由呢?那就是对公理系统的迷恋。

《几何原本》是公理化系统的第一个范例,对西方数学思想的发展影响深远。公理指一种设定,讨论问题的人不论谁都须同意这种假设,然后大家由此层层推理,依逻辑推衍而获其结论,形成公众认同之理,所谓几何,不过如此。公理只有五条:

1. 任意两点都可以用一条直线相连。
2. 线段可以无限延长成一条直线。
3. 可以以任意点为顶点,任意长度为半径画一个圆。
4. 所有的直角都相等。
5. 过直线外一点,有且只能做一条直线与已知直线平行。

看起来非常简单的这五条公理就是欧式几何的全部假设,从这五条假设,欧几里得逻辑论证了465个命题。

对这种体系的信从乃至迷恋,在徐光启时代当然是合理的,放在20世纪中西文化对比论述中却已过时,何况现在?

五

怎么说呢?

我国谈思想的人,其实多半不了解世界上数学思想史近年的发展。

以克莱因(Morris Kline,1908—1992)《西方文化中的数学》为例,他已论证了以下几点:

一、古希腊这种独重逻辑推理之数学观,其实是个特例,许多民族都不这样。由历史上说,又是对原先数学传统的颠覆。因为数学从来都以经验的积累、归纳推理、演绎推理三方面合并进行。欧式几何这种偏执演绎之系统,不过是那个时代一种伪科学(他引述的是斯威夫特之言)。

二、造成如此偏执之原因，在于不重视实用几何，故理论与实践分离，几何学谈论的竟不是物质性的东西，而是点线、三角形、正方形等纯思维的对象，与现实无关。

三、造成如此之原因，是柏拉图、亚里士多德等游谈智士本来就不事生产，也看不起任何手工操作技艺，对商业和贸易亦不感兴趣。那些都靠奴隶完成了，他们只管架空玄想，也因此完成了数学的抽象化。

四、抽象化数学，与其哲学才能紧密联结起来。因柏拉图哲学本来就认为现实世界短暂易朽，理型世界才是真且善的。而这种美与善的原则，亦由此贯穿于希腊之雕刻、建筑、音乐、戏剧中。

五、古希腊创造的这个新传统，影响深远，但弊病也非常明显。简便的表示数的方法，从未得到发展，他们也没有处理数的方法。在计算方面，甚至连巴比伦人已经创造的技巧都没有用。对天文学在航海和历法方面的应用，古典时期希腊人几乎没有关心过。不仅没有发展在工业、商业、财经和科学上必须应用的数学系统和代数，而且还妨碍了它的进步。

六、由于它存在着许多缺点，近代的数学或科学，实乃对古希腊传统的再颠覆，引进了阿拉伯印度的数学系统，发展了代数。而且导致现今许多大数学家和某些二三流数学家对所有哲学玄想都极端蔑视。

依其描述，可将整个数学史视为数学变为哲学，再回归为数学之历程。古希腊以欧式几何、柏拉图为代表之数学，其实是一套哲学及其思维术，虽然在西方影响巨大，但如今数学界及思想界已可由更大的层面来考察其利弊，不再以它为矩度来评判其他民族、其他数学领域之是非。长期被诟病的中国数学（重数、重计算、能实用）反而更具科学性，不像谈天文学而与任何星球都没有关系、谈点线面而与任何物质也都没关系的空谈那样，独恃理论之构造。

柯朗（Richard Coarant，1888—1972）《什么是数学：对思想和方法的基本研究》之研究也可与上述观点相呼应。

柯朗说：欧式几何影响巨大，以至于它成为数学中一切严格证明的典范，哲学家也试图用定义和公理推导定理的形式来论证。17、18世纪以后数学虽脱离了这个传统，但这种方式仍不断渗透到其他领域，例如数理逻辑就是最新的成果之一。

这个公理体系，首先要承认或接受一个无须证明的（又称自明的）命题，由此出发，利用逻辑推理，推导出其他所有定理。但这个自明的公设，其实有很大的任意性，一组公设之相关性、完备性和独立性，常会存在争议。一旦质疑那个基点，其后的推论便将无意义或意义可疑。

其次，在此还有形式主义和直觉主义之分歧。形式主义认为公设与现实直观本来无基本干系，只管进行理性的形式逻辑程序即可。直觉主义则认为公设无论如何都须是简单、直观、明显合理的（如欧式几何说两点之间可拉一条直线，经验上的直觉觉得是这样，底下的推演才进行得下去。否则就如：a.一切男人是女人，b.某甲是男人，c.故某甲是女人。虽也合乎三段论推理逻辑，却没人会承认，前提违背直观常识故也。但纯讲形式逻辑却又不免于此，所以逻辑论者常要强调逻辑只论对错，不论是非。对错是推论形式不对，是非是与经验现实合不合）。

何况，数学本应处理客观现实存在的事，不应是自构理境之玄思。

六

早期的几何学是关于长度、角度、面积和体积的经验原理，被用于满足在测绘、建筑、天文和各种工艺制作中的实际需要。欧几里得将之转为思维术，不仅仅是一个数学意义的运演操作系统，更主要的是它作为一种文化系统中起主导作用的理性解释系统，这种系统也被称为一种理性构造的规范模式。

这种演绎推理的公理系统，在后来西方文化中影响深远。所以看起来西方数学解释宇宙的变化、引导理性的发展、参与物质世界的表述，任何学科的构建都必须按照理性的要求模仿和运用数学的模式。

可是这真是数学吗？

克莱因、柯朗等人已经回答得很清楚了。"天文学和几何学一样，可以靠提出问题和解决问题来研究，而不去管天上的星界"，其实更是哲学而非数学。

牟宗三先生对此有一解释，说几何也不是科学：柏拉图首先指出在变化无常的感觉世界之外，有肯定理型世界的必要。把握理型，须靠纯净的心灵，而心灵之为纯净，因而可以把握洁净空旷、圆满自足的理型，是由感觉的混杂中陷溺于躯壳中，解脱出来，始成其为纯净。心之纯净化即心之解放。这一步解放即表示人的生命之客观化。此所谓客观化是以纯净的心灵之理智活动把握普遍性永恒性的理型而成者。即由心之纯智活动而成者。故此步客观化是由"无取之知"中首先表现：人要成为一真正的人须是一"理智的存在"。这是希腊人的贡献。纯智活动之把握理型即成功一形式体性学（formal ontology）。这不是科学。因为它虽然讲感触现象之变与永恒理型之不变，它却不是就一定的经验现象实验出一定的知识系统，如物理或化学。

世界数学的发展，则是以归纳逻辑和演绎逻辑结合的算法倾向，逐步取代了以研究空间形式为主，而以演绎逻辑之公理化为倾向的历程，中国算法的形态其实才是目前数学界之主流。

可是，直接判定柏拉图、欧几里得之几何非数学，恐怕大家心理上还是难以接受。所以只能说它是另一种数学。

什么样的数学呢？

是类似《周易》这样的数学！

《周礼·春官》说："太卜掌三易之法：一曰《连山》、二曰《归藏》、三曰《周易》。其经卦皆八，其别皆有六十有四。"都是依八卦推算的。主要用蓍草，但也用类似小竹棍的筹和策。《老子》说："善数不用筹策。"正显示他们都是以计数的方式做测算。后来算数家之用筹策，渊源正在于此。

现今考古发现张家坡卜骨、周原卜甲、四盘磨卜骨，都刻有六个字的符号。考古学家证明这类数字符号是早期用数组成的易卦，既有三个数组成的单卦，也有六个数组成的重卦。《汉书·律历志》也有"画八卦，由数起"的说法。其为一数之系统是无疑的。

孔子以后，易学以义理为正宗，但谁也舍不掉数。讲汉易者，易象的数字大谈分卦直日，六十四爻为三百六十日；大衍之数五十；天地之数六七八九；土数五等。讲宋易的，加上了河图洛书，又如邵雍，衍为《皇极经世》，旁通恢拓及于人事物理。《易纬》还讲各种王朝享年推算之术。惠栋《易例》卷上有"纬书所论多周秦旧法，不可尽废"的标题。

可见，易数是中国算数体系中一部分，决无疑义。可惜作中国科技史、算数史的朋友多仅在《算经十书》中游弋，而罕能涉足于此领域。盖或以为无关，或以为旁支也。

其实不然。八卦演为六十四卦，本身是个演绎而成的体系，各卦均可以数表达，天地人物也都可以数表达。若我们相信古代"结绳记事"之传说，即可推想那是个以数来记事表意的体系，《周易》或其前身《连山》《归藏》当即属于此一大体系中之一员（龟卜是观察火烧甲骨之形象的，是象思维，《易经》则应该属于数）。古代本来就有"结绳记事"的传说，显示利用数字是古代思维之一种重要方法。用数学方式探索世界，乃是上古全世界都有的文化现象。如古希腊毕达哥拉斯学派的占数法即是。

当时也有《九章算术》之类数学。《九章算术》本之于《周礼·地官·司徒》所谓九数："保氏掌谏王恶，而养国子以道，教之六艺。一曰五礼，二曰六乐，三曰五射，四曰五驭，五曰六书，六曰九数。"郑众云："九数：方田、粟米、差分、少广、商功、均输、方程、赢不足、旁要；今有重差、夕桀、勾股也。"方田、粟米、差分，等等，就是测地之术。

可是它所涉及的九章，实乃地官所掌，故均与地相关。今人以此为基础，建立的中国数学史认知，是不完整的。易数这类掌于天官者，其算法当另成体系，与地官所掌九数，须合并观之，才可算是中国数学之全貌。

属天官的易数虽然仍是数，而不像欧几里得那样谈空间，但它却能如欧几里得《几何原本》那样，形成一个公理化的体系；而且不是应用问题之直接处理，一题、一答、一术，只有技术上的实用性而缺乏抽象性与普遍性。所以钻研易数也如学欧几里得几何一样，可入哲学堂奥。

　　然而，《周易》这样的数学，历来便是与《九章算术》等算经之数学分别对待的。我们看柏拉图、欧几里得几何学，也可把它拉开来另行观察。

西学正典

一、经典教育的实践

在我们中国,介绍西学的人,大抵只注意人家一些新东西,觉得西方总是求新求变,新观念、新理论,不断推陈出新。

殊不知西方传统之坚韧,初不因现代化而瓦解,反而是在面临科学主义、商业化、数量化、功利取向时,不断有人申张人文主义传统,力图矫正之。而一些著名的大学,就在此扮演了中流砥柱的角色,不断呼吁人们应该回去细读古典。

其中,20世纪美国的人文主义教育观,国人较熟悉的是哈佛大学之白璧德(Irving Babbitt),因为吴宓和梁实秋都大力介绍过他。

但白璧德并非孤军奋战。在他之前,19世纪有托马斯·阿诺德(Thomas Anold)、梅修·阿诺德(Mathew Anold)、纽曼(John Henry Newman)等人,主张大学教育旨在培养绅士。20世纪,白璧德稍前,有艾略特一类人;后则有萨顿(George Sarton)、赫钦斯(Robert Maynard Hutchins)等人依然倡导推动人文教育,且影响深远。

萨顿乃科学史家,其说亦号称新人文主义,但目的在实现科学的人文化;认为科学固然重要,但我人应注重科学的人文意涵,让科学重新与人文联系在一起,从而建立一种建立在人性化科学上的新文化。他称此为新人文主义。

赫钦斯主持的芝加哥大学，则主张发展理性、培养人性，是教育永恒不变的目标，大学就是针对此一目标，促使学生理性及道德能力充分发展健全而设的。

为达此教育之永恒目标，赫钦斯建议设立一套永恒学科。谓此学科"抽译出我们人性的共同因素，因为它使人与人联系起来，使我们和人类曾经想过的最美好事物联系起来，并因为它对于任何进一步的研究，和对世界的任何理解都是重要的"。

此学科由两大类科目构成，一是与古典语言和文学有关的学科，学习之途径就是阅读古典著作；另一类，可称为"智性课程"，主要包括义法、修辞、逻辑、数学等具有永恒性内容的学科。这些学科，不但配合永恒的教育目标，也与那些因时代需要而设的应世谐俗学科不同。那些学科常随时代需要而枯荣，当令时，至为热门；过时了，就毫无价值。

赫钦斯是美国学术界的奇才，30岁就担任芝加哥大学校长，名震一时。他在1951年编成了一部大书，足以与《哈佛经典丛书》后先辉映，叫《西方的经典》（*Great Books of the Western World*），次年由大英百科出版社出版。

书凡54卷，第一卷导言，二、三卷是索引，其他51卷便是经典文本。包括74位作者，443篇作品。跟我们的《四库全书》相似，它也用封面颜色来分类，文学类黄色；历史、政治、经济、法律类蓝色；天文、物理、生物、化学、心理类绿色；哲学、宗教类红色。但所选很多作品其实不定属哪一类，故这也只是大略分之而已。所收全是1900年以前的书。

这一大套书，期望中的读者是大学生或具大学水平的人。当然，经典越早读越好，可以及早受用。但他并不希望大家囫囵吞枣地读，他希望读者能按次序，一本一本读下去。如果自己无法有效地读，那么，他又替大家拟了一个阅读计划，特意编了十本导读书，让大家每年根据一本导读去阅读那些经典，要读原文，一年一本，刚好十年读完。每本导读，内分15课，以第一册为例：

一、柏拉图《自由》及《克利图》

二、柏拉图《共和国》卷一、卷二

三、莎孚克利斯《哀地婆斯王》及《安提宫屋》

四、亚里士多德《伦理学》卷一

五、亚里士多德《政治学》卷一

六、普鲁塔克《希腊罗马名人传》四篇

七、《圣经·旧约·乔布记》

八、奥古斯丁《忏悔录》卷一至卷八

九、蒙田《论文集》六篇

十、莎士比亚《哈姆雷特》

十一、洛克《政府论》第二篇

十二、绥夫特《格列佛游记》

十三、吉朋《罗马帝国衰亡史》十五、十六章

十四、美国独立宣言、宪法及联邦论

十五、马克思、恩格斯《共产党宣言》

以上所举每一本书,都说明卷次与页数,从容带领读者优游于经典之中。导读着重指出古代思想和现代的关系,尤具启发性。而且真是导读,不是灌输或教训,表现了赫钦斯所强调的"自由教育"之精神。另外,不知你注意到没有:第一课是从柏拉图开始的。其实每一册的第一课都从柏拉图开始。西方人本来就有"一切哲学都是柏拉图的脚注"之说,本编亦是此意。一切回到柏拉图,也就是一切皆从源头上去找答案,由古人的智慧中探索真理的可能。

导读之外,二、三卷的索引也十分有价值。它把西方文化的基本思想分列为102项,其下又罗列为2987个题目,读者若想知道西方对某一个问题有何主张,利用这个索引,可以一索即得。编这样的索引,不唯嘉惠读者,更可以显示编者的功力。从前梁实秋先生就很推崇他这套书,认为:"与其读所谓的'畅销书',不如读这一部典籍。"

哈佛、芝加哥经典丛书及其教育理念（包括与之相配合的课程设计），在美国可谓典范。其他学校没有如此大规模的编辑项目，但也不是没有类似的做法，只是规模可能略小些罢了。例如《莎士比亚全集》，旧版最著名的是剑桥大学编的，九大册，1863年开始刊行，1867年二版，1893年三版。牛津大学也有另一个版本。1921年开始则剑桥又推出新版39册，出到1966年才出齐，长达54年，慢工细活，极为矜审。美国耶鲁大学所编则为40册本，为在美国通行之版本。其他投入古代经典整理的项目极多，就不一一介绍了。

二、阅读经典的批判性

近年，后现代、多元文化、后殖民、女性主义等理论甚嚣尘上，同样引起了这样的批判。曾任哈佛讲座教授的布鲁姆（Harold Bloom）出版的《西方正典》（*The Western Canon*），即为其中一例。

此公在该书中选了贵族制时期的莎士比亚、但丁、乔赛、赛万提斯、蒙田、莫里哀、米尔顿、约翰生博士、歌德；民主制时期的华兹华斯、珍·奥斯汀、惠特曼、狄瑾生、狄更斯、普鲁斯特、乔哀思、吴尔芙、卡夫卡、波赫士、聂鲁达、斐索等26家之作，谓其为西方文化中之"正典"（the canonical），认为现今我们对语言比喻之驾驭、原创性、认知力、知识、词汇均来自它们。

其次是：他不仅力陈经典的价值，更把矛头指向正流行当令的女性主义、马克思主义、拉冈学派、新历史主义、符号学、多元文化论等，合称为憎恨学派（School of Resentment），谓此类人憎恨正典之地位及其代表之价值，故欲推翻之，以便遂行其社会改造计划。打着创造社会和谐、打破历史不公之名义，将所有美学标准与大多数知识标准都抛了。可是被他们另外揭举出来的，也并不见得就是女性、非裔、拉丁美裔、亚裔中最优秀的作家；其本领只不过是培养一种憎恨的情绪，俾便打造其身份认同感而已。此等言论，逆转了攻守位置。让一向善于借着批判传统、颠覆这颠覆那,以获得名位者有些错愕。

这些学派自然也立刻反唇相讥,说布鲁姆所称道的正典,只是欧洲男性白人的东西,甚且只是英美文化中惯例认可者,并不适用于女性、多元文化者或亚裔、非裔。

但此类反击,除了再一次诉诸身份、阶级意识形态之外,毕竟没有说出:为什么正典必须扩充或改造?其美感价值与认知,为什么不值得再珍惜?

因为:此类文论家原本就不太读也不能读原典,文本分析恰好就是他们的弱点;舍却文学的艺术价值不谈,正是其习惯。如此而欲反抗正典说,岂非妄谈?读者根本不晓得何以必须放弃莎士比亚而偏要去读一些烂作品,只因它是女人或黑人写的,或据说其中有反帝、反对封建的抗议精神?过去,读者基于道德感正义感,以社会意义替代了审美判断,跟着此类文论家摇旗呐喊,如今一经戳破,乃始恍然。故"憎恨学派"之反驳,非特未将布鲁姆消灭,反而令质疑文化研究者越来越多。

当然,此亦由于布鲁姆立说善巧。以往,倡言读经者,辄采精粹论立场,不是说经典为文化之核心精粹,就是说经典之价值观可放诸四海、质诸百代,乃万古之常经,今世之权衡云云。布鲁姆却不如此。

他本以《影响的焦虑》一书饮誉学林,论正典亦采此说。谓经典之所以为经典,自然是因它们影响深远,但所谓影响,并非只是后人信仰它、钦服它、效法它、依循它,而是后代在面对经典之巨大影响时存在着严重的焦虑,故借由反抗、嫉妒、压抑去"误读"经典,对它修正、漠视、否定、依赖或崇拜,这些创造性的矫正,也是影响下的表现,因此后代纵或修正或摆脱经典,仍可以看出经典的价值与作用。

同时,正典亦因是在影响的焦虑中形成的,所以它们都是在相互且持续竞争中存留下来的,文本相互激荡,读者视野不断调整,正典本质上就永远不是封闭的,一直是互为正典(the "inter canonical")。简单说,反对经典,正是因为经典重要、影响大。而反对者对经典之误读或创造性矫正,又扩大了它的影响、丰富了它的意涵,故经典永不封闭。

由这样动态的关系去看经典，才可以避免反对者所持的各种理由，什么古典不适今用啦、何须贵古贱今啦、经典只代表着一阶层之观念与价值啦、文艺贵乎创新啦，等等。

但不论布鲁姆或艾略特，任何提倡读经典的人，也都无法说服那些反对的朋友。盖此非口舌所能争。经典的意义固然永不封闭，但它得有人去读，其意义是由阅读生出来的。倘若士不悦学，大家都不爱阅读，视阅读为畏途或鄙视之，仅以谈作者身份、肤色、阶级、国别为乐；或废书不观，徒逞游谈，则正典之生命便将告终。

而现在的学府正是这般可能埋葬经典的地方。学者要著书立说、要升等、要申请项目经费，自须别出心裁，立异以鸣高。今日创一新派，明日成一理论，方为此中生存之需，乖乖读点正经正典，既无暇为之、不屑为之，亦无力为之。

如今大学讲堂中，高谈多元文化、女性主义、后殖民、拉冈、傅柯者，车载斗量。可是能好好阅读讲说如莎士比亚、塞万提斯、米尔顿、狄更斯的，却着实稀罕。博士硕士们，找些理论、看点论文、上网抓点资料，手脚倒也勤快，作品可没读过多少，更莫说那些不厌百回读的经典了。对于这些人、这样的机构来说，提倡读经，其实就是要求改造学术伦理，重新界定所谓的学术价值到底是什么。

三、在中国读经典

可是，阅读经典的这种批判性，恐怕更应该施于中国。

不是吗？美国本有阅读且悦读经典的传统，已如上述。主流大学带头做起，校长本身就是古代经典的大行家，校内重要学者则著书立说以昌明读经典的重要性，课程设计更是环绕这个精神而展开。因此其学府虽也有应世谐俗的部分，但其世俗化、功利化，有别国这么严重？

目前我们的大学，有白璧德、赫钦斯、布鲁姆等人所批评的一切毛病，而且既踵事增华，又变本加厉。故他们所说之所有经典该读的理由，我们都适用,抑且比人家还要迫切,还应更加紧地读。

然而,我们想读经典却也不易。梁实秋先生在介绍赫钦斯编的《西方的经典》时,即曾感叹东方人也有东方的经典,而期待我们也能参照他们的书,编出一套《东方的经典》来,并希望中文版之外还有英文版。

但我们都知道:目前我们可是什么也没有呀!

没有书,也没有读者。个别的人喜欢找点古书看,当然也是有的,但我说的是我们缺少经典的读者社会。社会不支持读古书,读经典的人也构不成普遍的社会群体。大家看手机、聊八卦、读畅销书、做明星起居注、打听时尚报导、读考过试以后就扔进纸篓的教科书、看一切无聊图文垃圾、上网聊天,可就是不读经典。

想要读古书的人,则总是会碰到庞大的压力,问你为何要读、读了有什么用、现代人何必钟情老古董、古书里面有毒素怎么办、经典为何只能是古籍、那些东西跟我的专业有何关系、对我们未来事业能有什么帮助……,等等。

他要自己先说服自己,跟这些乱七八糟的问题纠缠一通,找出一个勉强自己去读读看的理由。然后再一一应付别人对你居然读经的询问,和没完没了的质疑。身心俱疲,舌弊唇焦,经典还没读呢,什么兴致全没了!

当代大学生尤其不是经典的读者群。能考上大学,本身就是读教科书、参考书高手的明证。读那些东西把时间都占满了,故通常没机会读其他的书;读教科书把脑子读坏了,于是也不再能读什么经典;受限于专业体制,更不会去读与专业无关的韩文、杜诗、孔孟、老庄、《金刚经》《红楼梦》。

因此我们莫说比不上哈佛芝加哥,对早年提倡人文精神的吴宓等前辈,亦当有愧。

其实那时的大学生,无论南北,都具有远比现今通博的精神,不为专业体制所限。

傅斯年在北大读国学,去英国却读心理学,然后到德国再从文科读起,但地质、蒙学、藏学、相对论,什么都学。

赵元任留美，先学电机，后读数学，再转哲学，获博士后再转研究语言。

金岳霖去美国，先是学商，转学政治，得了博士后，又去英国学哲学，回国替赵元任教逻辑课，才最后以逻辑名家。

闻一多在美国本来学美术，后来则以文学著称。

马寅初，在哥伦比亚大学以研究纽约市财政获博士，后来则以人口学闻名。

看来专业云云，对他们只如笑谈，根本视若无物。就是博士学位，也不看在眼里。闻一多、陈寅恪、梅光迪、陈衡哲、梅贻琦、任鸿隽等，都不是博士，吴宓也不是。难道凭陈寅恪、梅贻琦这些人的学问，还拿不到学位吗？当然不是。是他们根本不把学位当一回事。就像鲁迅兄弟在日本读书多年，从来也没想要拿个学位一样。

读书、做学问，就是读书做学问。读书不是工具，学位不是目的，什么专业更是无关紧要。《论语》曰："君子不器。"又曰："学而时习之，不亦乐乎。"此之谓也！古人的智慧，即体现在他们的具体生活中。这类事例，不知还能给现在的大学生一些启示吗？

五湖四海的意识程序

晚清到五四的近代史很丰富。但现在谈近代史的，却极乏味，陈腔滥调，翻来覆去。

偏偏现代人又最爱谈近代史。可惜谈来谈去，无非说：近百年来中国之历史，即是一部面对西方挑战的历史。

于是着重叙述西力如何东渐、如何冲击了中华帝国。中国人则分两种，一种愚昧，不知时变；一种警醒了，努力改革。后面这种人，引进西学、变法、维新、革命、启蒙，不断改造传统（或用封建、专制、半封建半殖民、父权等形容词）社会与文化。

整个近代史研究的基调，不就是如此吗？

但这个弥漫祖国大陆、台湾、海外华裔学者所用来分析描述的"我国近代史"，其实正是西方人所看到的东方中国。

这，是个典型的西方观点！我们以为是在谈着自己，而实际上乃在说着他人。

我在1986年出版《诗史本色与妙悟》，即呼吁开拓诠释学以重建中国文学理论。1987年出版《思想与文化》，批判近代史学的各种解释模型，提议建立新的中国文化史学。其后又陆续发表《传统与现代：当今意识纠结的危机》《传统与反传统：以章太炎为线索论晚清到五四的文化变迁》等文，质疑现代化理论在近代思想史、文学史上的解释效力，检讨近代流行的传统观。还出版了《文化符号学》《近代思想史散论》等书，想替已在东方主义论述中逐渐不晓得如何自我辨识、自我称呼的中国社会与文化,自我发声。

三十多年过去,我自己都渐渐对于这样喋喋不休感到厌倦了,但环顾学界,整个近代文学史和思想史的诠解,却依然如故。对我的呼吁,如未听闻;对外国近代史学界已转向"在中国发现历史"的趋势,缺乏兴趣;对文化批评界反省东方主义的思潮,不甚注意;对近代思想及文学史料,仍草草视之,仍套用"现代化理论"及"帝国主义理论"等声口在发言。如此景观,实在令人丧气。

幸而反省的声音偶尔仍会在角落中响起。如王德威对晚清小说的研究,或蔡锦昌《东方社会的"东方论":从名的作用谈国家对传统文化的再造》、朱耀伟《后东方主义:中西文化批评论述策略》等都是。

王德威所欲颠覆的,是晚清以来的小说史观。说明晚清小说未必要以"感时忧国"的角度来把握,其中实不乏谐谑为戏的部分;而所谓写实主义,其内涵也不如近代论者所知那么狭隘。其说涉及面虽窄,却有洞见。至于朱氏之书,则系反省东方主义。

这本书的整体脉络,延伸自萨义德(Edward Said)的《东方主义》《文化与帝国主义》等书,指出所谓东方或东方中国,其实只是西方殖民者塑造出来的形象。20世纪前半,许多中国人在研究中国时,却根据这个东方主义态度,一再复述主流(西方)论述所既定的意识形态,创造了一个不能发声的客体,且自己在压抑真正的中国论述。以致中国或东方已被凝结于西方的视野中,完全丧失了主体性,被西方压倒性地支配。

中国论述已沦为少数论述(minority discourse),令朱氏不安。他企图从解构、后殖民、诠释学、后现代等学科资源中去发展一套与东方主义不同的"另类中国诠释学",抗衡既有的中国论述。

因此他反对以西方的观念、术语、理论去诠释中国文学经典,"一方面,我是相信借用西方概念去处理中国材料是不对的,但另一方面我怕我们却被迫去如此做。不遵照支配性论述的游戏规则的中国论述,最多只会被认为是'神秘的',而在最坏的情况中更会被全然排除在主流文化之外。假如我们不能进入西方论述之中,从内为中国的诠释系统发声的话,任何努力皆只会被主流文化视为'他者',沦为边缘的、神秘的、诡异的,甚至不能理解的"。

由这个立场,他把"中国诠释学"分成若干类:1.可以对西方诠释学的发展及其对诠释和理解的问题之贡献引以为鉴,从而系统地处理中国文化传统中的诠释问题。2.可以强调中国诠释系统之"中国性",而这种"中国性"是西方所不能理解的。但这种策略似乎对拓展比较论述无甚裨益,使中国论述沦为不能与外来文化沟通的神秘他者。3.可以将中西传统并置。但如此并置可能会让支配性的一方扭曲了"他者的论述"。4."相互的陌生化",亦即经常对我们的构建方法作出质疑。把所谓"中国诠释学"看作一种质疑既存的支配性论述范畴的工具,"让中国通过现代的论述(论述这个概念本就是现代的)来在某特定的历史脉络中进入现在,从而质疑西方论述实践中所容许知识生产及播散的过程"。

朱耀伟自己主张的办法是第四种。为什么呢?他从福柯那里了解到知识与权力的关系,觉得"要重建文化,我们得要有自己的论述。我们自己的论述却得借用西方的声音,因为合法性是论述的条件,也是由主导论述所支配的条件。所以要为自己发声,我们无可避免地要借用西方论述。我们所要做的,是在主导系统的西方论述所开展的本文及政治性空间中发音,以不同的角度、不同的抗衡姿态去形成另一种论述,拓展出自己的论述空间"。

他的理论有些夹缠,行文有点佶屈聱牙,坚持借用西方现代论述,然后由其中开拓不同于西方的抗衡论述,更易使得读者在一大堆"论述""他者""文本性""暴力等级""位置""解构"及外国人名中打转。但其中确实处理到了相当关键的方法问题,值得注意(整个东方主义,实含两个面向,一是视东方为野蛮、落后、愚昧、僵滞的社会;一却是代表了西方已失落的精神价值,欧洲可通过亚洲东方而带来重生的希望。本文主要集中在前一类的讨论上,但我们千万不要忘记还有后一类的东方主义类型。动辄宣称东方文化是拯救西洋人心灵失落的丹药,动辄称引西方人说文明的希望在东方。这类言论,在过去是以和前一类见解相对抗、相平衡的方式,存在于我们社会中的,然二者实为一体之两面,出自完全相同的思维和心态)。

当然,在现代化观点仍然是主流势力的社会里,要反省有关东方主义之问题,不免被视为"种族主义""文化保守主义""仍有遗老遗少心态",引起许多攻击(其实是他们的自我防卫)。

但其实问题不需如此看。任何研究者,都有必要自我反省他所使用的思维架构、评价系统、术语及理论,也应该觉察他这些装备的使用效度。这是一位研究学问的人基本的态度和能力。

听见"近代中国思想史即是一部向西方学习的历史"这样一句话,自然就该追问:"近代"是什么意思?用马克思主义的区分吗?指资本主义工业化社会吗?近代人曾向西方学习吗?所谓向西方学习,是只作描述语,还是用作指向词?指抛弃东方,如日本"脱亚入欧论"那样吗?该不该向西方学习?不向西方学习之事例都有哪些?我们以为曾向西方学习的人真要学西方,以抛弃东方吗?被指应予抛弃的东方古代社会,据说是封建专制或父权的,封建是啥意思?什么叫专制?指摘中国是专制社会的来历和论据各如何?以完全认同"向西方学习"的态度来治史,是否符合现代化典范所自我标榜的客观、价值中立原则?……没有这样的追问,能称为学术研究?

近代思想史文学史研究,在我看,即是这样尚未学术化的领域。对其中任何一个人物、事件、文献、论题,如魏源、王韬、黄公度、晚清小说、五四运动、中日现代化之比较,等等,恐怕都应重新展开研究。

针对这项建设性的提议,我想再提供一些操作上的方法:

一,放弃西化派、传统派、自由主义、保守主义、革命、反动等各种标签,不再以此为认知指向。

例如梁漱溟,能用文化保守主义来辨识吗?他在《中国文化要义》中说我国没有产业革命,"实为中国无革命之因,亦为中国无革命之果。这就是说:一面由于经济之不进步,而文化和政治不变,同时一面亦由于文化和政治之不变,而经济不进步了。正为两面交相牵掣,乃陷于绝地。"这不就是典型的东方主义观点吗?

　　主张维新变法的康有为,所根据的或许是《春秋公羊学》及其所理解之"孟子学",而非倾向现代资本主义;其所宣扬之"孔教""大同"理想,更是超越了现代资本主义,又与西方社会主义不尽相同。说他早年向西方学习而晚年保守反动,真是不知所云。

　　至于陈独秀,固然是革命者,固然曾倡言"废汉字,代以世界语",但他所做的中国文字研究,如《中国古代语音有复声母说》《荀子韵表及考释》《古音阴阳人互用例表》《实庵字说》《连语类编》《晋李静韵集目》《识字初阶》《干支为字母说》《广韵东冬钟江中之古韵考》《文字新诠》等,其意义又岂仅革命一词、向西方学习马克思主义一语所能概括?

　　即如所谓东方主义,亦未必能概括晚清民初批评中国长期停滞,或云中国为封建专制社会的人们。因为这些指摘中国文化与社会的观点,不全然出自欧洲中心的东方论,更常见诸西方人对西方历史的自我理解。

　　西方人对其中古时期、封建社会、父权结构的负面措辞,和他们批评中国古代,其实并无本质之不同。因此,论者可能只是挪用西方人的西方论,而未必即为运用了西方殖民观点的东方论。

　　诸如此类,一切混杂于西方史学传统、东方主义、现代化理论、帝国主义革命论之间,乱七八糟的标签,都应尽可能放弃不用,或重新质疑其有效性。

　　二,注意中西对举论述中不曾涉及的广大领域。

　　过去的讨论太集中在中国和西方有关系的部分,如鸦片战争、太平天国、中外贸易、义和团、外交关系、传教问题、通商口岸之生活与制度等。仿佛晚清到民初的这一段历史,就是由洋务运动、维新运动、辛亥革命、五四运动串组而成的。

　　由此观点看,对于诗歌在晚清民初波澜壮阔、成就非凡的发展,就只注意到一个"诗界维新"、一个白话诗的尝试,其他绝少讨论。词,没有维新或革命的问题,就更没人管。词话,只关心《人间词话》,因为据说其中含有西方新思想。古文、骈文,什么都是这样,观看之视域,可说狭窄极了。

对于与中西对举论述无关的许多新生事物,也缺乏关怀,例如清末出现的《洞冥记》,主张玉皇大帝退位禅让,选出关公继任,影响民间鸾书甚巨,台湾现今不少教派都与此有关。其他如天德教、一贯道、同善社、悟善社、世界红卍字会等善堂形态的宗教之崛起,佛教之复兴,道教之仙学化,不也是极为重要的事吗?谈近代思想史时为何不讲?

又如戏剧,论者只注意到文明戏的兴起,只注意钱玄同等人改革旧剧之意见,却罕能留意整个传统戏剧是要到18世纪二三十年代才发展到高峰的事实。"传统"戏名角辈出、剧码戏本不断重编新修、表演方式不断改进创新而经典化,乃是在所谓新文学新文化运动之后,也是在所谓传统已被打倒之后。

诸如此类,都是中西对举论述中所难以觉察的,领域广大,内涵丰富,不宜淡漠视之。

三,讨论"重估价值的时代",首应重估其价值。

五四运动时期,曾以重新估定一切传统文化之价值自许。而后来研究晚清以迄五四运动者,多半只是顺着他们的批判、依循他们用以批判传统的价值观在说话。很少重估他们的批判是否有价值,并检讨他们的价值观之价值。

这不是研究,只是抄些资料来复述而已。

不错,当时是有不少知识分子借着重估传统之价值,来突破桎梏,追求自由、民主与科学。但此种作为之性质与策略,不是无可争辩的。批判吃人的礼教,口号很响亮,然礼教之意义与功能只在吃人乎?诗界维新、白话诗运动,在艺术上真走对了路?辛亥革命和五四运动带来了民主与科学等口号,然而提倡民主与科学之后果,真无危机吗?民主主义与科学主义的灾难,提倡诸公是否须尸其咎?

没有这些观点,我们为什么要讨论百年前的陈年往事?述史论史之意义何在?

何况,正如博兰尼(Karl Polanyi)在《巨变:当代政治、经济的起源》一书中所说，对于工业革命，"无数诗人、思想家与作家都刻画出它的残忍性。英国学者与皇家委员会都一致谴责工业革命的恐怖"。工业革命所带来的巨变，常是西方文学家、思想家反省的起点、批判精神的立基处。如博兰尼本人即认为资本主义市场经济，根本就是文明的灾难；法西斯主义和两次世界大战，皆源于自律性市场之兴起。可是我们却几乎完全以正面论述来讨论近代中国的社会文化变迁，视为摆脱网罗的喜悦起点。这样，行吗？

欲总体改造、重新出发的中国近代史研究，操作技术当然还多得是，但重点是大家得先换换脑子。

我们需要更多向不可能开放的经验

　　人是观念的动物，不活在现实中，而是活在思维的空间里。

　　所以唱歌时虽大喊"同一个世界，同一首歌"，而其实对世界的想法人人不同。同一件事，也是理解各异。每个人都在疑惑、都在嘀咕："他这是怎么想的呀？"

　　怎么想的，就是思维模式的问题。

　　每个人的思维模式都不一样，所以父母子女都常难以沟通，更别说民族之间了。

　　但思维模式也不完全都是个别化的，只有差异，没有雷同。在一个群体、一个地域、一个时代之中，这群人的思维自然就会有些共性。所谓的"文化"，大抵就是指这群人通过其共同思维所创造出来的具体想法、制度、生活方式、行为倾向。就像有哪个地方鲤鱼、螃蟹、兔子泛滥成灾了，中国人必跌足叹息：哎呀，何不让我们去吃？

　　古人说"非我族类，其心必异"，讲的就是这个。中国跟西方总有矛盾、不理解，包括具体想法、制度、生活方式、行为倾向上的隔阂，也有许多就在思维模式这根子上。

　　我现在不能讲得太细，仅就大的思维框架上略作介绍。先讲世界观。

　　古希腊传统思维模式从巴门尼德区分真理与俗见、柏拉图区分理型世界与现实感官世界以来，在存有论上便有真实与虚假之分，在价值论上也有价值真假之分。依这个两分的模式，世界可划分成一个真实且具永恒或完美性（perfectio）的本体界，和另一个较不真实也较不完美的感官界。

这种二分模式，或被称为两领域定理（Zweisphärentheorem，指本体与现象之分）。自柏拉图以降，可谓一脉相承，影响深远。至康德，翻转过来，认为现象界是真实的，本体才是一种权宜概念（Problematischer Begriff），并非实相。

　　但这虽逆转了柏拉图以来的真假区分与价值判断，且谓柏拉图硬说现实世界虚妄不实是自作孽，可是整个两分的模式并未突破。本体与现象之分，依然是西方最重要的思维模式。

　　据柏拉图说，先有床的理念，才有具体的床。后来亚里士多德再区分道：床有床的质料部分和形式部分。

　　两分的思维，就是将物事一分为二，A 与非 A；A 之中再分成 A-1、A-2，非 A 也可再分为二，一直分下去。

　　这是整个分类学的基础，也是逻辑的起点。因为 A 与非 A，形成"矛盾律"；两者间并无另一物，两者为相排斥的穷尽关系，则是"排中律"。依此两分之法，主客分了，理性与感性分了，本质与现象分了，一般与个别也分了。主体之中，又可再分为心灵与身体；客体事相，亦可分为实体与属性；凡此等等。

　　在两者之下，界定或描述所分的两个部分，则有本体与现象、质料与形式、主体与客体、真实与虚假等。运用这样的两分以及这类区分二者的语词，西方思想家虽然每个人各有创见，却几乎都以此思维着事物、论析着世界。现在，深受西方思维影响的中国现代菁英也常会说要"透过现象，掌握本质"。

　　除了两分法以及两领域论述之外，古希腊传统在思维上还广泛运用范畴（Category）。运用范畴，主要是用以描述自然世界。据亚里士多德之见，描述事物时可用十个范畴去描述：

　　　实体（是什么？）　　　　（实词）
　　　分量（什么大小？）　　　（形容）量
　　　性质（什么性质？）　　　（形词）质

关系（什么关系？）	（形词）比较
场所（什么地方？）	（副词）地点
时间（什么时候？）	（副词）时间
位置（什么姿态？）	（动词）关身态
状态（具体什么？）	（动词）完成式
动作（做什么行动？）	（动词）主动态
被动（接受什么行动？）	（动词）被动态

这十个范畴，后来成为西方思维并描述物事时的重要方法，也有些人予以损益，发展了不少引申范畴（predicables），形成一个陈述网络。对西方经验科学的发达，极具影响，甚且被认为是人类普遍具有的内在化的"认识能力"。

可是这样的认识能力，并不是所有人类都有或应该具有的。因为认识或表述世界的方法，正因文化不同而有所差异。在不同文化传统中或不同时代中，人可以"看"到意义不同的"世界"，因为看的方法本来就不同。

中国在春秋时期即已具有的思维模式，大抵也是两分，例如"本－末""阴－阳""始－终"均是两分。

然而两分皆不涉及价值上的真假，而是性质上的比较。较重要者为本，较不重要者为末；较偏于刚者为阳，较少刚者就是柔是阴。因此既非真假，亦非相对立互排斥之两端。两端且是相依相待相需而成。物极者必反，如卒者若环；攻乎异端，乃得中庸。这些，都迥异于柏拉图、亚里士多德的思维。

亚里士多德的十范畴，倾向于对事物做确定的描述，是客观性的说明。我们讲"物有本末，事有终始"，则重在体会事物内部之关系。这也是中西之不同。

熟悉中国人思维的人，都晓得中国人办事时有多么讲究关系。其实面对任何事物都是如此，着重于去体察、体会事物与事物之间的关系或事物内部的关系。

关系的认定,有许多地方非十范畴所能奏功,须恃乎体察。因此中国人俗话说"找关系",关系确实是找出来的。一件事的本末、轻重、终始、阴阳或者与什么数相系,每个人的认定都会不同。《左传·庄公六年》说凡事"必度于本末,而后立衷焉"。度,就是挈量长短、仔细揣量的意思。

  度,本身是计长短的单位,原应求其客观准确,但中国人说"度"却往往不然,更多的是心中的体会。例如说"审时度势""他人有心,余忖度之"之类。计量时,若说"以某某为度",指的也是一个大概的约略数,到底可以比这个"度"长多少或短多少,需由人自己去审酌情况。

  因而,对关系的揣摩度量、体会玩察,显示了一种非理智逻辑客观知识性的思维状态。这种状态本身就与二分法、十范畴或"知识量表"式的认知模式不同。

  揣量衡酌、拿捏分寸,本于心中对该事之体会,来决定我们对它的认识以及应采取态度或行动。这种审度,又着眼于我们对于事物间关系的判断,某事与另一事有无关系,找不到关系,或一事中某个部分与另个部分的关系何在,都取决于我们的关系性思考。

  关系性思考,是说一事通常不是孤立的,必与另一事有关,事物也应在关系、关联或脉络中才能被认识。

  例如要明白什么是本,得同时知道什么是末;要了解阴,得同时了解阳。同异、有无、进退、高下、短长、前后、美丑、虚实、强弱、动静、开合、荣辱、古今、清浊、曲直、多少、新旧、轻重、成败、巧拙、生死、子母、上下、先后、存亡、远近、奇正、彼此、大小、正反、主客、左右、凶吉、得失、终始、寒热、生灭、贵贱、明晦、损益、厚薄、取与……各类相对语词,弥漫在一般用语及思想性文献中。这些,都是要由彼此相待的关系中去理解的。

  这跟西方常以定义一事物的方式,对一物予以定性定位,非常不同,强调的是其关系与脉络。

  例如"彼""此",谁是彼、谁是此,要看在什么场合、什么脉络、用什么东西来比较。物无非此也,亦无非彼也。

正如跟天地比，泰山就小了；跟细菌比，蚂蚁就大了。故大小彼此等词，不仅本身显出一种相互关系，这种关系也呈现其脉络义，让我们明白一事一物均非孤生自成，而是在关联与脉络中显其意义与价值。

关联性思考，注意彼此的关系与脉络，即必然带动"联想"与"取譬"之思维。何谓取譬？《论语·雍也》有言："能近取譬，可谓仁之方也已。"谓能够处处以自己作比喻，可称得上实践仁德的方法。《说文解字》："譬，喻也。"故取譬，就是"以什么作比喻"之意。

《论语》取譬之处就甚多，如"为政以德，譬如北辰，居其所而众星拱之""譬如为山……譬如平地……""色厉而内荏，譬诸小人，其犹穿窬之盗也欤""譬之宫墙……""譬道之在天下""含德之厚，比于赤子"。《墨子》一书更有《大取》和《小取》，取即取譬之取。可见取譬之法是先秦诸子通用之法。

而且我们看《论语》，凡涉及孔子核心思想范畴的语词如仁、孝、礼等，均以比喻作答。

以仁为例，《颜渊》："克己复礼为仁"；又"樊迟问仁，子曰爱人"。这些是抽象地对"仁"作比喻。仁的具体化是仁者，即有仁德的人。《论语》更多地是对仁者比喻作答。《里仁》："唯仁者能好人，能恶人。"《雍也》："仁者先难而后获，可谓仁矣。""仁者乐山，……仁者静，……仁者寿。""仁者，己欲立而立人，己欲达而达人。"《子罕》："仁者不忧。"颜渊："仁者，其言也讱。"由这些地方，可以发现《论语》没有一处对仁作"属加种差"式的定义，甚至有意回避对仁下定义。此即取譬式思维方法与亚里士多德式方法绝大的差别。

据胡适说："一个中文的命题或者辞，和西方的与之相当的东西的不同，在于系词。系词在西方的逻辑中具有十分重要的地位，而在中文的命题里却被省略，它的位置仅用短暂的停顿来表示。……在西方逻辑中，围绕系词发生出来的一切神秘的光晕就这样被消除了。"（《先秦名学史》）因为西方自亚里士多德的《工具论》以来，就是以判断系动词来建立整个逻辑学的。

在存有论中,所谓"存在"直接关联到判断系动词"是";而且"是"是一个与其他思维世界、可感世界没有内在必然关系的独立自存世界。

在认识论方面,柏拉图举"一"和"是"两个字为例。当"一"和"是"未结合时,它们分别自成一个封闭的世界。若二者结合,即"一是"时,就产生了许多意义世界的变化。"一是"中的"一"和未经与"是"结合的"一"就有差别,在"一是"中的"一"已蕴含了部分与整体等意义世界。同时,"一是"中的"是"与未经与"一"结合的"是"亦不同。"一是"中的"是"已成为联系特定主词、揭示特定关系的"是"而非原来仅表示自身是一种存在的"是"(见《巴门尼德篇》)。

这种思维方式的后果是:世界上万事万物及相应概念都被分成了两个世界,如"实体与属性""本质与现象",等等。而这些关系的两方并不存在一一对应的关系。

亚里士多德则在《工具论》中将世界分成两类实体,即第一实体(个别的事物,如个别的人)和第二实体(一般的事物,如人这个"种"和动物这个"类")。据他的看法,在一个由"是"构成的判断句里,第一实体不能被第二实体断言。因此不能说"人是某人",只能说"某人是人",也就是第二实体被第一实体断言。另外"种差"也不依存于主体。如"陆生的""两脚的"等种差可以被断言于人这个种,但这些种差却不依存于人。如"人是陆生的",不能倒过来说"陆生的是人"。所以,主词与宾词、第一实体和第二实体等,一个由"是"构成的判断句里,前后项都不是相互对等的关系。总之,"是"(或存在)这一语词世界和思维运动导致了以上哲学认识论、存有论的诸多变化。

中国的情悦则完全不同。先秦文献中判断系动词已呈弱化状态。弱化,意指:

(一)判断句可不用判断系动词,而代之以"……者……也"等句式。

(二)"是""为"等可充作判断系动词的字,其最初和基本的语义、功能都与判断系动词没有直接关系。如"是",《说文解字》云:"是,直也,从日正。"并注曰:"是,籀文是从古文正。"亦即"是"的最初意义为直、正,或为通常用语中的"对"。后又引申出"此""这"等具有指示代词功能的涵义。所以从词源学分析,"是"不是一个判断系动词。

（三）在某些场合,"是""为"等如用作判断系动词,都必须有某种特定语境和句式的限定。譬如在提问题身份的语境里使用"是谁"句型,又如在比喻关系的语境里使用"为"字。

以《论语》来看,《阳货》:"偃之言是也。"（正确,对）《八佾》:"是可忍孰不可忍也?"（指示代词）另外,如"富与贵是人之所欲也""吾无行而不与二三子者,是丘也""夫颛臾,昔者先王以东蒙主,且在邦域之中矣,是社稷之臣也,何以伐为",此三句中的"是"均非判断系动词,而是用作指示代词。

上述判断系动词的弱化状态,使得说明一物通常不采用限定判断语或种属定义的方式,而须广泛采用取譬的方法。在取譬思维方法中,任何事物都被当作不能分割的整体;任何抽象的概念都有现实具体的东西与之对应,对任何概念的说明都会先采用类比法。

这个道理,说来复杂,想必你已看晕了。但简单地用中国话说,那不就是"比"跟"兴"吗?

比、兴都是《诗经》中诗歌的表现方式。比,当然就是指比喻,"桃之夭夭,灼灼其华,之子于归,宜室宜家",桃花之美,正象喻着新娘的娇艳,以及花开即将结子的新婚景况。这就是取譬比喻之法。

兴的问题较为复杂,或云为比喻之一类,或云为象征,或云为无端起兴。但无论如何,都是联类性的思考,而且所联之类乍看根本毫无关系。像"关关雎鸠,在河之洲"那般。河上沙洲的鸠,相互鸣叫着,本来跟底下要说的"窈窕淑女,君子好逑"毫无关联,可是借此起兴,想头横空而来,却构成了彼此特殊的意义关系。此即为兴。

宛若儿童游戏时,一霎时兴高采烈起来,折杨柳为马鞭、堆沙石为城堡,宇宙万汇、触手牵联,绾合捏对到一块儿。此物彼物,捏合作对,若有意,似无情,又无端,又有趣。正如孔雀东南飞,五里一徘徊,下竟接卢江小吏夫妻分离之故事。其间的审美性质、创造思维,岂西式理性推论、定义界属云云所能臻哉?

　　这种中西思维异同的比较,看起来很严肃、很凝重,但只要多体察一下,进取诸身,远取诸物,一定随处都可以找到许多有趣的例子。认识到这彼此的差异之后,当然可以发展优劣判断,争个高下,形成对立。但若能进行沟通理解、欣赏异量之美,就更好了。

　　一般说来,人都固执于自己的思维方式中,不太可能用另一套思维去想问题。因为外型易改、言词可变,但思维方式是脑根子上的事,要改很不容易。可是若真能换个角度,用别人的思维方式去看世界,却多能看出另一番光景。所以我们更需要的不是坚持壁垒,而是更多向不可能开放的经验。

孟德斯鸠迷惑了中国

欧洲人对中国的看法，在启蒙运动时期，那可真是太好了。一片"中国热"，从穿衣、喝茶，到思想、艺术，跟我们现在崇洋媚外一个样。

可是18世纪中叶以后，就翻转了。欧洲变成自由、进步的，中国则停滞于君主专制社会中。

直到今天，大家谈起古代中国，都仍不脱专制、父权、业农、勤俭、禁闭妇女、家国一体、宗教法律风俗礼仪相混而法律尚未独立、贪婪、虚伪、不自由、不民主、长期停滞等几个基本概念之运用。

这就是孟德斯鸠的影响。

这位法国钞票上印着他头像的学者，于1748年出版了《论法的精神》，倡之于前，黑格尔等人继于其后，渐渐塑造了一般社会认知。

这样的认知，最有趣的地方，不只于此，而更在于它还变成了近代中国人自己对于中国的认知。因为，引进西学时，就引进了这一套"骂中国"的论调，所以大家渐渐都学会了。

一、君主立宪者的孟德斯鸠

孟德斯鸠最早被介绍到中国，是1899年梁启超《孟德斯鸠之学说》一文。1901年梁氏又发表《立宪法议》，一方面介绍孟德斯鸠三权分立之观念，批判专制政治，一方面也借机提倡君主立宪。

在这样的论述情境中，梁启超完全接受了孟德斯鸠对中国专制政治的批评，认为"泰西政治之优于中国者不一端，而求其本原，则立法部早发达，实为最要著者。"

1913年严复译《法意》出版，附有按语330则，是他所有译著中按语最多的，影响尤大。

严复对孟德斯鸠之学说并不尽数赞同，例如两人的宗教观即差异甚大，严复根本视宗教为迷信，更担心洋教会扰乱中国的社会，所以说："孟德斯鸠生于法民革命之前，故言宗教之重如此。假使当一千七百八十九十年之间，亲见其俗，弁髦国教，吾不知其言又何若也。""他日乱吾国者，其公教乎！"他又批评孟德斯鸠根本不懂佛教："孟氏以此攻佛，可谓不知而作者矣。"推此意，严复也必不会同意孟德斯鸠基督教精神与自由最能相合的议论。

严复又说孟德斯鸠对中国社会礼俗之理解也颇有错误，如说中国因男女防闲极严，所以不可能有私生子；或说中国人善欺诈；中国礼俗久而不变，等等，严复都不同意。孟德斯鸠以风土论断民性之论证方式，严复批评尤多。

对于礼的问题，严复更与孟德斯鸠不同。严复强调礼，故有一按语，举曾国藩为说，云："古之学者，无所谓经世之术也，学礼焉而已。"又说"欧洲之所谓教，中国之所谓礼。"

正因为如此，孟德斯鸠大力抨击东方专制主义起于家庭内部之奴役，而家庭内的奴役又以幽闭妇女为其特征时，严复却大力主张严男女之防，不但为古人严男女之防辩护，称此制旨在保护女性；又说一夫多妻（其实是一夫一妻众妾制）对男性造成的痛苦更大于女性。同时，还正面借孟德斯鸠提倡女性贞操之言，主张守贞才能真正自由。

守贞才能自由，这种说法显示了严复的自由观非常特殊，起码不同于孟德斯鸠，所以他又说："西士所急者，乃国群自繇，非小己自繇也。求国群之自繇，非合通国之群策群力不可；欲合群策群力，又非人人爱国，人人于国家皆有一部分之义务不能。"

认为国群自由重于小己自由，而自由又关联于义务，是他与孟德斯鸠迥异之处。

两人还有其他许多不同。然无论严复与孟德斯鸠如何不同,孟德斯鸠对中国属于专制政体的批评,严复基本上是接受的。他曾说:"中国自秦以来,无所谓天下也,无所谓国也,皆家而已。一姓之兴,则亿兆为之臣妾。其兴也,此一家之兴也;其亡也,此一家之亡也。天子之一身,兼宪法、国家、王者三大物。"可见他对中国专制之论断,甚有会心,不但颇为契合,更因所处时局之故,发言较孟德斯鸠还要激切。

他说中国本来也有君主立宪的精神,但这种精神到秦以后就丧失了,人民基本上只是奴隶,所以与西方之君主制不同。

这里引申孟德斯鸠之意,揭发中国专制的残酷面,且关联着当时中国沦为次殖民地的"五洲公共之奴"情境来立论,言辞带着感慨痛愤之情,足以令人想见他引荐孟德斯鸠此书到中国,是具有强烈的现实性的。其批判专制,亦即欲以此开启民智、建立君主立宪之政。

二、革命者的孟德斯鸠

君主立宪的对立面,是革命者。这些人醉心于民主自由、向往法国大革命、主张推翻君主专制政体,只会比梁、严等人更甚。孟德斯鸠以中国为东方专制主义之代表的论述,当然也就顺理成章地成为中国人诠释中国古代及清末民初当时存在的社会的典范。

而且近代中国政体变造的过程又极长,并不因辛亥革命成功就结束了。辛亥革命废除帝制之后,因袁世凯准备称帝及北洋军阀割据,而有护法等役,此后一直到成立国民大会,制定宪法,等等,都属于由帝制转换到民主政体的过程。

在这个过程中,中国的过去均处于必须扬弃的,批判并扬弃它,才能顺利完成宪政改革,成为社会民众普遍的认知。

同时,帝王专制时期虽然在形式上已被改变了,但专制政体的精神,亦即"恐怖—服从"的逻辑,大家都认为还没打破,所以民主宪政的建立才会如此困难。五四新文化运动以降，一连串反省国民性、改变中国人奴性的思想文化活动，也都呼应着孟德斯鸠对中国政治、国民性的论点。

这些情形综合起来，就形成了孟德斯鸠式中国观典范长存的结果了。

三、宪政主义者的孟德斯鸠

近代中国之改革，又与留学欧美之知识分子有绝对之关系。他们有着与孟德斯鸠、黑格尔以降一脉相承的东方观，也是丝毫不足为奇的事。

其中，本诸欧西民主宪政学说，对中国传统政治进行彻底批判，以促进民国宪政之建立，宪法起草人张君劢的《中国专制君主政制之评议》一巨册尤可视为代表。

此书旁征博引，反驳钱穆之中国君主制未必即为专制之说，证成孟德斯鸠以中国为专制政体之论案，可说是孟氏最雄辩的阐释者。此书初在《自由钟》连载，后来结集成书，长达 650 页。与张先生见解类似，反对钱穆之说者，尚有徐复观。

这当然不是说张君劢之说即为孟德斯鸠之说——张氏之见解不尽同于孟德斯鸠，一如梁启超、严复之不尽同于孟德斯鸠——而是说一种学说的接受史往往与接受情境有关。

四、由历史发现历史

孟德斯鸠的东方观，由于其时代因素，逐渐在各种论述中脱颖而出，打垮了赞美中国的各种说法，占据典范地位，而发挥其影响力，影响了西方的东方论。这种影响关系，并不是一个个体对另一个个体所产生的影响，而更是一个历史脉络、认知情境与人所发生的意义关联。一种讲法，是因为镶嵌到这个脉络中而被理解的，其理解也与这个整体脉络有关。

无论孟德斯鸠的理论在纯粹法学意义上有何价值，或在对法兰西当时政治环境之改善方面有何作用，它关于东方专制而欧洲自由的论述，放在18、19世纪欧洲殖民主义扩张的情境中看，当然具有那个历史脉络的意义。

正是这个脉络，使得欧洲人不再采纳"圣善天堂"的东方观，而逐步将远东的中国视为"邪恶帝国"，继而再视为落后的"黑暗大地"。阳光虽曾照耀过，但沉滞而无进步，永远停留在童稚时期，以致启蒙工作终不可少。

晚清民初的启蒙运动，乃因此必须是引进西方理性之光、敲响自由之钟、建立民主之制。

也就是在这个脉络中，中国人遇见了孟德斯鸠，并接受了他对中国的贬抑，诚恳地以忏罪悔改之方式，发现自己原来只是奴隶。

在这个脉络中，孟德斯鸠所提供的，只是一幅基本图像，略具山川形势之大貌而已，许多地方是烟云模糊或逸笔草草的。要接受者各以其感受于时代者穿插点染补足之，才终于成为一组混声大合唱。

要针对这样的"大合唱"来指明其基本旋律已然失误，并不容易。仍处在民主政制改革进程之中的知识分子，极少人能跳脱出自己身处的认知情境，反省自己对东方、对中国的观念究竟从何而来，并以"知识还原"的方法，重新思考我们理解自我的历程。

五、错误的孟德斯鸠与专制东方

在孟德斯鸠的论述中，法治的西方，与那将礼仪、风俗、宗教、习惯混为一谈的中国，是一种明显的对比，而且中国这种情况还被他当成特殊形态来说。

可是真正考察西欧法律史，就会发现：法律与宗教、道德、习惯等区分开来的特征，虽可见诸罗马法，但却并不普遍。11世纪前通行于西欧日耳曼民族中的法律秩序，并没有表现出这些特征。

据伯尔曼《法律与革命：西方法律传统的形成》的研究，11世纪左右，法兰西、英格兰及欧洲其他地区也都没有这样的区分；是要到1080年罗马法被发现、1087年欧洲大学中建立法学院后，才逐渐依罗马法而发展出各国法律与宗教、道德、习惯区分开来的体系。

也就是说，罗马法所显示的这种特征，可能才真是特殊的。孟德斯鸠处在西方近代法律传统构建已成的时代，又以罗马法为典范，把中国跟其他民族大抵类似的情况视为特例，大加讥评。以特例为普遍，反谓普遍者为特例，实在不恰当之至。

孟德斯鸠又将东方专制社会形成之原因，归诸地理气候等，自然也是不能成立的。对于中国历史及法律状况之理解更是颇多可商。因为整个论述是"立理以限事"的，亦即先立三种政体之分，再分别拣摭摘选史事例证以填塞之。严复说他"其为说也，每有先成乎心之说，而犯名学内籀术妄概之厉禁。……往往乍闻其说，惊人可喜，而于历史事实，不尽相合"，实是一点也不错。

例如论不同政制下妆奁和婚姻上的财产利益，谓君主国妆奁应多，共和国妆奁适中，"在专制国里，应该差不多没有妆奁，因为那里的妇女差不多都是奴隶"。君主国家，采取夫妻财产共有制。在共和国，这种制度便不合适。"在专制国家，这种制度就是荒谬的。因为在这种国家里，妇女本身就是主人财产的一部分。"

这些都是他的臆测。因为，事实上，被他称为专制政制的中国，历来妇女都有妆奁，也都实施夫妻财产共有制。且早在汉律中即已规定：妻子离异时妆奁资产可以全部带走。后世除元明之外，均沿其制。家庭分财产时，妻家之财也不在分限。

所以妇女在婚后除夫妻共同财产之外，其实还有部分私有财产，这是比西方罗马法以来更为进步、更能照顾妇女利益的法律。孟德斯鸠那套虚立一理以妄概事例之办法，在此是完全说不通的。

讨论各政体中民、刑法之繁简及判决之形式时，孟德斯鸠又说专制国家中因为所有土地与财产都属君王，所以几乎没有关于土地所有权、遗产的民事法规，也"完全没有发生纠纷和诉讼的机会"。可是汉律之中，《户律》便是谈婚姻、家庭、财产继承、所有权、钱债等的。唐律《户律》，以迄清朝《户部则例》也都对此有所规范。如此，又如何能说中国乃一专制国家？

他讲家庭奴隶制时，指的是妇女。将一妻制的欧洲和多妻制的东方对比着说。东方因为多妻，"妻子是时常更换的，所以她们不能掌理家政。人们把家政交给了阉人，所有锁匙都交给他们，家务事由他们处理。"

这样的话，可还真是笑话！他不晓得中国一般家庭均无阉人。而且在法律上，中国也一直是一夫一妻制的。秦汉至明清，法律均禁止有妻再娶。唐律规定：有妻再娶者徒一年，若欺妄而娶者徒一年半。明清律则规定：有妻更娶者杖九十，离异。妻之外，所娶者均为妾。妻、妾的法律地位是不同的。而且娶妾之俗虽普遍见于民间，但在法律上，娶妾原只准施行于贵族大臣，一直到明律中才正式规定：庶人年四十以上无子者，许选娶一妾。至于妻的职责，就是掌理家政，这是每个中国人原先都明白的事。

在政治方面，孟德斯鸠已对专制政体不应有监察制度而中国居然有之深感困惑，但他若对中国政制知道得更多些，他的困惑一定会更多。

以唐制言之，号称独裁专制、权力集于一身、可以不必依法行事的帝王，其诰命不但须经中书省门下省审查，门下省的给事中、尚书省的尚书丞更都有权封驳、退还制诰。

此制，宋明以降皆沿用之，《宋史·职官志一》说给事中"若政令有失当、除授非其人，则论奏而驳正之"，即指此。这对王权当然会形成制衡。此外，唐代制度，中书省又设右散骑常侍，掌规讽皇帝之过失；设右谏议大夫，掌谏谕皇帝之得失；设右补阙、右拾遗，则掌供奉讽谏。大事廷议，小则上封事。门下省也设有左散骑常侍、左谏议大夫、左补阙、左拾遗，功能相同，都是专门职司监督纠正天子过失的制度性设计。

它们与监察机关监督百官者不同。对制衡君王，有比孟德斯鸠所重视的监察制度更强、更直接的作用。

这样的设计，以现在民主政治的原则来说，是否仍可称为专制，固然还可有许多争论，但依孟德斯鸠对专制政体的界定来看，是绝对称不上专制的。

可是因为受到东方专制论的影响,现今整个东方法学研究,都不断强调它与专制政治的关联。以王立民《古代东方法研究》一书为例。此书将东方法之起源归为三种类型:属于宗教型者为希伯来法、印度法、伊斯兰法;属于习惯型者为俄罗斯法、楔形文字法;中国法则属于伦理型。所谓伦理型,无疑与孟德斯鸠对中国法律混糅于风俗礼仪之说有关。其次,该书第四章即是《古代东方法与专制制度》,下分三节:专制制度是古代东方的基本政制制度、古代东方法对专制制度的维护、专制制度对古代东方法的影响。这样的叙述,很显然,是完全立基于东方专制论之上的。所以该书甚至说中国的专制制度已有四千年之历史。此书是中国大陆研究东方法最重要的著作,而其所见如此,不难想见此一领域正如何被东方专制论所盘踞占领。故重新理解中国法治之精神,实深有待于后来贤哲。

此外,讨论中国政体是否属于专制,也不能如孟德斯鸠一般,缺乏历史性之认知。中国皇帝之称为天子,早在周朝已然。但周天子仅为各部族封国之共主,怎能称为专制帝王?魏晋南北朝时期,则是门阀贵族政治,帝王即使想专制,又怎能专制得来?孟德斯鸠将中国想象为凝固的社会,才会以专制来概括几千年的政治状况,而不知其间是变化甚大的。

诸如此类,要细谈,还多的是,可是仅此即足以说明孟德斯鸠之说无论在方法和论据上都不能成立了。

像这么样一个建构在错误方法及论据上的东方观,生于历史的因缘中,又因历史之因缘,而成为近二百年来欧洲人与中国人认识中国的基本图像,有什么道理吗?

历史发展本身,似乎就是它之所以如此的道理。此外,我们还能说什么呢?呜呼!

权衡中西法学

你一定听过许多开明先进人士说过：中国文化重人治，西方文化重法治；中国文化强调道德伦理，西方文化重视法律规范；中国文化偏于内在主观修养，西方文化长于客观法规制度；中国文化以其礼俗维系，西方文化则仰赖其契约的精神；中国长期专制、西方有民主法治传统，等等。

其实这些都是西方流行的一些观点。我们练习着说，不知不觉竟说顺口了。

一、西方对中国法律的赞美

西方人对中国司法现象的评述，开始得很早。

葡萄牙商人盖洛特·佩雷拉（Galeote Pereira）对中国司法即有描述。这源自他自己的亲身经历，1549年至1552年他在中国南部沿海逗留期间，大都在监牢里度过。

葡萄牙人弗里尔·加斯帕·达·克鲁兹（Friar Gaspar da Cruz）对中国监狱及司法程序的描述，材料也大部分来自佩雷拉之见闻。但他本人于1556年也同样在广东有过短期坐牢的亲身体验。

此类旅行者见闻，细致地介绍了监狱及司法实施状况。例如克鲁兹说犯人会遭到"粗如人腿"的竹棍杖打，且棍子在水里泡过，以增加打时的痛楚。又说行刑后，执事者把犯人像羊一样拖回狱内，四周人群围观者"毫无怜恤，互相交谈，不断吃喝并剔牙"。这些都很生动，令西方人感到中国之司法颇为严苛。

但 16 世纪至 18 世纪,中国在欧洲人心目中,基本上是美好的大帝国,富足之外,文明程度亦令人称许。即使是克鲁兹《中国志》(*Tractaoloemquese cotam muito pol esteco da China*)也对中国的科技、中国人的生活、中国人之劳动方式甚为推崇。故纵使某些刑罚看来较为苛酷,他们对中国的法律体系及法治整体状况仍是称扬的。

如法国蒙田(M. Montaigne)在其《散文集》第三卷里就说道:"在社会治理和工艺发展方面,我们拥有某些优点。中国对此并不了解,更不曾与我们进行交流,但在这些方面却超过了我们。中国的历史使我懂得:世界远比我们所知的更大、更丰富多彩。我还从中国历史中获知:君主派往各省巡视的官员如何惩罚不称职的人员,如何慷慨地奖励恪尽职守、有所建树的人员。"此虽指吏治,却也意味着中国的行政法是很健全的。

此外,莱布尼茨于 1699 年出版的《中国新论》更说:"倘若说我们在工业艺术方面与他们旗鼓相当,在思辨科学方面领先于他们,那么他们在实践哲学方面肯定胜过我们(虽然承认这一点不甚体面)。也就是说,在适应现存生活可以为人所用的伦理学和政治学的戒规方面领先我们。确实,与其他民族的法律相比,中国人的法律之精妙,殊难用言语表达,它们旨在实现社会的安宁、建立社会秩序。"

1716 年,莱布尼茨又写了《论中国人的自然神学》,认为:"我们称作人之理性,他们称作天意。我们服从公理,不敢稍加违背,并称其为自足,中国人则视其为(我们也一样)上天赋予的良心。违反天意就是违反理性,请求上天原谅,就是自我改造,在言语及行为上回归原点,向理性表示臣服。对我而言,这一切都完美无缺,并与自然神学不谋而合。这一切都清晰明白。我相信,之所以有人会妄加批评,完全是因错误论释及篡改引起。只要能够持续更新我们心中的自然律法,就是真正的基督教。"

这两段都非常重要,代表了启蒙时代思想家对中国法律的赞叹,而且这种赞叹是放在东西文化对比架构中展开的。前者说我国法律体系完备精美,后者涉及自然法的问题,认为中国人所说的"天理""良心"合乎自然法的原则。

这两个观点，后来都不乏继承者（例如李约瑟《中国的科学与文明》第二册即谈道：在人文领域，儒家的"礼"构成一个与西方"自然法"概念对应，且具有理性色彩的相对物），而赞美中国法律者也颇有嗣声。

这个时期，欧洲派往中国的传教士，也常在著作中推崇中国经济繁荣、政治清明、道德优美。

二、西方对中国的全面贬抑

可是这些论点逐渐激起了反弹。1748年孟德斯鸠《论法的精神》努力论证这样一个新观点：中国与欧洲不同，欧洲是自由的精神，有民主法治的地方；中国则是专制帝国，行使恐怖统治。故中国并无法治，仅有政府用以压制人民之刑律及礼教观念而已。刑法混合着礼教、道德、古风俗习惯，即构成了中国的法律，远不及罗马法能保障人民财产与个人权利。

这个新观点，随着欧洲资本主义的发展、向世界殖民扩张之成功及中国之衰弱，越来越占优势。

如近几十年影响极大的魏复古（Karl A. Wittfogel）《东方专制政治》（1957），副题就是"极权的比较研究"（The CompartiveStudy of Total Power）。而且他明言其主张直接相通于孟德斯鸠。

因为孟德斯鸠首先指出，在一个只允许一个人有自由的世界里，中国皇帝就是那个人。此外，孟德斯鸠还指出了中国许多毛病，如体罚的滥用，私人财产皆为皇帝的家业，风俗、习惯、法律之间的混淆，缺乏独立的宗教及司法机构等。且他认为，中国的专制不同于其他地方的君主制度，因为它是以恐惧而非荣誉作为领导指标。

这类东方专制主义的论调，在西方绵延了几个世纪，所以类似孟德斯鸠之说，如今可谓洋洋乎盈耳，而其实对中国法治皆甚为隔阂。

当然，在此类新观点笼罩之下，对中国法治状况较务实的研究也仍有不少。19世纪初，斯当东（George Thomas Staunten）翻译了《大清律例》(Ta Tsing Leu Lee:being the Fundamental Laws, and a Selection from the Supplementary Statutes, of the Penal Code of China);其后约翰·亨利·格雷(John Henry Gray)的《中国:法律史、人们的风俗与习惯》(China: A History of the Laws, Manners and Customs of the People)一书关于司法程序及刑罚的描述也很受称许。其他旅行者见闻及具体研究质量亦均远胜往昔。

但总体说来,对中国法律的关切情形甚为不足。

许多讨论中国的著作,根本不涉及法律问题,如哈罗德·伊萨克斯(Harold Robert Lsaacs)《美国的中国形象》(1958)、马森(Mary Gertrude Mason)《西方的中华帝国观》(1938)、卫礼贤(Richard Wilhelm)《中国心灵》(1926)等都是如此。

1967年德克·布迪(Derk Bodde)、克拉伦斯·莫里斯(Clarence Morris)合编的《中华帝国的法律》序文中第一句就说"西方学者关于中国传统法律的著述为数较少",其后正文第一章第一句也说:"直到最近,绝大多数研究中国的西方学者都未对中国法律产生大的兴趣。"

所以如此的原因,他们认为在于:(一)西方汉学界绝少人有法律方面的素养,既不懂相关文献,又只以法律为实用文书,罕能进行理论探究;(二)西方普遍认为中国法律体系偏于刑法而非民法,故一般人民大部分民事行为均与法律无关,因而法律在中国社会里并不重要。

对于中国法律既不懂又觉得它不重要,久而久之,便形成了一种典型的东西社会文化对比论述:中国文化重人治,西方文化重法治;中国文化强调道德伦理,西方文化重视法律规范;中国文化偏于内在主观修养,西方文化长于客观法规制度;中国文化以其礼俗维系,西方文化则仰赖其契约的精神;中国是农村礼俗社会,属于长老统治形态的差序格局,西方则是法理社会的团体格局,等等。

西方对中国文化的描述,大体也仅在哲人语录、道德训诫、宗教思想、伦理行为这些方面着墨。

而在为数有限的论述中国法律的文献中,即使是学院里的专门研究论著，误解与偏见仍然极多。这些误解与偏见，大多流传已久，早已成为西方人对中国社会与文化理解的预存知识基础或印象，要一一辨析，其实甚为复杂，也甚为困难。

三、西方对于法律在古代中国之地位的认知

阿瑟·史密斯《中国人的性格》曾对中国人的守法精神大为赞扬："中国人有许多令人赞叹的质量，其中有一种是天生的尊重法律。我们不知道是社会制度造就了这一质量，还是它造就了社会制度。但是，我们知道，中国人无论从先天的本性，还是从后天接受的教育上说，都是一个尊重法律的民族。……中国人很怕进官府、打官司。它也能说明中国人对法律的尊重。尤其是文人。他们一被召到官府，就吓得胆战心惊，噤若寒蝉。"

这种守法的态度，他认为与基督教国家恰好成一对比："在基督教国家，无论目不识丁的人，还是举止文雅、有教养的人都有意无意地轻视法律，仿佛不需要法律维护公众的利益，并且违抗法律要比遵守法更能体现法律的尊严，这难道很光彩吗？"

他对中国人守法的看法，重在三方面：（一）中国人怕进衙门打官司；（二）他认为法律旨在维护公共利益，而西方因强调个人自由与人权，故常与法律起冲突，中国人则否；（三）中国人重视集体，人不只为自己负责，也要为别人（他所从属的团体）负责，所以非常有责任感，法律也因此而有株连之罪。

这几点，是他赞美中国人及其法律的理由。

密迪乐（Thomas Taylor Meadows）《关于中国政府和人民及关于中国语言等的杂录》（1847）也说："我坚信，作为一种令全民幸福的政府体制，中国以其独具的某些优点，用不着法官或议会也能证明它足可与英格兰和法兰西的政制相媲美，而且优于奥地利及其他一些基督教国家。"

他对中国政治制度极为称道。但从制度上说，他又觉得中国其实不太需要法官或职司立法的机构。

他所说的中国不太需要法官及立法机构，其实是西方很普遍的看法。柯乐洪（Archibald R. Colquhoun）《转变中的中国》（China in Transtormation，1898）286页即说：

> 中国人与政府之间，是人民享有几乎无与伦比的自由，而政府在国民生话中微不足道。这是最大的事实。强调这一点非常必要，因为不了解中国的人常常会有一种相反的看法。中国人有完全的工商业自由、迁徙自由、娱乐自由、信教自由。而且各种限制和保护并非由议会以立法的形式来实施，政府也完全不介入。他们靠的是完全的自愿联合；政府不受理这些事，尽管有时会与他们发生冲突，但从来不会牺牲民间机构的利益。

西方对中国，另有一流行之观点，即视中国为专制统治国家，人民受政府严刑峻法的统治（如前述）。此文反对那种看法，它呼应了中国人所说"天高皇帝远"之说，认为一般民事都不太受政府限制或保护，靠的主要是民间自愿组合的行会、会社之类民间机构来运作。

这当然比较符合中国社会之实况。但也因如此，1967年德克·布迪、莫里斯合编的《中华帝国的法律》一书，却认为正是这个观点"使得西方学界普遍对中国的法律不甚重视"。

他们认为：一方面，传统中国社会确如柯乐洪所言，并非完全依法律及政府控管调节之社会，"中国一般人对伦理规范的认识及接受，主要不是通过正式制定的法律制度，而是通过习惯和礼仪的普遍作用来完成的。这种情形比在大多数其他文明国家里要更突出一些。宗族、行会以及由年长绅士掌握非正式管理权的乡村共同体等，这些和其他法律之外的团体，通过对其成员们反复灌输道德信条、调解纠纷，或在必要时施行强制性惩罚，来化解中国社会中不可避免的各种矛盾。在相当程度上独立于正式的法律制度之外。古代中国人为了寻指导和认可，通常是求助于这种法律之外的团体和程序，而不是求诸正式的司法制度本身。"

另一方面，法律本身也对民众行为甚少规范，主要内容只是刑法。

"中国法之注重刑法，表现在比如对于民事行为的处理不作任何规定（例如契约行为），或只以刑法加以调整（例如对于财产权、继承、婚姻）。保护个人或团体的利益，尤其是经济方面的利益，免受其他个人或团体的损害，并不是法律的主要任务，而对受到国家损害的个人或团体利益，法律则根本不予保护。真正与法律有关系的，只是那些道德上或典礼仪式中的不当行为。或者，是那些在中国人看来对整个社会秩序具有破坏作用的犯罪行为。"

早在1922年，古德诺（Frank Johnson Goodnow）《解析中国》中即有类似的话："中国的商人普遍都加入了行会组织，而行会又是一种秘密团体，是不被官方正式承认的。这些行会组织决定商业的行规，调解商业纠纷。……那些不遵守行规的人之所以会落到如此境地，一方面是由于政府在经济领域内的放任自由政策，另一方面是由于政府认为家庭关系、商业关系属于民间事务，不属于政府的管辖范围。"

对于这类见解，我们该怎么看待呢？中国社会，无疑不是某些西方学者所热心宣传的，是个专制恐怖帝国。中国社会上存在着独立于正式法律制度之外的民间社会力量，是毋庸置疑的。但有这样一个力量，官吏亦并非即可不管民事问题。

四、西方对于中国法律性质的认知

在1890年阿瑟·史密斯《中国人的性格》中，他就谈道："一个县官至少要处理六大方面的事务，他既是民事、刑事司法官，又是行政司法官、验尸官、财政长官和税务官。"

更早的1872年麦华陀（Medhurst）《在遥远中国的外国人》（*The Foreigner in Far Cathay*）也谈及："由于其独特的行政制度，在我们西方人看来，各种职责应分别由一些官吏和部门来执行。而在中国则集于一人，不但审理民事，还要审理刑事案件，掌金融、治安、交通、军需及其他一大堆杂事。"

这些观察报告，都证明了19世纪西方人亲眼见着中国官吏须审理或处理民事问题。

中国俗语谓"清官难断家务事"，正表明家务事令官吏头疼者也不在少数。故柯乐洪说政府不受理工商业迁移、娱乐、信仰等事务，并不正确。

一般情况下，民间可以自治者，政府放由民间自行裁断；民间自己不能解决者，则仍待官府仲裁。而行会、士绅的某些权力之行使，其实也等于受政府之委托，所以有不少法条就是规范宗族、行会、士绅阶层的。民间组织不全然自由自主，也不尽是受政府控管，其性质甚为特殊，后面我们还会谈到。

正因为如此，我国法律体系其实亦非"刑法"一词所能备述，而应称为民刑不分的编纂形式。有关人、物、债、婚姻、家庭、继承等民法的法律规定，有关钱债、田土、户婚等的民事法律规范，分散在法典的某些篇章，与刑法、行政法、商法、诉讼法混合在一起。

例如，汉九律中《户律》主要是指婚姻家庭、财产继承、所有权、钱债等民法内容的。唐律十二篇中《户律》亦具有民法性质。1368年颁布的《大明律》计三十卷，四百六十条，其中《户律》篇七卷、《户役》篇十五条、《田宅》篇十一条、《婚姻》篇十八条、《仓库》篇二十四条、《课程》篇十九条、《钱债》篇三条、《市廛》篇五条，无疑也是民法。清代的《户部则例》更具有民法单行法规的性质，但仍与行政法混合在一起。直到20世纪初沈家本主持变法修律，仿照法、德、日的法律体系，分别起草了独立的刑法典、民法典、诉讼法典，才改变了传统诸法合体、民刑不分的法典编纂形式。

因此，以西方罗马法及其衍生之法律体系为标准，认定中国法律仅仅是刑法，并不恰当。

由于上述缘故，故传统上掌司法的官吏中即有专司民事者。以唐代制度为例，当时州有司户参军事和司法参军事（上中州二人，下州一人），府有户曹参军事与法曹参军事（人数同上）。

户曹和司户参军"掌判断人之诉竞,凡男女婚姻之合,必辨其族姓,以举其违;凡井田利害之宜,必止其争讼,以从其顺"。

法曹和司法参军"掌律令格式、鞫狱定刑、督捕盗贼、纠涤奸非之事,以究其情伪,而制其文法"。前者主管民事问题,后者主管刑事问题,分工如此明确,而云中国法律仅是刑法,岂不谬哉!

五、西方常从罗马法看中国法

然而,从罗马法来看中国法,毕竟是西方人理解中国法律制度的基本线索。

斯当东译《大清律例》,载《爱丁堡评论》(*Edinburgh Review*)1810年第16期,即曾高度赞扬中国的法典:

> 我们承认,与我们的法典相比,这部法典的最伟大之处是其高度的条理性、清晰性和逻辑一贯性。行文简洁,像商业用语,各种条款直截了当,语言通俗易懂而有分寸。大多数其他亚洲国家法典的冗长且迷信的谵语、前后不一、大量荒谬的推论、喋喋不休的玄词迷句,绝不存在于中国法典。甚至没有其他东方专制国家的阿谀奉承、夸大其词、堆砌华丽的辞藻和令人厌恶的自吹自擂。有的只是一系列平直、简明而又概念明确的法律条文,颇为实用,又不乏欧洲优秀法律的味道。即便不是总能合乎我们在这个国家利益扩展的要求,整体来讲,也比大多数其他国家的法律更能令我们满意。从《阿维斯陀注释》(*Zendavesta*,波斯文,意为智识、经典、谕令,古代波斯宗教经典。最早用东波斯语的古阿维斯陀文写成,主要记述琐罗亚斯德的生平和教义)或《往世书》(*Puranas*,梵文,亦称《古事记》,古代印度神话传说的汇集,印度教主要经典之一)的怒狂,到中国法典的理性化和商业化,我们似乎是在从黑暗走向光明。……尽管这些法律冗长烦琐之处颇多,但我们还没看到过任何一部欧洲法典的内容那么

丰富,逻辑性那么强,那么简洁明快。不死守教条,没有想当然的推论。在政治自由和个人独立性方面,确实非常的糟糕;但对于弹压叛乱、对芸芸众生轻徭薄赋,我们认为,总的来讲,还是相当宽大、相当有效的。

他用以比较的,除了波斯、古印度的法典之外,当然以欧洲的法典为主。

在他之前,固然孟德斯鸠曾依据罗马法来大肆批评过中国的法律,认为中国可视为东方专制政治的代表。但斯当东以译文来具体说明中国法典不仅不逊于欧洲,也非印度波斯诸文明所能及,并因此而将中国拉出了"东方专制国家"的行列。

阿拉巴斯特(Alabaster Ernest)《关于中国刑法和同类性论题的评注:与主要案例的特别关系,关于财产法的简要附论,主要基于已故阿巴斯特爵士的论著》(Notes and Commentaries on Chinese Criminal Law and Cognate Topics: With Special Relation to Ruling Cases, together With a Brief Excursus on the Law of Property, Chiefy Founded on the Writings of the Late sir Chaloner K. C. M. G., 1899)则专就罗马法与中国法做讨论,谓:"许多人会惊异于罗马法与中国法之间有那么多相似之处,尤其在法律的完备性方面。首先,现行中国法典的缘起与查士丁尼法典的组成方式有相同之处,都是急切的皇帝由学问渊博的学者来辅佐。其他的相同之处还有:限制法典之外的出版物的发行(政府除外),罗马亦是如此;中国的《礼》与查士丁尼法典的礼条款有共同之处;两者都各自以公告、律令和诏书形式立法。其次是公法。……关于中国父母与子女……夫妻、主人与仆人及自由人、师生等的关系与现状,还有诸如过继、家庭财产共同占有关系等都有相同之处。在诉讼程序行政管理方面也有共同点,行政管理方面相同之处在于中国的县官与罗马的法官,以及为防止不公而设立的补救措施;就诉讼程序来看,最高上诉权都在于皇帝,都由一套班子负责(在中国是督察院,在罗马是监督官)。"

这里面，当然也不乏误解。例如他说中国跟罗马一样，限制法典之外的出版物发行。这可能是因《大清律例》中礼律类有"收藏禁书""造妖书妖言"之禁，故令他有此误解。其实殊为不然。

其次，中国的县官与罗马的法官也是不同的。虽然如此，以罗马法为架构来理解中国法（或广义的中华法系），仍如阿拉巴斯特所为，乃西方世界最普遍的方法。

影响所及，中国人研究中国法制史，亦往往采此进路。中国政法大学甚至成立了罗马法研究中心，与意大利罗马第二大学合作，参加意大利罗马法传播研究组，进行罗马法与中国法之比较研究。

但罗马法以私法为主，当然显示了较强的保障个人利益色彩。我国法典则以公法为多，两者性质本不相同。以罗马法为标准来衡量中国法，自然会得出"在政治自由和个人独立性方面，确实非常糟糕"之结论。

早在孟德斯鸠时代即不乏如是云云者。而在西方观点影响下，近代中国学者也常这么说，人云亦云地认为中国法系之特点为君主集权、礼法合一、对个人地位及权力缺乏应有规定、刑法残酷，且此种法律亦应为中国之长期发展停滞负责，等等。

六、法律与礼、俗的关系

说中国法律是礼法合一，亦是西方普遍的看法。孟德斯鸠即已批评中国法律混合着礼俗与习惯，此后论中国法者亦无不涉及此一特点。

1947年瞿同祖《中国法律与中国社会》一书重新整理了这个观点，提出"法律儒家化"之说，谓儒家所倡导的礼的精神、礼的具体规范，被直接写入法律之中，与法律融合为一，乃中国法律最显著之特点。其书1961年又在巴黎及海牙出版，对西方研究中国法律者影响甚大，如布迪、莫里斯等，均依循其说。

但推源溯始，我认为此一观点仍然是以罗马法来看中国法使然。伯尔曼《法律与革命：西方法律传统的形成·导论》曾申论西方由罗马法而来的四个法律传统是：

1. 在法律制度（包括诸如立法过程、裁判过程和由这些过程所产生的法律规则和观念）与其他类型制度之间有鲜明的区分。虽然法律受到宗教、政治、道德和习惯的强烈影响，但通过分析，立刻可以将法律与它们区别开来。

2. 在西方法律传统中，法律的施行被委托给一群特别的人，他们或多或少在专职基础上从事法律活动。

3. 法律职业者，无论是在英国或美国，都在一高级学术独立机构中，接受专门的培训。这种机构有自己的职业文献作品，有自己的职业学校或其他培训场所。

4. 培训法律专家的法律学术机构，与法律制度有着复杂的和辩证的关系。因为一方面这种学术描述该种制度；另一方面，法律制度通过学术专著、文章和教室里的阐述，变得概念化和系统化，并由此得到改造。

批评中国法律未能与宗教、道德习惯区分开来，或批评中国无专业法官、律师、辩护人，其实都基于罗马法以来的这些法律传统（但伯尔曼说，这仅是由罗马法发展来的特征而已，当代许多非西方的文化都不具有这些特征，11世纪前通行于西欧日耳曼民族中的法律秩序也没有表现出这些特征。在法兰克帝国或英格兰以及那个时候欧洲别的地方，亦都没有以下这两种明确的区分：一是法律规范与诉讼程序的区分，二是法律规范与宗教的、道德的、经济的、政治的或其他准则和惯例的区分。12世纪罗马法未复兴之前，欧洲许多地方也不设专职的律师和法官。在教会方面亦是如此，教会法一向与神学合为一体）。

这类批评乃是西方非常普遍的看法，而其实距中国之实况却最远。

法律之学，在中国传统读书人的养成以及仕宦上，都是极重要的。以宋代为例，法律一门，进士要考，选人要考，流外补选也要考。再则，宋的铨选制度下，凡是科举中试的人，第一次派遣职务（入官）也都是派到府县衙门做处理狱讼的幕职官。故以这些理由或观点来诟病中国法律，或把罗马法及其以后之传统视为普遍者，而把中国礼法不分、官员兼任法官的情况描述成一种例外或特色，反而是因所见不广，缺乏真正比较法学的眼光所致。

要突破西方法学眼光，了解自家传统，拨乱反正，打开真正的比较法学大门，思索人与法律的关系，尚有待于时代新青年。

对法治社会的反思

现代人多以为我国传统政治之流弊，在于主张人治而不重法治，因此，建立法治社会，乃是现代化建设中极重要的工作。

这当然是切中时弊的确论。然而，古人都那么笨，连这一点都不晓得？非也！人治有问题，法治一样会有问题。在中国思想史上，对于法治社会的质疑很多。尤其是明末清初的一些思想家像黄宗羲、王夫之、顾炎武等人对此问题有最为集中的讨论。

他们认为法治是必要的，但并非治国之充分条件；而且徒法不足以自行，主导法的仍是人的因素。

故制法者应以百姓心为心，谋天下人之福利，勿立一家之法。执法者应宽仁、不忍、哀矜，勿以刻察为得意。对于民众，除了以法律督察纠风以外，更应注意教育。

钩稽整理这些人对"法治"的反省思考，对当代法理学及政治学之建设，仍有相当重要的意义。

一、法治

王船山《读通鉴论》卷十第二十三条曾对比人治与法治之，认为任人而废法，必将出现极大之弊端。

他所说的法，不仅是"以法为治"（rule by law）的意思，也具有"法治"之性质。

前者指统治者以制度、法律体系来达成其统治之目的,称为"形式主义法治",只关注到国家对法律的执行,又称为法治。后者则是实质性法治(the rule of law)。它指国家一切权力都应根源于法,主政者不可"以言代法"。所以法律不是政府统治人民的工具,而是政府与人民都应遵循的最高规范。《管子·法法》说"明君置法以自治,立仪以自正也。……禁胜于身,则令行于民。不为君欲变其令,令尊于君",即为此意。

换言之,船山对于法治是重视的,也完全具有现代自由主义法学者所说的"实质性法治"之观念。故他曾感慨:"呜呼!治道之裂,坏于无法。……无法者,惟其私也。"

但船山却要更进一步说:"徒法不足以自行"。只有法,毕竟还是不够的。

二、法不足以治

《读通鉴论》卷二第十一条说:"使天下而可徒以法治而术制焉,裁其车服而风俗即壹、修其文辞而廉耻即敦、削夺诸侯而政即咸统于上,则夏、商法在,而桀、纣又何以亡?"这一问,正是思维之一大转变。治天下不可以无法,但只凭法律、制度,就足以为治吗?

(一)法未必善

天下不可徒以法治的原因之一,是法本身未必良善。正如亚里士多德在《政治学》中指出的,法治有两重含义:法律获得普遍服从,和大家服从之法律本身应制定得好。前者意谓法律至上,后者强调法律正当。一般谈法治时,只涉及法律至上之观念,所以常说"恶法亦法",以至所谓法治,并不意味着良法为治(the rule of good law)。可是法有善有不善。若照法家的看法,"法虽不善,犹愈于无法"(《慎子·威德》),船山可不这么认为。他觉得:依循良法或许足以治世,若遵循恶法或劣法,虽亦为法治,国其实不治(恶法有两种情况,一指不正义之法,二指不完善之法。

船山所说，以第二种为主。谓不完善之法将导致不义）。

法律过于苛细繁密，把人民当贼一样防；或侦察其行为之细节，动辄以刀斧升黜待民，他都认为是恶法。恶法不足以治国，且足以祸国。法本身未必良善，乃法治不可恃的原因之一。但他问："夏、商法在，而桀、纣又何以亡？"指的却不是恶法，而是善法。依善法为治，国家为何也可能不治呢？

（二）法之困局

法的原则，在于明确化、普遍化和公开化。它不以特定的人或人群为实施对象，所以卢梭《社会契约论》强调"法律的对象永远是普遍的，……绝不考虑个别的人以及个别的行为"，哈耶克（Friedrich August von Hayek）也说：法律是一种指向任何非特定人的一劳永逸之命令。

然而这个原则，据船山看，也正是它的困境所在。原因很多，例如他说："夫法之立也有限，而人之犯也无方。以有限之法，尽无方之慝，是诚有所不能赅矣。于是而律外有例、例外有奏准之命，皆求以尽无方之慝，而胜天下之残。于是律之旁出也日增、而犹患其未备。"

法的抽象化和普遍化，与现实世界之具体化和个别化，其实并不能对应。有限的法律条文，永远不可能穷尽人事无穷之变化，也无法察及无限的弊端，以致法律表面上不针对个别的人或行为，实际上却必须为个别的人或行为考虑，以个别状况形成判例。然后再以此个例来类推，遇类似之事况时即援例处理。例有时而穷、类无法尽推，则又再以行政命令来处理个别事务。

所以它的第一个困境是：法、律、例、令必然不断孳乳繁衍，法令越来越庞杂繁密，而仍不足以穷尽一切人事状况（等法令庞杂繁密到一般人都不能完全了解时，人们也就无法守法了。法令亦遂成为法曹、政吏及律师等专业人士操弄之物）。

第二个困境，则是法之普遍化原则事实上处在自我矛盾中。号称抽象化普遍化的法，实际运作多本于具体个别之"例"。

若要维持法的普遍性，势必牺牲具体的个别状况差异，形成实质上的不公不义；但若斟酌个别情况量刑施法，法又将成为任意游移之物，不再能作为法了。这个进退两难的处境，也就是法的第三个困境。

《读通鉴论》卷六第二十九条论杀人，即指此。同样是杀人，但动机、脉络各不相同，量刑似亦应有差异（刘邦入关中与秦民约法三章，据说秦民因而大悦。可是表面上看来明显确定的法条，却隐藏无限问题。就以"杀人者死"来说，人，是否包括胎儿、婴儿、犯人、敌人、蛮夷？什么又是杀人？作战杀敌、比赛嬉戏、处决重犯、正当防卫，以及情况是否都适用？故法律客观确定的想法，在解构学派影响下的法学理论看来，只是一种幻想）。

可是一旦要设想各种不同的状况，弊端就又出现了。所以从法的角度说，船山虽认为：法的普遍性，在事实及人情上是讲不通的。

与此相关的第四个困境，则是：普遍性的法是以一个标准来处理所有事物。它不普遍化，不能成为法；但以一个普遍化的标准来规范这个原本极具差异性的世界，也必形成极大的流弊。"立理以限事"尚且不可，何况是执一法以衡万事呢？故《读通鉴论》卷十六第四条说："立一法以要求天下人共运共守共行之，大利在此，大害亦生于此。"

第五个困境，是由法之稳定性来的。

法是公开的、稳定的，不可任情抑扬，也不能任意更改。《韩非子·解老》说："凡法令更则利害易，利害易则民务变。……是以有道之君贵静，不重变法。"或《管子·任法》说："法者不可不恒也。"都是讲这个原理。

但时移世易，法，势必不能尽时世之变，亦不能应人事之需，所以必须不断修订。而且法在实施之后，"上有政策，下有对弊"，日久弊生，不断会有新状况出现，也绝不能听任成法而不修。所以法恒处于又稳定但却又不稳定之状态，形成另一种矛盾。《宋论》里有几条，讲的就是这种法律在永远不断修订的情况。

法事实上不断在修、不断在变，因此实无稳定性可言。而更令人绝望的，是第六个困境：无论如何修，都不足以治世。

为什么呢？船山分析道：法久自然生弊，善法会生弊，恶法也会生弊。恶法因为生弊，其恶遂不太甚。但既为恶法，当然会有人要修正它。然而一旦修法，就是投机者的机会、利益的争端。善法也会生弊，既有弊，也当然会有人想要修改之。而一旦修改以救弊，就同时也是投机者的机会与既得利益者的争端。同时，又因为是为了救弊，不免在补弊救漏之际，未考虑到长远的利害，而可能造成更大的毛病。

由此观之，法治之法未必善，恶法固然不足以为治，善法亦不能无弊，弊而不能不修，修亦不能不形成更大的流弊，此亦法治之困境也。

（三）法制之弊

这些都是法治本身必然形成的困境。在这多重的困境中，法治当然是不可恃的。法治之下的另一个层面：法制，就更不可依赖。

如《读通鉴论》卷一论秦二世第二条说："任法，则人主安而天下困；任道，则天下逸而人主劳。无一切之术以自恣，虽非求治之主，不能高居徜徉于万民之上，固矣。以孔明之淡泊而尽瘁也，以介甫之土木其形而好学深思也，然且乐奉名法者，何也？俭以耳目、勤以耳目，而心思从其康逸也。贤者且然，况令狐绹、张居正之挟权势者哉！"

按：法制之法，事实上是政府控制属下及老百姓的工具，因此法制越严密，君主权力就越大也越集中，形成"人主安而天下困"之局面。这个道理，顾炎武《日知录》卷十一《法制》条也曾慨乎言之：

> 宋叶适言："国家因唐五代之极弊，收敛藩镇之权，尽归于上。一兵之籍、一财之源、一地之守，皆人主自为之也。欲专大利，而无受其大害，遂废人而用法、废官而用吏。禁防纤悉，特与古异，而威柄最为不分。虽然，岂有是哉！故人才衰乏，外削中弱，以天下之大而畏人，是一代之法度，又有以使之矣。"又曰："今内外上下，一事之小、一罪之微，当先有法以待之。极一世之人，志虑之所周浃，忽得一智，自以为甚奇，而法固已备之矣。是法之密也，然而人之才不

获尽、人之志不获伸，昏然俯首，一听于法度，而事功日堕，风俗日坏，贫民愈无告，奸人愈得志。此上下之所同患，而臣不敢讳也。"

又曰："万里之远，嚬呻动息，上皆知之。虽然，无所寄任，天下泛泛焉而已。百年之忧、一朝之患，皆上所独当，而群臣不与也。夫万里之远，皆上所制命，则上诚利矣。百年之忧、一朝之患，皆上所独当，而其害如之何？此外寇所以凭陵而莫御，雠耻所以最甚而莫报也。"

高谈法治者，辄言治国应依法不依人，依人则可能形成极权专制。殊不知主政者以法为治，更可能成为专制。顾炎武、王船山所批评的，就是这种状况。

明末另一位思想家黄宗羲，在其《明夷待访录》中特辟《原法》一篇，主张："有治法而后有治人。"论者都说此乃近世提倡法治、反对人治之先声。其实大谬。黄宗羲之说与王船山、顾炎武并无二致，只不过他把历代以法制治国之状况称为"非法之法"罢了。

据黄宗羲看，法有两种：一种是为天下人而设的，旨在谋天下人之福利；另一种则是为了统治者自己而构建的，"人主既得天下，唯恐其祚命之不长也、子孙之不能保有也，思防患于未然"，所以订立一大堆旨在维护其政权、遂行其统治的法。

这两种法，一称为"天下之法"，一称为"一家之法"。一出于公，一出于私。一是法，一则其实不足以称为法，却被历代统治者用以为法，所以又称为"非法之法"。

依黄氏这种分判，他所谓的法，只是他的理想，实际上只存在于他所拟想的上古三代盛世而已。这种理想盛世之法，其实也就是"无法之法"。后世一切法，实际发生于历史中者，则都属于非法之法。他说应有治法而后有治人，意思就是希望我们能放弃非法之法，改行真正的法治：无法之法。《原法》云：

三代之法，……所谓无法之法也。后世之法，藏天下于筐箧者也。利不欲其遗于下，福必欲其敛于上；用一人焉则疑其自私，而又用一人以制其私；行一事焉则虑其可欺，而又设一事以防其欺。

天下之人共知其筐箧之所在，吾亦鳃鳃然日唯筐箧之是虞。故其法不得不密，法愈密而天下之乱即生于法之中，所谓非法之法也。

黄宗羲这种理想当然难以实现，因为法律无论如何总是与统治权结合在一起的。法律学者区分"法治"与"法制"，认为法制是法律作为主政者的统治工具，法治则是法律至上，政府也必须遵守法律。可是这种形式化的概念区分固然在理论上是存在的，实际运作却不是这么回事。"法律至上"之法律，大抵即由统治者所订立。

所以在个别事例上虽主政者必须受法律之节制，不能任情抑扬、肆意胡来，但整个法律之精神与性质，却是以巩固统治、维护既得利益为主轴的。国家之一切权力根源于法，而此法实即是"藏天下于筐箧"之物。以黄宗羲之见，概为非法之法。故王船山、顾炎武对法制之批判，经与黄宗羲这番话相对勘，更能显出它的深刻含义，让人进一步明白法制固然可能形成"权集于上，臣民昏然侥首，一听于法度"的结果，即使是法治，也仍不免于此弊。

这样的结果，又必然使得法律越来越繁密。因为它本是为了防嫌百姓而设，故禁察不得不密。但严密周备的法网真能让国家安治吗？船山他们想到了以下几个问题：

一是法只是一堆规则，这堆规则必须有一群操作者。所以所谓法治，实乃这群人操作着法律体系来统治社会。这群人是谁呢？官僚、胥吏、讼师、法曹。由他们掌握、解释并执行法律。故任法则权集于上也者，同时也即是权移于下，集中在这批人身上：

治之敝也，任法而不任人。夫法者，岂天子一人能持之以遍察臣工乎？势且仍委之人而使之操法。于是舍大臣而任小臣，舍旧臣而任新进，舍敦厚宽恕之士而任侥幸乐祸之小人。其言非无徵也，其于法不患不相傅致也，于是而国事大乱。（《读通鉴论》卷六第二十条）

> 谢肇淛曰：从来仕官法网之密，无如本朝者。上自宰辅，下至驿递仓巡，莫不以虚文相酬应。而京官犹可，外吏则愈甚矣。大抵官不留意政事，一切付之胥曹，而胥曹之所奉行者，不过以往之旧牍、历年之成规，不敢分毫逾越。而上之人，既以是责下，则下之人，亦不得不以故事虚文应之。一有不应，则上之胥曹又乘隙而绳以法矣。故郡县之吏，宵旦竭蹶，惟日不足，而吏治率以不振者，职此之由也。（《日知录》卷十一，吏胥条）

> 律令繁，而狱吏得所缘饰以文其滥，虽天子日亲问之，而民固受罔以死。律之设也多门，于彼于此而皆可坐，意为重轻、贿为出入，坚执其一说而固不可夺。于是吏与有司争法、有司与廷尉争法、廷尉与天子争法，辨莫能折、威莫能制也。巧而强者持之，天子虽明，廷尉虽慎，卒无以胜一狱吏之奸，而脱无辜于阱。即令遣使岁省而钦恤之，抑惟大凶巨猾因缘请属以逃于法，于贫弱之冤民无益也。（《读通鉴论》卷四第四条）

这几条文献，一说官僚、一指胥吏、一指法曹狱吏。他们都是操持法律的人，相对于老百姓来说，他们都属于统治者。但他们彼此之间又并不一致。而有各自的属性与利益，因此也必然会各拥法条，相互斗法，以致老百姓固然遭殃，朝事亦因此而日益败坏。

第二个因法律越来越繁密而引生的问题，是法律反而提供了人们巧伪欺饰、足以玩法的工具与环境：

> 秦始皇之治，天下之事，无大小皆决于上。上至以衡石量书，日夜有呈，不中呈不得休息，而秦遂以亡。太史公曰："昔天下之网尝密矣，然奸伪萌起，其极也上下相遁，至于不振。"然则法禁之多。乃所以为趋亡之具，而愚暗之君，犹以为未至也。杜子美诗曰："舜举十六相，身尊道何高。秦时任商鞅，法令如牛毛。"（同上，吏胥条）

老子曾说法令滋彰则盗贼也相应地会增多。船山说"防之严，适以长欺"，亦即老子之意。法令多如牛毛，而民无所措手足矣。欲求生存，即不能不设法逃法，趋避钻隙于法网之中，黠者与有力者则又利用这繁密之法以售其巧伪奸诈，此即所谓"欺之所藉'以法为市'上下相遁"，或利用法律以获取自己的利益，或凭之以凌人罔民。

而法制体系几乎又总是朝复杂化繁密化在发展。这种发展，从乐观的角度看，代表了法制作业日益完备、法律体系日渐周延，所以旧法若实施发现有了弊端，也会不断修正，以臻于完善。但依王船山顾炎武看，却绝非如此，《日知录》卷十一云：

> 前人立法之初，不能详究事势，预为变通之地后人承其已弊，拘于旧章，不能更革，而复立一法以救之，于是法愈繁而弊愈多。天下之事，日至于丛脞。其究也呫而不行（语出《汉书·董仲舒传》，师古曰：呫不明也），上下相蒙，以为无失祖制而已。此莫甚于有明之世，如勾军、行钞二事，立法以救法，而终不善者也。

立法以救法，如以水济水、以火救火，法越繁而弊越甚。其说与船山论修法之弊正相呼应，可说是法制日繁所引起的第三个问题。

法制更严重的问题，在于它导引人们的思维方式及处事态度，让人形成刻薄寡恩、察察为明的心理。因为法律的思维原本就是假定人都是会犯错，故立法禁以为之秩序。以致执法者视民为贼，辄自以为客观执法，明察秋毫，洞悉隐慝，既捍卫了法律，又维护了正义。而其结果，则可能是更大的灾难。顾炎武说：

> 明帝之过于明察也，非法外而加虐刑，如胡亥之为也，尽法而无钦恤之心耳。其法是，其情则过。（《日知录》卷七第二条）法严而任宽仁之吏，则民重犯法，而多所矜全。法宽而任走鸷鹰击之吏，则民轻犯法，而无辜者卒罹而不可活。（《日知录》卷三第五条）

法律体系纵使非常宽和，执法者以一种察察为明的态度来运用它，对民众一样会形成伤害。而不幸掌握法律权力的人往往自以为是，持着法律的尺去纠察别人的过愆，以为除恶务尽，故反而荼毒了人民。

在执法者竞相以法察奸时，士大夫主持舆论或担任公职，遂也不免刻薄寡恩，"毛举瘢求，察人于隐曲"。前者是为酷吏，后者流于申韩。

而且此非偶然之偏失，乃一般之常态，"后世之为君子者，十九而为申韩"（《日知录》卷二十三，玄宗第一条）。这样的批评，放在历史上看，一点也不过分。

三、思考法治

以上这些对法治的批评与反省，足以显示明清之际知识分子的思想倾向。他们基本上认为法治是必要的，但并非治国之充分条件。而且徒法不足以自行，主导法的仍是人的因素。故制法者应以百姓心为心、谋天下人之福利，勿立一家之法。执法者，应宽仁、不忍、哀矜，勿以刻察为得意。对于民众，除了以法律督察纠风以外，更应注意的是教育，如《读通鉴论》卷四第四条说："先王之将纳民于轨物而弭其无方之奸顽者，尤自有教化以先之，爱养以成之，而不专恃乎此（指法律）也。"

这些见解，在法理学上可资玩绎者极多。例如法治之法可能并不良善的问题，英国法学家拉兹（Joseph Raz）在《法的权威性》中说：法律事实上只是一套政府预先宣布它将在什么情况下使用其强制力之规则，故法治未必即是良法为治。因此他建议我们不能以为实施法治就同时实现了正义、平等、人权、尊严，等等。

正因为法治之法可能是恶法，所以20世纪70年代以来美国法学家富勒（Lon Fuller）又提出了"合法性原则"的概念来补充，认为法若不合乎内在具体道德原则，即不能达成法之所以为法的先天目的性。这样的法就不能期望人民守法了，因为它并不具有合法性。

富勒《法的道德性》（*The Morality of Law*）其实是将自然法的概念引入实定法，但只以符合程序正义为符合法律的内在道德。因此，在这方面，黄宗羲对合法之法与非法之法的分判，或船山对于法应本于道的说明，其实都比当代法学还有更广阔的思考空间。

船山《读通鉴论》卷十七第二条云："法先王者以道，法其法，有拂道者矣；法其名，并非其法矣。道者因天，法者因人，名者因物。道者生于心，法者生于事，名者生于言。……以道法先王而略其法，未足以治；以法法先王而无其道，适足以乱；以名法先王而并失其法，必足以亡。"道若无法，固然无从治国，但法若无道，则法实非法，适足以招乱致亡。此亦法之合法性原则，然而并不同于富勒所谓：订立规则、公布规则、规则不溯及既往、规则须明白易懂、规则不自相抵触、规则不强人所难、规则不随便改易、规则与实际执行不应有所出入，等等。

因为合乎此类形式性原则之法，依然不能担保它是否合乎正义与道德。

德沃金（Ronald Dworkin）《法律帝国》（Law's Empire）第三章论"邪恶的法律"，质问："纳粹有法律吗？"谈的也是这个问题。他说某些人会基于自然法的立场批判"在一些国家和某些情况下，不存在法律。尽管存在诸如立法机关、法院等法律机构，但这些机构为非作歹，不配这个称号"。因为，"自然法理论主张政治组织的规则必须符合正义的某种最低标准，方能形成一种法律制度。"而另有一些人指摘"纳粹法不是真正的法，或是变质的法，或是不太完整的法"，则是由于"纳粹法缺乏使法律制度健全成立的基本特征，未让法律制度的规则与程序为强制力提供正当理由"。黄宗羲、王船山在这种区分中，似乎具有自然法之倾向，但对非法之法的批判，无疑在当代法理学上深具意义。

而由他们含有自然法倾向这一方面说，泰格与利维《法律与资本主义的兴起》一书曾征引瑞涅·戴维（Rene David）之说，谓："实定法对于中国人，从来不曾显得是一个良序社会的必要条件，甚至也不是正常条件。相反地，实定法乃是社会有欠完美的迹象，而且实定法与高压统治这些观念之间还有着某种联系。"实则中国人认为由国家机构制定的法律体系（即实定法），虽不足以为治国之充分条件，但大抵仍承认它是必要条件与正常条件。所以他的话前半段并不准确。可是后半段却讲对了，黄宗羲、顾炎武、王船山等人，都有将实定法与高压统治关联起来说的性质。不过，如此讨论实定法，也未必即表示他们主张自然法。他们所说的法，在大部分情况下仍指实定法。并认为这些法令规章及据以建立之原则，实际上只是统治集团企望之表达。这个观念，在国家法律意识形态之研究上，实具有前导之开拓性意义。

法律在表面上看来是客观的，这也是近代法学的基本信念。但法律诠释学的发展，却让我们明白法律的实施完全依赖于解释，所以根本不是客观的。一切法律规定都必须一般而广泛，才可以适用于各种情况，故法律不可能穷尽所有细节。且因法令有限，人事无穷，法律的一般规定无法预见所有的具体状况，是以法律规定无法自动适用到特定的案例，其中一定有个解释和应用的问题。

这些解释，依解构学派的看法，章句解释必定要依赖脉络情境，所以也不可能客观，甚至也不能确定。表达与领会之间，更是一个无穷尽的程序。传统将法律视为客观的外在实体，遂被认为只是一种迷思。

法律因为有待解释，其执行又仰赖个别的人在具体的情境中去施行，故亦深受感情、意志、理解能力、利害关系之影响，所以它才能成为各方逐利者角力斗法玩法的场域。如船山所说："法之严，适足以长欺。"

法律增长了人的争端与欺罔。这个充满伦理意味的论断，事实上也与当代对法律社会的批判若合符节。批判理论认为：在近代自由主义法律观之下，法律既是人人得以使用以追求个人最大利益的手段，社会上的个人及团体就都成为以法律武装起来的单元，各自以法律作为彼此竞争、彼此掠夺的武器。但人际关系及人类共同生活，如男女关系、家庭共处、友谊亲情，甚至长远的商业关系，均不完全以利害竞争为其全部内涵，也不尽适合以法律手段来调整。法律手段过度膨胀、过度运用，会将所有人际关系都改变为彼此打量、尔虞我诈的疏离状态。哈贝玛斯（Jügen Habermas）称此为"生活世界的殖民化"（Colonization of the life world）症状之一，对人与人之沟通了解形成了实践的障碍。

这样的讲法，不啻为船山等人之说做了补充。理解了这些思想之后，我们再回过头来看顾炎武所说："法制禁令，王者之所不废，而非所以为治也。其本在正人心、厚风俗而已。故曰居敬而行简，以临其民。周公作立政之书曰：'文王罔攸兼于庶言庶狱庶慎。'又曰：'庶狱庶慎文王罔敢知于兹。'其叮咛后人之意，可谓至矣。"（《日知录》卷十一，法制篇），应该也会为之首肯！

　　总之，人的社会，人不行了，用几条法律条文就可以让它秩序井然，你说，有这种事吗？

一切以西方模式解释中国的讲法，都该停下来

近代讲人类文明史与中国文化史，都有个基本框架，谓人类由蒙昧至文明，历经了巫术时代、神权宗教时代，最后才进化到理性申张的人文世界。

例如西方古代讲神话，中古讲基督宗教，启蒙运动后才告别上帝，脱离神权。

中国也是，夏人尚鬼，殷商凡事都要占卜，君王即是大巫。周初才开始朝人文精神转向，徐复观先生称为"人文精神之跃动"。到孔子更是全面人文化，祭神如神在、未知生焉知死、未能事人焉能事鬼。其后虽仍有墨家讲天志明鬼，拟恢复夏道，可是基本上已脱离神与巫的时代了。遗风旧俗，仅存于氓庶。无知小民虽仍不免祈禳佑祷、奉事鬼神，或讲风水命数，而主流社会确已人文化，并以此转过来教化群氓，改移风俗。

这个历史进化大框架，其实就是西方史的全球版。但愈讲愈精密，迩来愈趋深化。除了旧时郭沫若、徐复观诸公所论之外，余英时先生结合雅斯贝尔斯"轴心时代"之说最引人注目。

其说大抵谓世界文明在几乎同一时期都经历了一场哲学的突破，由原始跨入新境。如古希腊苏格拉底、柏拉图、亚里士多德的那个时代，差不多也是佛陀、中国孔孟先秦诸子蜂起的时代，这即是轴心时代。凡未经这一次哲学之突破飞跃者，如大洋洲、亚、非、拉丁美洲诸土著，就一直仍停留在原始的生活方式与巫术传统中，未能参与或创造文明。

此一突破之主要突破点在哪儿？主要就在天人关系上。在此之前，古

希腊乃神话社会，此后才是哲学的理性的；印度早期也信仰梵天，中国同样讲鬼神上帝，要卜要祝，进而渐渐不讲天不讲鬼神，而讲人心之仁、社会之礼、国家之法。故其共同点都是由天而人，展开了人文理性的文明。因此余英时先生由"天人之际"切入去谈此问题。

先生《论天人之际：中国古代思想起源试探》一书由《国语·楚语下》和《尚书·吕刑》中"绝地天通"一词的意义挖掘开始。先描述商周时期祭天与巫文化的概况，并说明君王与觋巫的关系。然后讨论春秋儒墨道各家兴起后，对"天"意义的重新诠释，以致"天人合一"的解读从此进入"心"时代；忽视天的监临，注重人的修为。

因此，轴心突破之后，中国的传统文化走向了"内向超越"。余先生主张"内向超越"非起源于孟子，而是孔子。孔子创建的仁礼一体新说，彻底打破了他之前的古人思想。

当然诸子百家也都有功劳，因为自春秋起，"修德"的内在动向成了他们的生命追求。古代巫主以"天"降服黎民，诸子则以自己的德服人，撇开了君巫，自己通天。……

他们都说得很动听，可是我总不免疑心这只是由（近代开展的）人文精神或人文主义之角度去讨论历史。故认为周朝的"郁郁乎文哉"，即具体体现为这种人文精神，与夏之尚鬼、殷之事巫判然。

历史上是否真的这么判然呢？

大多数人认为是的，因为中国后来与西方相比，就明显缺乏那种宗教性；宗教在政治社会中未居主导作用，如欧西中古时期那样。即使欧西在经历过启蒙运动、工业革命之后，宗教在其社会及世俗生活中之影响力也远甚于中国。因此梁漱溟之类的学者才会以有无宗教来分判中西文明。认为孔子以后的中国，儒家居主导地位，且所谓儒道释三教，教指教化，并非西方意义的宗教。

这是主流的观点，也是许多人至今仍不愿承认儒教（宗教性之儒家）的缘故。

由上述天人已分的文明发展史来看，儒家之性格及贡献恰好就在它的人文创建上，由仰望天、帝、神、鬼并祈祝之敬事之，转而踏踏实实在人间施行教化。

可是，即使是这些人也不能否认历史上儒家仍有不少是具有宗教性的，像汉儒就是。汉儒讲阴阳、五行、灾异、象数、封禅、祯祥、天人感应，皇帝与天命天志关联得非常紧密，儒家与宗教性语言、仪式、精神的结合度也非常高，分明不符合上述人文精神转向的解读。

对此，胡适、顾颉刚、徐复观、牟宗三、劳思光等人均是以"扭曲"来解释的。谓汉儒是先秦儒家的歪曲、歧出、堕落或倒退，由心性论倒退回了宇宙论，由人文倒退回了宗教，是沾染了方士之说，以致形成为一种方士型儒生。

宋元以降，儒家之讲《太上感应篇》《阴骘文》《玉历宝钞》、倡三教合一，或出现上文所说的各式儒宗神教，同样也可援用此模式批判一番，说那是儒家的堕落，变成了佛道型儒家。

可是，我觉得：无论是不是扭曲，儒家有一部分具有宗教性或是宗教，是无疑的。至于这一部分有多少，恐怕也非诸位先生说了算。因为这或许才是主流亦未可知。

正如知识人讲佛教史，都以天台、华严和禅宗代表汉传成就，自修自证、明心见性。可实际上百分之九十九点九的佛教徒，却是他力救济之净土信仰，相信阿弥陀佛会接引他去西方极乐世界，观音菩萨也会大慈大悲、循声救苦。

其次，说儒家反对鬼神上帝实有。古代儒者就明显反对。例如黄宗羲晚年作《破邪论》，其中一条就痛批以上帝为虚理之说，认为是邪论；曰："今夫儒者之言天，以为理而已矣。易言天生万物，诗言天降丧乱，盖冥冥之中实有以主之者。不然四时将颠倒错乱，人民禽兽草木亦浑淆而不可分擘矣。古者设为郊祀之礼，岂真徒为故事而来格来享，听其不可知乎？是必有真实不虚者存乎期间，恶得以理之一虚言之耶？"

黄氏反对佛家"以天实有神，是囿于气之物"。但他不认为儒家古来所说上帝即只是一虚理。其辩辞，很值得今人大谈儒家之人文化者参考。

大家若深入一点看，也会发现中国的天人之分，与西方的天人之分仍有区别。

西方的神人关系，原本就比中国严格，人和神有界限，不可踰越。因此西方在神权时代，天人也是分的，人绝不可成神、是神。中国则在所谓巫文化时代，人即与神不那么悬绝，祖先通常可以配帝，人也常可感格上帝。

反之，在所谓人天已分之时代，西方是上帝归上帝，撒旦归撒旦，人类宣称上帝已死，解除了上帝的魔咒，理性精神独占胜场；中国却仍然穷理尽性以知天，天人合一，天与人并不悬绝。因此西方可能一直是一种天人分的格局，中国则不论巫时代还是所谓人文时代，一直是天人合的格局。

张光直由考古学上讲天人关系的连续与不连续，我觉得即可与这点关联起来看。

张先生援引佛尔斯脱（Peter T. Furst）亚美式萨满教的意识形态内容说，谓：一，萨满式的宇宙乃是巫术性的。其中自然和超自然状况都是巫术式变形的结果，而不是基督教传统中的自虚无而生的创造。二，宇宙一般有好多层，中间是人。下层与上层世界又分成若干层，每层皆有个别的神灵式统治者和其人民，有时还有四方神或四土神，另有分别统治天界与地界的最高神。这些神固然控制人和各生物之命运，但也可以为人所操纵，例如通过供奉牺牲。宇宙各层之间有中央柱穿通，为上界与下界升降的通道。还有树，上常有鸟（在天界飞翔与超越各界的象征物）。三，萨满认为人和动物在品质上是相等的。而且，用斯宾登（Herbert Spinden）的话说，人绝不是造世的主人，而是靠天吃饭的。四，与此观念密切相关的另一观念，是人与动物之间互相转形。在萨满领导的祭仪上，参与者会戴上这些动物的皮、面具和其他特征，来象征向动物转型。五，自然环境中的所有现象都被一种生命力或灵魄赋予生命，因此没有所谓"无生物"这回事。

张先生把此说与我国一些现象结合起来，例如公元前三千到前两千年前东海岸史前文化中带兽面纹和鸟纹的玉琮和玉圭；殷商甲骨文中所见对自然神的供奉，四土、四方的精灵；商周祭器上的动物形象；古人对"在存在的所有形式之中'气'的连续存在"的信仰；《楚辞》对巫和他们升降的描述，等等，都可显示佛尔斯脱所复原的亚美式萨满意识和古代中国宇宙观的大体类型十分相似，都是连续性的宇宙观。

相对来说，犹太与欧洲基督宗教显示的乃是一种破裂性（即与宇宙形成的整体性破裂、与人类和自然之间分割）的宇宙观，或称为不连续的。

不连续的其实才是特例，世上大部分文明均是连续的。因此我们若继续沿用天人裂解的方式来研究人类整体历史，恐怕甚不恰当。

而且只有明白欧西一神教之特异，才能解释为何它才有其他文明中没有的大规模猎杀女巫、设异端裁判所等运动。一神教中，神"魔"是对抗的，对巫决不宽容。在其他文明中，巫却一直存在，即或人文发展了，巫也不会被视为魔，必烧之灭之而后快。像西方称为魔法魔术者，在中国就仅称为"幻术"。幻人不过是术士而已，恰好与道法巫祝各类术士同称。

儒家在古代也被称为术士，谓其以道得民，而其道，有时便也神道设教，谓至诚感格，质诸鬼神而不谬。此人文乎、巫术乎？其实交杂兼用，介乎其间；不天不人，又天又人。

我觉得这才是中国文化的真相，天人不隔而隔，隔而不隔，可合可通。天人之际，不是天人之分，故须不落两端，允执厥中，在天人之际的"际"上，遂有一切工夫论、境界论施展之余地。

在这种格局下，自律道德或他律道德之说都不完全，两者俱是也俱不是。因为人要尽其在我，也要知命知天，仅有一端是不行的。天道与人事一直有相关联之连续性，人之才、性、心、知，皆因天而得到保证，天是它的来源，也是性之所以是善、知之所以是良、心之所以是本、才之所以是天的原因。可是人亦并不因此就失了主宰，本心、良知、善性、天才仍是他自己的。

思想史上，鬼神遂从未退席，属于巫文化之感应感通原理也一直被普遍运用着。《易·系辞下》说"易无思也，无为也，寂然不动，感而遂通天下之故",《世说新语·文学》又曰:"易以何为体?答曰:以感为体。"

易无思、无为,是因它本无体,因此不适用西方本体论去解释,而亦不是空无本体,如佛教所说。其体正在感中。两物相感相应,乃生变化;孤立一物,就只能寂然不动,不能感而遂通。

所以,不讲感情,不可能懂中国诗;不讲感通,不可能懂中国思想;不能感而遂通,也不可能懂中国的世道人情。孔子说仁,怎么可能在人天破裂处说?人心之仁、社会之礼、国家之法,又怎么能只有反宗教的理性精神?

一切模仿西方近代启蒙论述的讲法,用来解释中国社会与历史时,都该停下来,细思我这些话。

科学主义与科学无关

人总要生病了才晓得生命的可贵。

所以,生命哲学都生发在懂得回头之时。电影《一代宗师》里说"老猿挂印,回头望月"。

一

近世西方的崛起,第一步是14世纪到16世纪的文艺复兴,是资产阶级兴起,改革中世纪思想文化、挣脱神权的运动。

第二步是15世纪末开始的大航海时代,开始发展殖民主义。通过抢劫、占领、搜刮和贸易,从各地获得大量土地、原料、技术、劳力、金钱,逐渐赶上中国、印度和伊斯兰国家。

第三步是17世纪至18世纪的启蒙运动,资产阶级结合民众更近一步反教会、反封建。伏尔泰、卢梭、康德、霍布斯、洛克、孟德斯鸠都出现于这一阶段。传教士和商人传播去的中国物品、思想、文化则形成了"中国热",对启蒙运动起过不小作用,等于站在中国和阿拉伯的肩头又进了一大步。

第四步是18世纪60年代到19世纪的工业革命。建立科技化、工业化、都市化的现代文明,渐渐睥睨一切了。代表思想家是黑格尔。

这几个阶段,都是昂扬的、充满力量的,前进、前进、前进进!

前进到世界各地的西方文明,尝尽了甜头,故一直延续这个路向,政教分离、世俗化、理性化、工业化、商战、都市化、科技化,高举达尔文主义,进步再进步。

高涨的自信心,也使得民族主义爆棚,推动了国家权力的发展。英国、俄国、法国以及新独立的意大利、德意志纷纷进行殖民扩张,甚至巴尔干地区的新兴民族国家也加入抢夺帝国的行列,"新帝国主义"遂成为新民族主义的表现。中国遭受帝国主义之侵略,就在这个时候。

二

可是,《马太福音》说了:"人若赚得全世界,赔上自己的生命,有什么益处呢?人还能拿什么换生命呢?"在资本主义赚得盆满钵满、对外"我战则克"而贪得无厌之时,生命要回头看看自己了。

生命哲学乃于19世纪中期兴起。

他们反对黑格尔主义和自然主义,不满意启蒙运动以来所强调的"理性",不满因果决定论,更反对机械科学观以及现代都市生活方式。认为这些都是对个性、人格和自由的否定。他们要从"生命"出发去讲宇宙人生,用意志、情感和"实践"或"活动"来充实理性的作用。他们并不反对自然科学和理性,只是这些经验或知识不完整,必须提高意志、情感的地位,才能穷尽"生命"的本质。

这一路思想常被归入广义"非理性主义哲学"中去。是的,叔本华、尼采都质疑柏拉图、康德。尤其是尼采,强调"重估一切",反对启蒙运动所提倡的理性,颠覆了西方的道德思想和传统的价值,揭示了人类面临的精神危机。所以雅斯贝尔斯说尼采和克尔凯郭尔给西方哲学带来战栗。后来弗洛伊德、萨特、海德格尔、杰克·伦敦、福柯、德里达等都受他影响,迄今未已。

生命哲学则对胡塞尔和主张"信仰意志"的美国哲学家W.詹姆斯等人均有重要影响,存在主义也是。他们都发展了生命哲学的观点。

还有一支,是德国哲学家W.狄尔泰和R.C.奥伊肯等人的生命哲学。

18 世纪的史学，是启蒙主义式的，强调人类沿着一条直线（共同规律）进化。19 世纪不然，有许多人改由"有机体"的观念去看社会与文化，有它自身的"发展"而非都沿同样的直线（古代—中古—近代）进化。另有许多人则摒弃考证，不想做历史真相的科学重建，而是通过理解、同情和体验建立人文科学，如李凯尔特、狄尔泰、布克哈林等人。新康德主义者如 W. 文德尔班等人，也区分了自然科学与价值论（或文化哲学、精神科学）。

也就是说：沿用科学方法，不能处理生命问题。生命自有出路，要寻找到它自己的逻辑。

20 世纪初，德国杜里舒（Hans Driesch）的生机主义、法国柏格森（Henri Bergsom）的创化论，就是由此发展出来的，试图从生命的进化或生物学的立场，为生命哲学建立自然科学的基础，并说明生命是丰富的。

人类学，也出现了一个反对达尔文进化论的"传播学派"，认为文化是有机体，有其"文化圈"。人属于文化、产生于文化。

诸如此类，不必再细说了。总之，19 世纪后半期到 20 世纪前期，是欧洲思想剧烈变动的时期，延续启蒙运动而开出了新的、批判性的、反对现代社会及现代性的许多枝条，延伸到现在。

艺术上的现代艺术，也起于 19 世纪中叶。由此发展到 20 世纪中期，其谱系大概如此：

> 前印象主义 1820—1870；印象主义 1870—1890；后印象主义 1880—1906；塞尚 1839—1906；原始主义 1880—1930；野兽派 1905—1910；立体主义 1907—1914；未来主义 1909—1919；康定斯基／俄耳甫斯主义／青骑士 1910—1914；至上主义／构成主义 1915—1925；新造型主义 1917—1931；包豪斯 1919—1933；达达主义 1916—1924；超现实主义 1924—1945。

有人说弗洛伊德的精神分析学说和柏格森的直觉主义是现代艺术的理论基础，不一定！但在传统之外另开新局，非常明显。二人主要是想通过对启蒙运动以来的现代社会之批判与不满来探索生命（虽然后来可能因追逐形式而遗忘了生命）。

三

由于回头了，所以也重新认识了东方，或开始从东方寻找生命的出口。

20世纪初，欧美诗歌仍是"对济慈和华兹华斯模仿的模仿"，故庞德及英国诗人托马斯·休姆、理查德·奥尔丁顿等人要反对它。柏格森的直觉主义、生命哲学成为意象派的思想基础。写法则受日本俳句和中国古诗的影响。先是模仿学习日本俳句，后来发现俳句源于中国格律诗。在他们看来，中国诗是纯粹的意象组合，如画挂于眼前。庞德又看到了孔子和汉字的魔力，对此崇拜不已。

俄国也一样。最重要的女诗人阿赫玛托娃，也深喜中国诗，翻译了《离骚》和大量李白李商隐诗。

德国卫礼贤、福克等人，又把《易经》《道德经》《南华经》《论语》《孟子》《墨子》等都译成德文出版了，在知识分子中引起广泛兴趣。表现主义诗人对中国诗也很推崇。汉斯·贝特阁翻译的《中国笛》、奥托·豪赛翻译的《李太白诗选》、阿尔伯特·艾伦斯坦翻译的《黄色的歌》等广泛流传。马勒的交响曲《大地之歌》、艾斯勒《反战》清唱剧，也采用中国诗。元杂剧也很吸引他们。克拉邦德即曾翻译改编李行道的《灰阑记》。

说到戏，布莱希特（Bertolt Brecht）当然十分重要。大家都知道他曾受到梅兰芳的影响。

布莱希特把戏剧分为两大类型：一是亚里士多德式戏剧；一类是反亚里士多德式的。他想改革西方传统，所以取鉴于中国。

他之前就曾借助阿瑟·威利的英译本《中国诗歌170首》翻译了七首中国诗歌。翻译过程中，他对白居易"新乐府""秦中吟"这类抨击时弊的讽喻诗非常认同。他作的《战争课本》等节奏不规则的无韵抒情诗，也明显带有《道德经》《墨经》的风格。

他的剧本，在谋篇布局上普遍吸纳中国戏曲连缀式结构、自报家门、题目正名、楔子、歌唱等元素，还常常以中国戏曲作品为蓝本。如《例外与常规》套用张国宾《合汗衫》，《四川好人》用关汉卿《救风尘》，《高加索灰阑记》取材于元杂剧《包待制智勘灰阑记》（用了四次：一是《人就是人》的幕间剧《小象》，二是在丹麦作的《奥登西灰阑记》，三是在瑞典作的小说《奥格斯堡灰阑记》，四是流亡美国时作的《高加索灰阑记》）。戏中还常出现一些中国思想，如《易经》、孟子、庄子、墨子等，尤其喜欢墨子。

电影方面。20世纪电影艺术的革命性进展，是蒙太奇手法的运用，代表人物是苏联的爱森斯坦。

这种手法，来自他对汉字的理解。他曾经在著作中解释：汉字中的"口"和"犬"都是名词，各自有独立的含义，但是当把它们组合到一起时，便发生了质的变化，成了动词"吠"。把它们展现在银幕上，"口"和"犬"的特写镜头剪辑在一起，自然使观众悟到那儿有一只狗在叫。这就是蒙太奇。

他也喜爱中国戏，1930年他去美国好莱坞派拉蒙公司拍片子时，就从查理·卓别林那里了解到梅兰芳。1935年梅兰芳去苏联，苏联对外文化协会出版《梅兰芳和中国戏剧》来迎接他，内即收了爱森斯坦《梨园仙子》一文。

看了梅的演出后，爱森斯坦以莫斯科电影制片厂的名义，替他拍摄一部舞台记录片，剧目是《虹霓关》。拍摄手法，比梅兰芳在美国拍《刺虎》时还要复杂。爱森斯坦一并将自己新出版的《电影造型的原则》论文送给梅兰芳。

在这种中西方合流的气氛中，辜鸿铭介绍孔子"春秋大义"到欧洲，才能有这么高的名望。

四

然而，欧洲当时这种气氛或思路，并未感染到我国。

20世纪以来，我国知识分子的心灵仍震慑于18世纪到19世纪初的"欧洲现代文明"中，思想仍集中于达尔文、卢梭、康德、黑格尔、洛克，以理性、科学、民主、建国、现代化为目标。

所有反对这些的欧美思想，我们都很忽视，译介传述甚少，即使介绍进来，如美国白璧德的新人文主义，也会被骂出去。所以辜鸿铭这类当时真正能理解欧洲的人，在我们这里才会被看成怪物、老顽固。梁启超去欧洲考察而写的《欧游心影录》则被认为是他保守退步了。

与五四新文化运动阵营不同调的"学衡派"以及梁实秋、梅光迪、吴宓等都曾受教白璧德门下，深受其影响。在教育方面，白璧德新人文主义是干什么的？不就是反对德国形成的现代专技化大学工厂吗？可是我们就硬是学德国和"脱亚入欧"的日本，结果学成今天这个样，学生只会考试，不知自己是谁。

卡西勒、李凯尔特、狄尔泰、布克哈林讲的人文科学之逻辑，也没人理会。文史研究界，到现在还在考据、写论文、还原历史真相、把自然科学方法普遍扣在人文及社会学上。

表现对现代社会不满的西方现代艺术与诗歌，在中国更被称赞为是可以反传统、突破传统，可以表现现代人的生活与意识，有助于现代化。

整体来说，我们拥抱现代社会。那些质疑、批判、反对现代的非理性思潮、生命哲学、人文主义、宗教、诗性与感性都是要排斥的。

当年"科学与人生观"论战时，丁文江曾指出："张君劢的人生观，一部分是从玄学大家柏格森化出来的"，"西洋的玄学鬼到了中国，又联合了陆象山、王阳明、陈白沙高谈心性的一班朋友的魂灵，一齐钻进了张君劢的'我'里面。"

把讲生命哲学、人生观的人污名化，恶称为"玄学鬼"的胡适、丁文江等人，表现出的是科学吗？不是，是科学主义！

科学主义认为科学是唯一的知识、科学方法是获取知识的唯一正确方法。哲学、艺术、历史、宗教、道德和社会科学，要么应被同化为科学，要么将被排除，不存在也不该存在。这种谬论，正是打着科学旗号的伪科学。

可是，这种科学主义的态度，从"五四"以来，一直是我们社会的主流意识。

他们不知道19世纪后半叶以来，西方思想已有很大进展，故仍在康德、洛克、孟德斯鸠、黑格尔那里摸索；仍死抱着机械论、科学主义，自以为进步，整天骂别人是玄学，而其实早已落伍了。

五

现在，我不是要大家回头去学西方19世纪后期发展出来的那些生命哲学。只是，哲学即哲学史。从哲学的历史发展中，我们可以看到思想如何运动、人在面临现代化之癌时，其思考自救的方向。

西方哲学，由形而上学时代，转到知识论时代，到19世纪、20世纪之间，许多人说有一个语言学的转向。其实不是的，是转向生命的探索。早期从语言讲生命，后来渐渐讲生命自身的经验、体验、精神、爱与美，然后再讲生活世界的生命。

这时，哲学才不是形而上学的空想，不是知识论的架构、语言学的声响，而是真实的生活。

疾疫的世界、灾难中的生命，尤其值得珍摄。体而验之，验之以体，故无虚妄、无有恐怖，远离一切颠倒梦想。

垂头丧气的近代思想史？

一、晦暗不明的近代思想史

牟宗三在《中国哲学十九讲》中，以沉痛的语气作结，说："我们这个课程只讲到这里。明亡以后，经过乾嘉年间，一直到民国以来的思潮，处处令人丧气，因为中国哲学早已消失了。"劳思光的《中国哲学史》，也同样只写到戴震而已。

他们都认为近代思想没什么可谈的，不是诋之为浅薄，便是叹其为消亡。

这样的论断，如果是专就"哲学"来说，认定了乾嘉以后考证的学风，以及各种文艺思潮的发展，皆非针对"哲学问题"的讨论，因而略去不述，犹有可说。无奈实情并非如是。例如在劳思光的书中，第三卷第一章论唐末思想之趋势，便讨论了道教内丹派兴盛的问题。若按此例，清末佛教之复兴、道门善堂之普及，皆为哲学史上的大事，何以竟不齿提及？可见值不值得讨论，并非一客观的论断，而是这些研究者对近代思潮特具偏见。

这些偏见，亦非某几个人特别的看法，因为这多半是历史条件造成的。

从"五四"运动以后，反传统、讲新文化、提倡全盘西化的人，固然对中国传统学问嗤之以鼻，毫无理解，也不想去理解，对近代思潮的发展,更不会寄予关切。反省新文化运动的人,则又因看到了"五四"提倡民主与科学的结果,徒然造成了科学主义和民粹,而愤激哀伤不已。

盖科学与科学方法,超越了它的理性限度,成为普遍且唯一的方法之后,科学就变成了宗教。凡不能经由科学方法检验而获知的,都被认为不是真理。这种科学方法,提倡者深受外国思潮的影响,但却号称那就是乾嘉朴学所使用的方法。因此,反对者便对乾嘉朴学深恶痛绝,觉得正是乾嘉这种学风,造成中国传统学问的"堕落"或"扭曲"。如劳思光就说:"乾嘉学人每以精细之训诂开始,而以极幼稚粗陋之理论了解为终结。此是乾嘉学风之根本病痛所在。……乾嘉学风本身原是一'以史学代替哲学'之潮流,基本上自属谬误。……其病在于不能真正了解哲学问题。"

"五四"新文化运动以后,反省者对西化深感忧虑,希望能发展以中国为本位的文化。这种文化悲情,当然也使得他们对清朝统治下的学术深怀痛伤。因此,他们认为那种考证之学,若不是清朝统治者为了羁勒人心,使人废聪明于无用之地,而故意提倡起来的;就是汉族的才人志士,在无可奈何的高压统治之下,聊遣有生之涯,用以全身远祸的办法(以民族主义立场解释清代学术发展,是清末民初常见的办法。但抨击乾嘉,却是道咸以后风气,如方东树、魏源都是。晚清朴学复兴,章太炎为乾嘉之学平反,则谓戴东原等人确实如魏源所谓:"锢天下知慧为无用。"东原等人"教之汉学,绝其恢谲异谋,使废则中权,出则朝隐"。其后胡适又正面推崇乾嘉考证,誉为科学方法。反对"五四"运动之文化主张者,遂重新从民族主义等立场来批判汉学)。

而对这样的学术与思潮,除了哀矜与愤懑,还有什么好说的呢?存在感受与人的历史理解,往往是结合为一的。对时代的伤痛与愤激,使得这些论者反科学主义、反异族化、反汉学、不忍言近代学术思想之发展。

但这只是原因之一部分。近代思想史之所以常被人轻视,也有它本身的问题。

因为整个近代思想,跟古代比,就似乎颇有逊色;与西方近代思想比起来,也好像要差了些。

在顾炎武、黄宗羲、王船山之后，我们已不容易再找到能与程朱、陆王或董仲舒、刘向等人相提并论的名字。而18世纪的戴震、章学诚，勉强和卢梭《民约论》、亚当·斯密《国富论》、休谟《人性论》、康德的三大批判等相周旋，看起来就有点吃力了。19世纪西方出现一些大师，如黑格尔、马克思、达尔文、斯宾塞、孔德等，我们又能找出什么样的人物来与之对应呢？20世纪以后，胡适、陈独秀、鲁迅等人，能跟海德格尔、胡塞尔、沙特、罗素、弗洛伊德、怀特海等人比吗？

这样的比较是极残酷的，而且它印合了我们一般人的印象：中国在明末清初时并不比西方差，可是因为在政治上亡了国，故文化精神无法开展，乾嘉以后的学术又斫伤了思想上的创造力，保不住中国文化的血脉，致使国力及学术都远远落在西方后面，遭受了史所未有的屈辱。

这种内容不甚高明的思想发展史，有何值得研讨之处？

二、难以掌握的近代思想史

不过，有些时候，人们所能看到的，只是他想看的东西或能看的东西。我们看不出近代思想史有什么值得研究之处，有没有可能正是因为依现有的诠释眼光，无法掌握此一时代之复杂面貌呢？

我们说乾嘉以后的思潮，"处处令人丧气"。可是当年谭嗣同却认为："千年暗室付喧豗，汪魏龚王始是才。"汪中、魏源、龚自珍、王闿运，被谭嗣同认为是超越宋元明的人物？这与我们现在的评价岂非相去甚远？

再看沈曾植的例子。1913年俄国哲学名家卡伊萨林来中国，曾会见了沈氏，并撰《中国大儒沈子培》一文，说"沈氏实中国之完人，孔子所谓君子儒也"，"蕴藉渊雅，得未曾有。其言动无不协于礼义，待人接物，过化存神。彼深知中国之情形无论矣，即于国外亦洞悉其情伪"。这是外国人的品题。中国学者如王国维也推崇说："其视经史为独立之学，而为探其奥窔、拓其区宇，不让乾嘉诸先生。至于综览百家，旁及二氏，一以治经史之法治之，则又为自来学者所未及。……使后世之学术变而不失其正鹄

者,其必由先生之道矣。"(《沈乙庵先生七十寿序》)

然而,像沈曾植这样的人物,我们论近代思想史时对他又何尝有什么讨论?因此,近代思想史之乏善可陈,会不会是由于我们对这个时代太过无知?会不会是因为我们对它根本无力掌握?

例如杨儒宾便曾质疑:在新儒家如牟宗三的思想体系中,作为儒学传统根源的五经,几乎没有任何独立的地位。而整个乾嘉学术或晚清思潮,却是环绕着经学而展开的。以新儒家的思路,如何叩探这个时期的思想底蕴呢?

这样的困难,并非只有新儒家才会碰到。事实上,依现今学术分科及一般学者的治学范围、能力看,恐怕都有无法掌握近代思想家与思潮发展之苦。

像常州派,影响深远、治学规模宏大,龚定庵《常州高才篇》谓此派学者:"易家人人本虞氏,毖纬户户知何休。声音文字各奥窔,大抵钟鼎供冥搜。学徒不屑谈孔贾,文体不甚宗韩欧。人人妙擅小乐府,尔雅哀怨声能遒。近今算学乃大盛,泰西客到攻如仇。……"说这一派学者人人都通经学,特别是虞氏易、公羊春秋;对声音、文字、训诂、金石考古也很擅长;又能作文章。文章不太学唐宋八大家,兼融骈散,下开阳湖派,足与桐城派分庭抗礼。更擅长填词,自张惠言起,即创有常州词派,名家辈出,可与两宋争辉。至于天文历算之学,亦此派学者之所长,绍述发扬古法,不采清初已渐流行的西方历算之学。

这些,在常州派来说,是每个人都综合地懂得的。但试问:现在的学者,谁有这样的才情气魄,足以兼通经史小学金石诗文词及历算,等等,笼罩圈有此派学问而予以衡论其高下?

我们现在的学术分科,如哲学系,可能可以讨论此派学人论《易》与《春秋》之看法;历史系,可能可以谈谈此派兴起之原因及其与学术史之关联;文学系,可以研究他们的诗、文、词及理论。但没有一个学系能综合地描述并探究此派,因为根本无此学术规模。

我们至多只能将它拆解来讲。然而,七宝楼台,拆解下来,不成片段。

论常州词派者,述其比兴寄托之义,乃不知其说正与该派之论《易》《春秋》有关,复不知此与其政论亦有关(如周济,编过《四家词》,然其人善于言兵)。研究该派之公羊学的人,又多半不懂诗文金石小学及词。论这样的学派,怎能论得好?每一片段,拆开来看,都觉得没什么了不得;其实正是因为我们根本无法观其全体、得其大要,遂觉大海沧波,转不如一掬之水清莹可喜也。

论一学派如此,论一位思想家亦然。如龚定庵自己,学问就极淹雅。后来江标曾榜其书房曰"龚学斋",可以想见其一斑。他是段玉裁的外孙,声音文字训诂一道,得诸家学,自极淹通。又从阮元、刘逢禄游,论经学亦颇道地,集中如《六经正名答问》五篇、《五经大义终始论》九篇、《春秋决事比答问》五篇、《大誓答问》廿六篇,等等,俱见功力,非一般文士者流。

至其史学,不仅有《尊史》篇,又有《古史钩沉论》等;且深于校雠掌故之学,创立《徽州府志氏族表》,又熟于内阁故事及当代典制。是继章学诚之后,史学向清末民初过渡的重要中介者。

于诸子学,则他喜欢老子,撰《老子纲目》,反对分上下经、分章;阐扬告子;又标举列子及司马法等,影响反传统思潮甚大,亦为诸子学复兴之先声。

金石之学,则有《镜苑》二卷、《瓦韵》一卷、《汉官印拾遗》一卷、《泉文记》一卷、《自晋迄隋石刻文录》、《汉器文录》等,又欲撰《金石通考》五十四卷,后成《吉金款识》十二卷。

佛学方面,主张以天台宗修净土法,正佛经译文之误,辨廿三祖、廿七祖之异同,论述甚多,于晚清佛教之复兴,关系亦极大。

又《尊侠》《尊隐》;收藏书画,讨论艺文,擅长诗、文、词;兼治中外关系史,撰《蒙古图志》,对青海、西藏史地亦有研究,号称"天地东西南北之学"……

现代研究者面对这样的学人,许多地方根本不具备相当的常识(更不用说知识了），要如何去讨论他？一概诋之为浅薄、令人丧气，摒去不观，方便倒是方便极了，无奈其为不懂何！

三、复杂变异的近代思想史

事实上，复杂、庞大，正是近代思想史的特色。任何想用简单概念或架构予以处理的办法，都不切实际。

在历史上，我们很难看到一个时代，像这样浩博庞杂。学人的精神气力，喷薄四射到文化的每一个角落中去，而又能综摄包举之。堂庑特大，格局开阔。这个时代中，稍稍著名一点的学者，就不可能株守一先生之言，规行矩步，回旋进退于某一个小角落小地盘小空间小格局上，以专家狭士自居。若求比拟，近乎先秦诸子。

先秦诸子的创造，历经二三千年，似乎正在努力想要再来一次伟大而痛苦的突破。

西方也是如此。尼采以来，西欧文化传统不断发出了破坏一切原有价值，并重估一切价值的呼喊。神学革命、社会改革、现代艺术狂潮、世俗化之推进等，引发了各个文化领域中空前的不安与骚动。西方文明的几根重要支柱，都出现了巨大的裂痕。

例如以相对论和量子力学为核心的物理学革命，以及非欧氏几何、逻辑悖论的出现，科学的信仰地位已受到强而有力的挑战。"具普遍必然性的科学是如何可能"的问题，业已取消，转换成问"是否可能"了。曾经秩序井然的世界图像，亦面目全非。与科学有同等地位的理性，也受到质疑，划时代的弗洛伊德精神分析，开创了对人类非理性世界的探索，且波澜壮阔，发展成本世纪的非理性主义洪流。

面对这样一种逆反传统的走势，在艺术中表现得最为明显了。现代艺术在20世纪初异军突起。

美术中的立体派、未来派、野兽派、达达派、抽象派、超现实主义……纷至沓来。梵高、高更、毕加索、康定斯基，这些叛逆者另辟蹊径，各领风骚，怪象环生，把令人尊敬的传统弃置一旁。

音乐中的印象派、象征派、表现主义乃至无调性音乐、随意音乐、微音音乐、噪声音乐如野马咆哮。德彪西、勋伯格、斯特拉文斯基等人，使音乐的和谐美被一阵无章可循的放肆喧嚣冲刷以去。

文学中的意识流、象征派、表现主义、未来派、荒诞派、超现实主义、新小说、黑色幽默八面袭来。乔伊斯、卡夫卡等人也突破了从荷马到托尔斯泰的樊篱。

在这些领域中，从再现到表现，从具象到抽象，从外界到内心，从理智到荒诞，是20世纪初最常展示的标签。

这就是20世纪初西方哲学生存的基本文化氛围。它与哲学互为因果，息息相关。鉴于此，西方哲学染上上述"时代病"也是顺理成章的。事实上，19、20世纪之交，西方哲学传统正面临堪与"笛卡尔和康德的转折"相并列的近代第三次大转折，在某些方面，甚至比前两次更为彻底。前两次是顺着传统在走，现在则掀动了整个文化方向与内容。其特征，正在于：否定。

浏览当代西方哲学流派，不难发现一个并非巧合的现象，即20世纪哲学各流派或学说的称谓之前常被冠以一种否定性的限制词，如"反""非""否""拒斥""破""无"，等等。该现象值得细细深究。

兹举几例。"拒斥形而上学"是20世纪上半叶西方哲学中最负盛名的口号之一，曾经在分析哲学中形成狂飙突进式的大潮，以全面否定整个西方哲学传统的激进姿态载入史册。

在被分析哲学家斥为形而上学家的欧陆哲学家中，如海德格尔，也从根本上反省自古希腊开源的形而上学传统，也在自己所规定的意义上消解形而上学。

海德格尔认为：自古典世界至尼采的全部西方哲学的形而上学结构必须彻底摆脱，因为这些形而上学的探究毫无意义。而摆脱形而上学结构的途径，就是把本体论的探讨与形而上学分离开。

可见，虽然分析哲学与欧陆哲学相去甚远，然而在反省西方传统的形而上学方面,却同样彻底。

"非理性主义",作为20世纪最为泛化、渗透文化领域最广的哲学思潮,远在叔本华哲学中就隐然萌动了。至弗洛伊德,一举摧毁了所谓高踞于意识之上的客观精神和理性的谎言,揭橥了一场对传统理性的浩大讨伐。

以发掘弗洛伊德主义而获得灵感的马尔库塞认为:"在黑格尔以后,西方哲学的主流枯竭了。统治的逻各斯建立了它的体系之后,余下的便是扫尾工作了:哲学只是作为学术机构中的一种特殊的(但不是特别重要的)功能而得以幸存。……这个变化,用形而上学的语言来表达,就是指存在的本质不再被看作逻各斯。"

反逻各斯中心的非理性主义大张旗鼓,从而使20世纪几乎在每一学术领域都能瞥见它活跃的影子,甚至历来被标榜为正宗理性典范的自然科学,也被发掘出了非理性的成分,库恩、费耶阿本德等人的科学哲学都是如此。这是对启蒙运动以来理性崇拜的反省,也是对唯科学主义的反省。

表现于科学哲学中的反归纳主义(以波普、库恩、费耶阿本德等人为代表),重申并深化休谟的论证,断言归纳的不可能性,强调由经验所获知识的非确定性和非绝对性,强调科学的假设性、约定性和可错性。

而波普的否证主义,更进一步化解了对科学作肯定性和静态理解的实证论神话,把对未来无穷多可能性的开放视为科学的根本命运,把不断的否认和批判看作科学存在和发展的基本模式。

总之,对于追究本质、基础、深层,具有历史客观主义倾向的思想,在近代都普遍受到抨击。西方近代思潮,是要彻底与内/外、深层/表层、本质/现象等传统学术模式决裂。对于西方文化,虽未必人人都发出如斯宾格勒《西方的没落》那样的哀叹,实质意义却无太大差异。对古希腊及希伯来文化传统,他们正不断思想地定着。

与此否定同时显示的,就是变迁。整个社会变革之迅速,为前史所未有,哲学思潮之兴衰起伏,亦复如之。有人戏言,现代哲学,是个无固定主角的舞台,每位哲学家顶多只能占据其中心五分钟,随即就要被撵下台，让新主角粉墨登场，继领风骚。这话一点也不夸张。

构成这种否定与变迁的原因，甚为复杂。但其中值得注意的原因之一，就是：所谓西方文化，并非一整体的、系统的文化，其内部实有许多异质性的因素，而这些因素，在近代，正在分解、重组。因此，这个时期所表现的，并非理已直、气已壮地批判质疑旧的系统架构，而是充满了矛盾、复杂、变异、纠缠、混乱的反省精神，狂热而又痛苦、冷静而又急切，谁都找不到答案，谁都认为已握有开启明日世界的钥匙。

这类似世纪末的心态，却孕育着新文化临产的期待。

与此一发展同时在进行着的，便是东方中国的变革。反传统的狂潮、对中国文化业已没落死亡的诅咒，与西方并无二致。放在一个大的世界史格局中看，我们就知道：近代中国的苦难，近代中国思想史上的矛盾、复杂、变异、纠缠以及紊乱，亦是整个文化传统面临统合、再造、转化、异变时的表现，而非只肇因于中西文化冲突后中国文化挫败的反应。

全世界都处在一个新时机，都在思索文化的出路，寻找突破点。

正因为如此，我们对近代思想之发展，便应特别注意。不仅因为它关联着我们现在的处境与问题，更因它深切关系着我们未来的命运。在时代与问题都改变了的今天，如新儒家那样，只谈康德，恐怕是无济于事了。

梅洛－庞蒂的说法如此优雅

近代中国人都活在一种"反传统情境"中，用来批判我们传统的则是"西方"。

可是我们没有历史性思维，常忘记了我们说的西方，往往只是"近代西方"。

把近代西方当成"自古希腊以来一脉相承的西方文明"，实在是天大的笑话。可是我们热衷改造中国的先生们，却常缺乏常识，以致带来了无数误解，葛藤绕颈，呼吸困难。

他们努力反传统，却不知西方近代才真是经历了一场深刻的反传统运动，而变成近代西方这个样。工业革命、法国大革命、资本主义崛起、女权运动、解放奴隶、打倒神权、科学主义，等等，带来的政治、经济、社会层面的断裂，导致西方近代思想与艺术迥异于中古。

站在西方近代这个视域看中国，他们也就把古代中国想象如西方之奴隶、封建时代那般，对之批判、革命起来了。

这些时代错置、认识不清的毛病太多了，本文无法讨论。此处要谈的，是这种西方古今之变中，其实还是可以找到许多中西方文化可以融通的点，值得注意。因为，从哲学看，西方近代哲学跟上古、中古截然不同，故对其传统有许多修正或革新意见，而这些意见往往就有和中国古代合拍的。

一，重视知觉体验与气类感通，例如西方比较重视知识、逻辑、理性，中国较重视知觉体验与气类感通，是大家都知道的。

由于较重视知觉体验与气类感通，故中国人讲"体"时，常就心的活动讲，不像西方多从身体、形体、肉体上讲。

　　如体察、体验、体认、体证、体悟、体贴、体会等词均是就心的活动说的。这些词，在中国哲学或中国人的理解活动中又都极重要。不重视这些语词或不懂，就不可能懂得中国哲学、不可能理解中国人。

　　体会、体验、体贴、体察……，都是以体验之、而又验之于体的行为，得之于整个身心，故与仅赖知识性的认知活动并不相同。认知性的理解及依此方法建立的（西方）认识论，只依据理性与知识。但人类百分之五十以上的沟通，是靠肢体语言、面部表情、声调语态等传递的，非单凭"认识"即能了解。

　　其次，认识论所说的认识或认知，也非视觉问题。我们常把认识性质的东西称为"耳目闻见之知"，但事实上，视觉、听觉的觉，重点正在"觉"。这个觉，乃是与味觉、触觉以及心里的各种悲、喜、愉、戚诸感觉相联相贯的。耳目之见之知，其实是这一种。而（西方）认识论层次所涉及者则不然，它只是理性的构作，以命题或字词之定义与编组来认识世界，再以此为知识，令人记诵、熟悉罢了。故彼是认知而非知觉。

　　三，体察体会，乃是用心进入对象之内的理解，非客观认识，而是在主客交融状态中达成理解。因此《朱子语类》载："问：物有未体，则心为有外。此体字是体察之体否？曰：须认得如何唤做体察。今官司文书行移，所谓体量究是这样体字。或曰：是将自家这身入那事物里面去体认否？曰：然。"又"问：物有未体，则心为有外。体之义如何？曰：此是置心在物中，究见其理"。

　　再者，以认识、知识为主的哲学，不但会贬抑知觉、漠视知觉，更须有一种特别的身体观：它一方面把人体看成是客观时间和外在世界中一个物事，因此可以客观研究，讨论其体骸以及心理机能、知觉现象；另一方面把人与其他物事分开来，认为人体与其他物体之不同，在于人有意识、有理性，因此可以从意识来理解人的存在。换言之，身体有两个，一是在时空中具体存在之物，一是以思维认知世界之我。

在西方哲学中，直到梅洛－庞蒂（Maurice Merleau-Ponty）《知觉现象学》才对此提出批评，反对笛卡尔主义"我思故我在"式的身体观与西方传统偏见，强调体验之重要。反对主客分离分立，主张心与体合一。

这种合一，是互相蕴含、互相穿透的。

"我"与他人与世界的关系则是体验。用孟子的话说，叫作"他人有心，余忖度之"。内在地与他人、世界建立联系，而非客观认知分析。透过这样去体验一切物事，其体验即为人之心理内容。我之所以为"我"，也就是我所体验者。用我的话讲，就是：以体验之，验之于体。在通于人我的同时，体证于己，而又成就于己。

梅洛－庞蒂说："在理智主义看来，反省就是远离及客观化感觉，使一个能看见这种分离和令此分离存在的空洞主体出现于感觉之前。"因此他一方面批判反省；另一方面要指出新的思路，认为今后只有体验之法才能真正令人重获知觉。

他又说：只有用体验的方法，意识与世界才没有距离。在知觉中，我们不思考物体，也不认为自己是有思维能力的人，我们属于物体，我们与身体融合在一起。这时，人就是一个"共通的感觉体"，由体验可体验到主体的统一性和客体的感觉间统一性。

这个讲法更接近中国哲学。《易经》的咸卦，就是由身体间的感通、主体的统一性，讲到男女、阴阳、万物之感通。后世论"仁"、论"万物与我为一"，亦皆是如此。故咸之象曰："圣人感人心而天下和平，观其所感，而天地万物之情可见矣。"咸卦以脚趾、小腿肚、大腿股、背上肉、脸上肉、口舌来象喻天地万物，则又是梅洛－庞蒂所说："把身体的各部分当作世界的一般象征来使用。"

为什么要借用梅洛－庞蒂来解释我国身心合一的身体观和强调体验感通的哲学呢？因梅洛－庞蒂之说正是针对西方传统的反思。

中西方身体观颇为不同，当梅洛－庞蒂批判西方传统，欲求改革时，自然会与中国思想颇有合辙之处。

但其思想终究仍有与中国不同之处。首先，他所说的身体，无论如何说身心合一,仍是偏于身体一边的。讲知觉,也只是感官的知觉。中国人讲心,却不止是感官的作用;我们讲体会体验亦不只是知觉。

其次,他从"知觉场"论知觉,故其身体是在这个"场"中的。在时间、空间、上下、深度、运动、自然世界、人的世界以及主观空间之中。这样的场,仍是具体的、有时空坐标的。中国人讲体验体会体贴或感通,则不如此讲,而是由气类说。

如咸之象曰:"咸,感也。柔上而刚下,二气感应以相与,止而悦。"有时同声相应、同类相求,虽时地暌隔,犹能千古遥契,莫逆于心,此时这个场就会"其大无外";有时验之于心,说某某义理"是自家体贴来的",自得通感。此时所谓场,便又"其小无内"。故实亦无场可说,乃是气之流转、类之感通。

气,既在体与体之间,又在身体之内。身体内部,除了血肉骨骸脏腑等西方人也讲的器官之外,中国人特别讲气,又由气血之运行而讲经脉。号称黄帝所传之医书《黄帝内经》,即言经络。此书虽晚出,但应保留了若干上古遗说。近年出土简帛也证明了战国时期已有经络之书与授受传承。我们若再考虑到古人用针用砭石的时代之早,就更可知道这些经络血气之说绝对是渊源有自的。

后世,血脉气脉又常被转用为道的传授、父祖以来的血缘、事物的关键,甚至于文脉的意思。

从"臣此一札正与前札血脉贯通"(彭龟年《止堂集》卷二,《乞复祖宗旧制重经筵亲儒士置夜直之员疏》)的用例可以看出,"血脉"又用来指复数事物之间的内容的一贯性。中国人讲读书、讲理解也都非常强调它,如:"经书正须要读,如史书要见事变之血脉,不可不熟。"(《朱子语类》卷119)"大抵某之解经,只是顺圣贤语意,看其血脉贯通处,为之解释。不敢自以己意说道理也。"(同上,卷52)"凡传文杂引经传,若无统纪。然文理接续,血脉贯通,深浅始终,至为精密。熟读详味,久当见之。"(《大学或问》经一章)血脉即是气脉,故朱子又云:"子孙这身在此,祖宗之气便在此,他是有个血脉贯通。"(《朱子语类》卷三)就气说脉,甚为明显。

也就是说，以气言体，恐怕是非常古老的传统，后世不只医学、不只言人体，在其他领域讲体，大抵也保留了这样的传统。

例如中国古代文学史上第一篇文学批评论著《典论·论文》就说文学创作，"引气不齐，虽在父兄，不可以移子弟"，又说"文之清浊有体"，创作是气的作用，而文体则为清浊之气的显现。这就是以气言体的。现在汉语中指化学意义的气，仍习惯将气与体联结成"气体"一词。适可证明中国人观念中气与体是复合互训之词，气即是体，体即是气。气结为体，气散则亡，归体太虚矣。

西方思想要走到（梅洛-庞蒂等人所认为的）中国这条道路上，当然还很费劲。但或许也没必要，因为西方不论如何改变，它旧的底子，终究还是与中国不同，所以应该发展成另一种形态的知觉现象学，与中国这种形态笙竽相和、沆瀣相与才是。

反倒是中国人自己，在学西方的过程中，失其故步。奉笛卡尔主义"我思故我在"式的身体观与西方传统偏见为圭臬，以理智主义及客观化为标准，避讳讲体验体会体贴或感通，才是落伍可羞的事呢！

西方的情欲结合不良问题

"东海西海,心理攸同;南学北学,道术未裂"为钱锺书先生之名言,他也努力想证明这一点。然而,通人之弊,吾所惜之。因为中西文化有许许多多不同是明摆着的呀!

现在就要说一个"东海西海,心理攸同"的点,而这点是极为关键的:讲"窈窕淑女,君子好逑"的中国,和"女人必恋慕你丈夫,你丈夫必管辖你"的希伯来文化,恰好大相径庭。

同样,中国虽祖先神都是男性,但男性意识并未弥漫延伸于整体生活领域,在思维中仍维持着两性架构及性别意识;西方则由男性上帝下贯至整个思维,排除了另一性。

性,是我们理解某个哲学传统时必须考虑的一个维度;在哲学思维中有没有性别的意识,会深刻影响其特点与走向。

一

古希腊哲学一开始就寻求万物的本源。但他们所提出的水、气、火,都是单一者。赫拉克利特的"火"虽包含"对立而又同一"的原则,讲双方通过斗争达成和谐。但这并不就是性别的关系。因为对立面之间没有相互交媾而发生之意,杀伐之意甚重。

毕达哥拉斯学派则明确提出"对立是本源",而且在他们列举的十对本源中有"雄性/雌性"这个对子,很有思想启发力。然这种对立以"数是本源"为前提,也就是以"一/多""奇数/偶数""直线/曲线"为前提。而且,这些对子之间不是"相交而发生"的关系,而是一侧(左侧)从根本上就压倒和高于另一侧(右侧)。

比如"一"就从根本上高于"多",因为"一"被视为众数之源,一个奇数加上一就成一个偶数,再加一又变成奇数,等等。所以在这十个对子中,才会出现了"善/恶""光明/黑暗"这些在当时人的价值判断中明显偏于一边的对子。这就使其中的"雄性/雌性"关系成为对立压迫式或源与流式的,不是相济相生。

甚且,西方古代形而上学,连这样的"对立本源"也不能容忍。继毕达哥拉斯之后,巴门尼德认为只有"一"代表的"存在"才是真实的,"因为存在是存在的,而非存在乃是不存在的"。以这种独一的、"思想与存在同一"的方式提出的存在问题,以及由此而建立的存有论(本体论)成了后来西方传统哲学的核心。

柏拉图与亚里士多德试图松动这个"存在只是一"和"运动不可能"的僵硬状态,以某种方式再引入"多"。

柏拉图认为作为每一类事物范型或本质的"理型"是实在的,亚里士多德则说作为个体的"实体"是实在的。但由于他们都受巴门尼德思路影响,所以理型和实体尽管有多个,但其本身仍然是"不变的一"。就是亚里士多德讲的"个体",其真实性也是来自"形式",而最高的、最实在的形式是不变的唯一者或神。

因此,理型或实体本身没有内在差异和相交相生的可能。理型与事物,是原本与残缺副本的关系;实体与属性,则是不变者与寄居者、本质的规定者与偶然获得者的关系。这种不成双配对的关系,不可能是性别的关系。

到了近代,笛卡尔提出"主体(我思)"原则,"人"在最根本处出现了。但这仍是一个抽象的、纯思维或纯认知的人。在唯理论那里只有思维着的大脑,在经验论那里则加上了感官,以线性方式与大脑相接。

康德之后的德国古典哲学,对立统一的辩证法出现了。但这种"对立"的根基仍是主体与客体、一与多的对立,主体与一,仍控制着整个局面。客体是被主体设立的、是由主体异化出来的对立面,以便让主体在克服或扬弃客体时深化和丰富自身,最后达到"绝对"的认识与存在。

因此,辩证的对立面之间,就如同毕达哥拉斯的一与多、光明与黑暗,无真实性别和性交可言,只有概念的辩证发展。

因此综括来说,整个西方传统哲学,从巴门尼德到黑格尔,都是无性或无性生活的。

从尼采开始,西方当代哲学才逐渐有了某种身体感与性感。几经周折,最后才在法国现象学与结构主义者那里初露端倪。梅洛-庞蒂提出了"身体场"之观念,关注到性感的源头、表现和缺失方式。而福柯则关注性与权力之问题。弗洛伊德以性压仰为基础的精神分析理论也因此而具有哲学意义。生态伦理学中也有性别的隐喻(比如自然母亲)。至于女性主义哲学,更是以谈性别(gender difference)的含义、批判传统西方哲学歧视女性的历史与现状为职志。

换言之,西方传统哲学的核心部分(存在论与认识论)无性别意识,只有在当代西方哲学中,这种意识才正在觉醒。

二

西方慢慢转到这条路上来的"路",才比较接近中国传统思想。中国传统的主流哲理思想是有鲜明性别意识的。

比如中国看重相对相济的动态生成关系,并重视这关系所生成的世代结构,也就是家庭、家族、民族与文化的长久延续;也善于领会活的生存境域中的时机,认为人的互动互感是获得真知的最有效手段,而非逻辑与科学。西方传统哲学正好相反。

《易》中之卦象,都由相互对比区别的两个爻象,即—和--构成。卦象,不是一般几何图形,乃是有两性含义的"象"。

它们没有实体化的中心、硬核和基础(两爻内在互需,自身无表现意义),靠连断、位置、次序、反正、变换循环等来构成关系和意义。

而且,至少从殷商之际开始,纯阳卦和纯阴卦就被称为干与坤,并相应地有一系列对应的性质,比如"天/地""龙/牝马",等等。对子中的任何一方都是绝对必要的,在构成意义上是"彼此"的,谁也不比谁在本性上更优越、更真实。任何"实体/属性""存在/非存在""本质/现象""形式/质料""主体/客体"之分,在这里都是无意义的。

清初大儒王船山曾把这一特点概括为一个术语:乾坤并建。大哉乾元、至哉坤元,乃是二元一体论。

因为在易象的结构中,任何意义都要靠爻象双方的相对相生、交错往来而构成。两种爻象的相互区别和相互需要是内在的。故两爻象之间的关系不同于任何一种观念与观念之间、概念与概念之间的逻辑关系、物与物之间的因果关系、主体与主体的关系、主体与客体的关系,等等,所以才更近于两性之间的关系。

由于易象有性别含义的这些特性,历代解《易》者基本就是看阴阳爻有无交感呼应。有则吉通,无则悔吝。

吴汝纶在《易说》总结云:《易》中凡阳爻之行,遇阴爻则通,遇阳爻则受阻。尚秉和也指出这是"全《易》之精髓"。也就是说,后世解《易》者们都认为:从易象上讲,阴阳爻相交的卦爻辞偏于吉亨,反之则多为悔吝。

"阳遇阴则通,阳遇阳则阻",意味着异性相交相和而感生变化,可生出新的可能,故而可通达吉亨;反之,只阴阳爻不交,同性相遇,即无新的可能出现,则危殆了。

此所以《庄子·天下》曰:"《易》以道阴阳。"阴阳,在《易》或整个古代中文语境中的变体极其丰富,日月、明暗、天地、上下、左右、冷热、进退、往来、春秋、山水、动静、生死、兴衰,等等,无处不有阴阳,亦几乎无物不有阴阳。

孔子虽未道阴阳,但不仅曾在《论语·述而》中说要"五十以学《易》",孔子在《论语》中表现出来的思想方式也与易象的"阴阳相分不相离，相对以相生"的含义相符。且孔子极重《诗》教，称"《关雎》乐而不淫"，主张"《诗》可以兴"，等等，都表现出他不离阴阳男女之生动情境而言礼求仁。

由此，我们可以说：与西方传统哲学的主流形态不同，中国古代哲理思想之主流是有性别可言的。《系辞下传》一段话就直接表达出这个特性："天地絪缊，万物化醇；男女媾精，万物化生。"

三

此即所谓"人伦肇端于夫妇"。是要推夫妇之理以及于宇宙人生、国家社会。

也许这是上古生殖崇拜遗留或转换的遗迹，被保留在这些古老的典籍里，或许这根本就是儒家有意选择并保存这类文献。而且在《十翼》的说解中，处处坐实了男女之事的解释，可以证明它是有意如此解说，而其说义方式亦正与《中庸》《大学》相符。

《大学》说："诗云：桃之夭夭，其叶蓁蓁，之子于归，宜其家人。宜其家人，而后可以教国人。"《中庸》说："君子之道，譬如行远必自迩，譬如登高必自卑。诗曰：妻子好合，如鼓瑟琴。兄弟既翕，和乐且耽。宜尔室家，乐而妻帑。"都是说男女好合，家室之乐，推而广之，即可和乐天下。男女之道不但不是罪恶、无须忏悔，更应发扬，予以推广。

这种不以好色之心为罪恶，不以为人能无好色之心，谓好色之心亦为天理，又主张扩充之观点，在社会理论方面，使人人能遂其食色之需，无旷男怨女，以成王道。在存有论及伦理学方面，以男女交感、夫妇和合，为一切秩序之基础，由此以讲礼义、讲治国平天下，无一不与佛教、基督教相反，自成一独特的义理形态。

说它独特，是说儒家学说立基于男女性事上，由此展开其整套存有学、伦理观及政治理论。男女媾精、阴阳施化、一索得男、天地交泰，这些语词与观念，明着于圣典，举以为教、传习讽诵之。这在世界其他几大文明中是不常见的。在我们亚洲儒家文化圈中，或以此为相沿已久之传统，不免习以为常。但与佛教、基督教相比，即可见此事甚不寻常。

或许我们会说"易以道阴阳"，其性质本来如此，不能以之概括整个儒学或中国哲学。但若如此，则我们不妨来看看《诗经》。

诗，在儒家的解释系统中，它非常清楚地是以男女情欲问题为基点，推拓以言王道教化的。犹如《易》本为卜辞，而儒家解释系统却以男女交媾、万物絪缊论人文化成。

何以见得？《诗经》以国风《周南》《召南》开端，是所谓"诗始二南"，其重要性可知。但《周南》十一篇，据汉儒之说，其中倒有八篇在谈后妃之事。剩下三篇，《麟趾》言《关雎》之化，仍是讲后妃；《汉广》《汝坟》亦说文王教化，令男女夫妇相得者。总之都是在谈那档子事。而《周南》始于《关雎》，《召南》始于《鹊巢》，也是说后妃的，其余则略如《周南》。为何夫子返鲁，雅颂各得其所，而《诗经》编次，乃以《关雎》《鹊巢》为始？其义正可深长思也。

四

在哲学思想的本源之处有性别还是无性别，会造成什么样的效应呢？

首先，认为终极实在者是有性别的，这意味着"关系"在最根本处是无法避免的，因为性或性别势必造成一个非单一的交往局面，所谓"一阴一阳之谓道"。故任何意义上的实体主义、任何认为可以脱离关系来把握"存在之所以为存在者"或"存在本身"的做法，均不能成立。终极实在，绝无可以定义的自性可言。

而西方传统哲学最鲜明的特点，却正是寻求终极实在者。

其次，哲理上的性关系，不会是完全可确定的或可对象化的，如逻辑和希腊数学中的那些关系。而一定是一种动态的、相互影响的（interplaying）关系。且这种关系中总有些不可完全预测的、具有危险性的东西，或者是可造成背叛、缺陷、失恋、失败，总之就是"阴阳不测"的东西。因而有性别的思想总有忧患意识，"夕惕若厉""亢龙有悔""西南得朋，东北丧朋"。

"作《易》者，其有忧患乎？"所以总要"变于阴阳而立卦"。

西方的传统哲学与宗教的主流则认为虚假、危险和罪恶却都只属于现象界，终极关怀所要求、规定和信仰的则是不可能遭到感染、生病和出借的最高级者，因而也感受不到任何忧患。至极处只有充实、狂喜与感恩。

第三，两性关系也不尽同于赫拉克利特式的或佛教缘起性空式的动态关系。因为它们势必生成新的可能，既不只是永远的相对者，也不会只是"空"的。所以《易传》讲"生生之谓易"；又讲"男女媾精，万物化生"。

第四，由于两性关系的生成势态，使得世代延续与交迭互构状的更替，不可避免。于是，对两性交生关系的重视，也就自然会延伸为对其所生成的世代形态与结构的尊重。

所以在儒家传统中，亲子关系、家庭、家族、祖先崇拜均占极重要地位，也深刻地影响到中国文明的社会结构、人际关系、政治形态。

孔子讲的仁爱，就是以夫妇、亲子之爱为基源的。故此爱与柏拉图的"精神恋爱"、基督教的"对神的爱"或"对仇敌之爱"的原则大有区别。

也正是由于这一性别、性爱与家庭、家族的联系，才可以理解此后广义的儒家在中国两三千年的文化中的主导地位由来有之。佛家缘起说，不可谓不善巧，但未从根本道理上充分舒展性别的思想含义，未能使家庭与家族获得尊重，以出家为主，因而只能作为中国人人生境界的补充。

相对来看，西方传统哲学中，家庭并无实质性地位。在某些后黑格尔和后现代思想家（比如马克思、弗洛伊德、福柯）那里，对本质主义和实体主义的批判，甚至还表现为对教会意识形态、资本主义生产伦理和财产继承制所鼓励的家庭关系的批判。与中国的情况不可同日而语。

第五，两性的交媾化生，总有时间性或时机性，男女旷怨，则诗人"讥失教，伤失时也"。《韩诗外传》卷一："精气填溢，而后伤时不可过也。不见道端，乃陈情欲，以歌道义，诗曰：静女其姝，俟我乎城隅。爱而不见,首搔踟蹰。"《说苑·辨物》也有同样的讲法。谓男子长大以后,精囊中精液填盈,自然就会想去找女人。此时王者教化,即应注意让他匹配及时,否则就会"失时",令男子怨望。像此诗就是人在看不见王道之端时自陈情欲的怨诗。

王者之政,则必须能消除旷男怨女。能办得到,诗家美之;办不到,诗家刺之。美诗,如毛《序》云:"《桃夭》,男女以正、婚姻以时,国无鳏民。""《摽有梅》,男女及时也,召南之国被文王之化,男女得以及时也。"蔡邕《协和婚赋》:"《葛覃》恐其失时,《摽有梅》求其庶士。唯休和之盛代,男女得乎年齿。"这是赞美及时的。

反之,毛《序》云:"《有狐》,刺时也。卫之男女失时,丧其妃耦。古者国有凶荒,则杀礼而多婚。""《野有蔓草》,思遇时也,君之泽不下流,民穷于兵革,男女失时。""《绸缪》,刺晋乱也,国乱则婚姻不得其时焉。""《东门之杨》,刺时也。婚姻失时,男女多违。""《雄雉》,刺卫宣公也。淫乱不恤国事,军旅数起,大夫久役,男女怨旷,国人患之。"这些都是刺,批评因荒凶、兵革、乱政等种种原因造成的男女失时怨旷现象。

第六,在对女性的态度方面,有性别的与无性别的哲理也很不同。从爻卦象的基本结构,以及"阴/阳""乾/坤"这些对称词的基本话语方式和含义上讲,阴阳、乾坤在最终极的意义上是相互需要、相互做成的。孤阳孤阴或阳遇阳、阴遇阴无交无生,均被中国古人视为凶悖悔吝。

在有天然性别和交感的思想氛围之中,"阴"与"女子"的地位,绝不会从道理上就注定了是低级的。故《易传》云:"昔者圣人作《易》也,将以顺性命之理。是以立天之道曰阴与阳,立地之道曰柔与刚,立人之道曰仁与义。"将阴阳、刚柔与仁义相对应。仁对应的是阴柔,义对应的是阳刚。

《周易正义》解释说:"仁,爱惠之仁,即慈厚泛爱之德,主于柔;义,断割之义,即正大坚毅之德,主于刚。"在儒家学说中,仁的地位即使不高于义,也不会低。所以如果依此语,阴的地位与价值就显然不低于阳。何况，儒家学说是"分阴分阳，迭用柔刚"的，阴阳尊卑并无不可变之常位。

至于道家，更是主张"专气致柔，……能为雌"和"柔弱胜刚强"。因此不少人甚至因此认为"中国文化的发展染上了强烈的女性性别（gender）特征的色彩或提倡一种女性伦理"。不过道家也同样是以阴阳相济相生为主的。所谓："万物负阴而抱阳，冲气以为和。"

西方的无性的或单性的哲学与宗教，局面就很不一样。

巴门尼德从毕达哥拉斯的对立表中择一（雄）弃二（雌），因而主张"只有存在是存在的，而非存在乃是不存在的"；它表示"存在"的思想基因是雄性的，而其表达方式则是无性的。传统西方哲学的二分法都带有强烈的男性至上主义或父权主义的特征。

这种二分法往往表现为：才智／感性、理性／情绪、精神／肉体、强壮／软弱、客观／主义、独立的／依赖的、自主的／依关系而定的、支配的／受支配的、抽象的／具体的、坚持普遍原则的／附随具体情况的，等等。这些对语中的前一项在西方传统哲学和理性文化中均备受推崇，而后者则皆受压抑。

很明显，前项基本上是男性化或偏向男性的，而后项则以不利的话语策略指向女性。因此当代女权主义者吉莉根（Carol Gilligan）、格利姆肖（Jean Grimshaw）和福莱克斯（Jane Flax）等人视之为"哲学的男性化"。而格利姆肖所讲的"女性伦理观"，注重具体场合（生存情境），强调同情、养育和关怀（相补相生，世代延续），批判传统伦理学只关注选择与意志，强调在发现和适应具体情境的需要中做适当响应（时机化）等，则反而有与中国哲学相符之处。

诸如此类，通过比较哲学的处理，中西文明对男女的思维之不同实已洞若观火；故"东海西海，心理攸同"终究只是违背常识的想象。

中药西传是一场守法的革命

我曾说：历史上君子与小人争，君子多失败。因为君子们首先就乱了，为了采取什么对抗方法才符合正道，先要大打一架。结果，架还没打完，就都被小人收拾了。即所谓"宋人议论未定，金兵早已渡河"。

把小人换作病情，情况是一样的。这不才说中医也被允许参与抗疫，就出现无数黑中医的帖子。才说双黄连口服液可能有用，就有人说15年前德国某教授指出过：双黄连虽可抑制病毒，但经实验，其中因子或可让公鸡睾丸缩小40%。

中西医交仇，是我们民族的不幸。我也不好说什么，但我想到另一位德国人以及一些德国人。

一、中医药在世界的扩散

曼福瑞德·波克特（Manfred Porkert），中国名字叫满晰驳。意思是：以饱满的责任感反驳西方明晰科学的不足。曾任德国慕尼黑大学东亚研究所所长，中医学家，国际中医规范辞典执行主编。他信中医，有次眼睛不好，用茯菟丹和六味地黄丸吃好了。

像他这样的人还不少。据德国知名的埃伦巴赫民意测验机构调查，61%的德国人愿意接受中医治疗，只肯信西医的只有18%。曾经接受过中医治疗的人，愿意再接受中医治疗的比率高达89%。

所以德国已有500多家医院设有中医门诊部，医疗管理部门也建议医生和患者广泛地采用中医疗法。已有4万名中医师,其中针灸医师2万多名。病人很热意去看中医,一些中医院预约病号甚至要等半年之久,全部费用由保险公司报销。全国还有三分之一的西药房销售中药。

把这种情况扩大到全球范围看。世界卫生组织统计,前几年世界草药市场的总额就已超过600亿美元,并以年均10%的速度增长,预计国际传统药品市场很快将超过1000亿美元的销售规模。

目前,丹参、五味子、薏苡仁、桂枝、红参、金银花、何首乌、三七、灵芝等13个中药品种的46个质量标准已被《美国药典》收录。穿心莲、积雪草、肉桂、青蒿、灵芝5种中药材被收入《美国膳食补充剂法典》。另已有人参、陈皮、白术、大黄、水红花子、虎杖、三七等66种中药材进入欧洲药典。欧盟还将与我们共同研究起草《本草专论》。提炼青蒿素的屠呦呦,更已获得诺贝尔奖。

所以,骂相信中医的人只是在交智商税,说西方人认为中医药不科学、不接受中药,等等,只是我们内部中西医对抗下形成的一套"迷思",用以对某些人自我催眠。

正因为我们内部杂音太多,中医药在世界的推展自然就很滞后。现在世界上中药专利的70%以上被日韩占据,据《世界专利数据库》统计,在世界草药和植物药专利申请中,中药专利日本占44.4%,我国仅占0.3%。

二、早期阿拉伯世界对中医药的吸收与推广

说中药逐渐推广到西方,也别忘了西方的药亦早已传入中国。中西医是个共同体,彼此交流,各取所需,乃是常态。

只不过早期世界贸易以中国、阿拉伯、印度为主,所以中国吸收外来药较早,唐人《海药本草》已记述了由海外传入中国的药物达96种。西方的渐次崛起是15世纪大航海以后的事,故其接受中医药比较晚,且还有个过程(以前我谈过脉学、经络、针灸等,故底下只说药)。

其间的中介者是阿拉伯。成书于公元11世纪初(相当于我国宋朝)的

阿拉伯文的阿维森纳之《医典》，共分五部，第二部是关于草药的药性、药理和药物治疗学的内容；第五部是处方，大部分是草药组成的复方。其中明确指出有17味草药从中国进口，其中包括了细辛、姜黄、桂枝、肉桂、大黄、荔枝、樟脑、麝香、芦荟、檀香、玳瑁、莪术和郁金等。后来它被译成波斯文、土耳其文、乌尔都文，12世纪更被译成拉丁文。中世纪的欧洲将该书作为权威性的医学教科书一直沿用了700余年。有人说，在活字印刷术发明后，《医典》印刷次数之多，仅次于《圣经》。

它的脉学体系与中医的脉学极其相似。第一部"脉论"中共记载了19种脉象，包括长脉、短脉、和脉、宽脉、细脉、高脉、伏脉、糙脉、大脉、小脉、数脉、迟脉、续脉、结脉、滑脉、涩脉、实脉、虚脉和平脉。英国李约瑟认为其必与中医脉学有渊源。它论疾病多言寒热虚实，而且对人体津液、疾病标本的论述亦与中医学相似。

另一部出现于我国元朝时期，用波斯文写成的系统介绍中医药学成就的书《唐苏克拉玛》，也利用中医"气"的概念，并以其本土医学典型的烧灼疗法为例，阐发自己对侧支循环修复的创见。作者拉什德曾派遣一名年轻的医学生远赴中国，跟随中国医者学习，并带回了一些中医药学书籍。在他的领导和组织下，这些文献还被系统地收集起来，译成波斯文。此，天方之玄奘也。

1938年，土耳其苏菲国立图书馆发现了《唐苏克拉玛》的残本。全书519页，现存四分之一。1996年获得土耳其政府的许可，影印《唐苏克拉玛》的残本和插图，并复制成微缩胶片。

三、对西方博物学、本草学、药用学的开拓

15世纪大航海以后，西方开始往东方寻找黄金、白银和香料。

1517年，葡萄牙国王曼努埃尔一世委派在马六甲从事香料与药品生意的葡萄牙人多默·皮列士（Tomé Pires）率葡萄牙使团抵达广州，这是西方来华的第一个外交使团。

之所以选择皮列士，是因为他刚写了《东方志：从红海到中国》。这是第一部由欧洲人撰写的描述东方包括中国地区的历史、地理、博物学、人种志学、经济和商业等人文信息的专著。皮列士的航线与郑和下西洋的航线大致相同，是故也可能是受了郑和的启发。

皮列士是葡萄牙王子艾费尼松的药剂师。15、16世纪欧洲大部分药都来自植物，故药剂师就是专业医生。他们娴熟于欧洲传统知识体系的博物学，可采撷本草、分析其不同疗效。

此后葡萄牙、西班牙来华者越来越多。1575年西班牙修士马丁·德·拉达（Mardin de Rada）到福建地区，收集大量学术书籍，涉及占星术、天文学、手相术、算学、律法、医学、剑术和经学等。但他认为"所有别的方面都不值一顾"，唯一肯定的中国学术只有医学："他们像草本学家一样从经验知道草药的本性，并像我们在《迪斯科里德》（*Droscorides*）书里那样对草药加以描述。"他收藏的医药和本草著作，诸多涉及中医辩证论治理论和预防等内容。

这些西方药剂师和博物学家常收集采撷异域的新奇花果与药草，寄回国内。1658年波兰籍耶稣会传教士卜弥格（Michael Boym）在写给意大利托斯卡纳大公爵的信中就说："给您寄去两种在寒冷气候中也能结果的树的种子，信中还有关于这两种树的说明。"

收集东方植物的种子或药材标本寄回的传教士很多，如李明、杜德美、冯秉正、殷弘绪、巴多明、宋君荣、汤执中和韩国英等人都是。

1723年法国传教士巴多明（Domonique Parrenin）在与巴黎科学院的通信中介绍了三七、当归、人参、冬虫夏草、大黄，并寄回了制作阿胶的原料，以供医生和博物学家研究。法国博物学家安托尼·杰西（Antoinede Jussieu）和本纳德·杰西（Bernard de Jussieu）用实验方以检测巴多明的药物。耶稣传教士白晋说他的同僚刘应心无旁骛地翻译解释了数百种中国草药的特性。甚至有传教士将新鲜制作的麝香寄回欧洲。18世纪，世界著名博物学家林奈（Carlvon Linne）还鼓励学生彼得·奥斯贝克带着科学眼光去中国考察自然世界，为其编写《植物种志》在世界范围内收集植物的信息。瑞典的彼得·奥斯贝克在《中国和印度群岛旅行记》中则说:"我非常渴望了解中国药草的知识,以及各种草药所对应的疾病信息,……我希望征询那些能在这方面给予我指导的人,并获得一定答案。"

这些来自中国的信息和知识大大丰富了欧洲的博物学和药学研究。

四、中国药在西方

中国药进入西方人生活中以后,西方对什么较感兴趣呢?

在中国药材市场中,欧洲人比较容易辨识的是大黄、胡椒、肉豆蔻和麝香,他们不仅了解到麝香的制作过程,还知道麝香有真假。

麝香,在17世纪欧洲的知名度和市场需求量,可借莎士比亚的戏剧略窥一斑。《李尔王》中说:"好药剂师,给我一盎司麝香,让我除去想象中的臭味道。"

另一种药材是大黄。第一位进入中国的意大利传教士利玛窦(Matteo Ricci)发现麝香和大黄虽然最早是由西方引进中国的,可是现在又由中国高价返销至欧洲,获取巨额利润:"在这里买一磅大黄只要一角钱,而在欧洲却要花六七倍之多的金块。"

大多数植物、水果和本草他们并不认识,更不明晰药草用法与疗效。比如,利玛窦说"这里还可以找到葡萄牙人叫作中国木,而别人则唤作圣木的那种能治多种疾病的著名药材。它不用栽种,野生在荒地上,只要花点采撷它所必需的人工钱就能买到,但却以高价出口"。

1535年,葡萄牙人将此树根介绍至欧洲。"中国木"的记录还出现在1585年罗马出版的西班牙人门多萨(J. G. de Mendoza)编著的《中华大帝史》中。17世纪欧洲人都将这种树根称为"中国木",当作治疗梅毒的良药。

"中国木"究竟是何种草药?卜弥格在《中国植物志》(*Flora Sinensis*)中说是茯苓(Fo Lim)。

他解释:"葡萄牙人称中国根为Pao de Cina,欧洲人称它为China。它大量生长在云南、广西和广东省,……中国人将它和肉放在一起,用来做汤。它也做药用,能治病。如它能治梅毒,消除血栓,防治中风,也可以治其他各种各样的病,消除骨头和全身的疼痛。……这种根中国人叫白茯苓。"

此外,《中国植物志》中还记录了另一种被唤作"中国"的香料,欧洲商人将桂皮树译作"Cina"和"momun"——"又香又甜的中国的树"。

1661年,奥地利传教士卫匡国(Martino Martini)的《中国新图志》(Atlas sinensis)则明确指出"中国根"就是"土茯苓"而不是"白茯苓",首次对两种药草做了甄别。

另一种"有效的根"是人参。最早提到人参的是葡萄牙传教士曾德昭的《大中国志》(Relatio de magna monarchia Sinarum, ou Histoire universelle de la Chine, 1643)。1653年卜弥格在《中华帝国简录》中也介绍了人参能使病人恢复元气,并强调它的价格是"相同等重量白银的数倍"。卫匡国的《中国新图志》中也特别提到中药中"最出名的是人参,它是中国药物中最显贵的根"。李明将此称作为"灵丹妙药"。

1687年,德国汉学家门采尔(Christian Menzel)写《论人参根》时,介绍十余种在欧洲可见的人参植物并绘制图形,其中有两种是中国人参。介绍人参生长地在东北,可以恢复阳气、明目、治神经病。

1711年,耶稣会传教士杜德美(Petrus Jartoux)在其致中国和印度传教区巡阅使神父的信中详细描述了人参的产地、形状、生长、采撷和疗效,并纠正了卫匡国书中关于人参产地的谬误。

五、中草药采集与《本草纲目》西传

前面提到好几次的卜弥格很重要。他父亲是波兰国王御医,他则于1642年来华传教,并卷入南明朝廷试图复辟的政治事件中。

在华期间,他翻译了多部中医著作,1652年至1653年编写的《中华帝国简录》和《中国事物概述》也涉及许多欧洲人不知道的草药。

《中华帝国简录》记录治疗眼疾的黄连、能延年益寿的不死草和人参。《中国事物概述》介绍了麝香的制作过程，并指导读者如何辨别麝香的真伪，此外还有大黄、"中国根"茯苓、肉桂、生姜和沉香。

1653年，他用拉丁文编写图文并茂的《中国植物志》，1656年在维也纳出版。这是欧洲出版的第一部中国植物学专著，其中收录29种生长在东南亚和中国的动植物。每种植物都被仔细描述其葡萄牙语或拉丁文和中文名称、生长区域、形质特征、药物制作方法、治疗的疾病和销售情况。动物中有凤凰、野鸡和像鹿又像虎的麝。

1682年，荷兰东印度公司药剂师克莱耶尔（Andreas Cleyer）在法国出版《中国指南》（*Specimen Medicine Sinicae*），此书乃是剽窃卜弥格的手稿。其中有两部分与中药相关的文章：《对作者王叔和脉诊医病的说明》和《单味药——中国人用于医疗的单味药》。

《单味药》是一部中医本草学作品，有289味草药的用法，49幅彩色插图。有学者认为即是《本草纲目》的节译本或选译本。

1578年，李时珍著成《本草纲目》，1596年在金陵刊行。不久便引起西方知识界的注意，李明的《救荒本草》（类似西方的《植物志》，介绍植物及其食用知识）即开始对其介绍。1735年杜赫德（Jean Baptiste Du Halde）根据耶稣会士写回法国的通信编辑的《中华帝国通志》在巴黎出版，其中更收有法文的《本草纲目》[《节录〈本草纲目〉即中国本草学或中国医用博物学》（*ExtraitduPen Tsau CangMou c'est-a-direde l'Herbier Chinois,ou histoire naturelledelaChine,pourl'usagedemedecine*）]。

法国医生旺德蒙德（Jacques-François Vandermonde）在澳门行医时得到《本草纲目》，按书所载，收集了80种无机矿物药标本，并在当地中国人的帮助下，按书中所述对每种药做了说明，一一做标签，然后用法文编写了《〈本草纲目〉中水、火、土、金石诸部药物》。同时，他还寄回法国24种矿物标本。

1738年在瑞典东印度公司工作的瑞典博物学家莱格斯特伦（M.von Laerstron），则在中国南方采集植物标本，并得到《本草纲目》原著。他是著名生物学家、植物分类体系奠基人林奈的朋友。回国后,他将这批标本送给了林奈。林奈在《植物种志》中用他的名字命名了一种植物的属性——千屈菜科(Lythraceae)紫薇属(Lagerstroemia)。

1871年,在汉口从事医学传教的波特·斯密斯(Porter Smith)医生研究《本草纲目》《尔雅》和《广群芳谱》,并访查民间草药,编著了中英文对照的《中国本草的贡献》(Contributions Towards the Materia Medica and Natural History of China)。目的,一是希望以其在中国十余年积累的草药辨识与使用的经验,帮助在华外国医生和医学生辨识草药,解决行医缺药的困境。二是针对当时西医中译文出现的医学术语难题,尝试由《本草》切入,以中文、拉丁文和英文三种语言对译的方式,开辟出一条医学翻译的新路径。他创建的术语对照方法奠定了后来中国医学术语编写的标准框架。

1874年,法国驻华领事铁桑(M. Dabry de Thiersant)的《本草纲目》在巴黎出版,西方学者认为该书提升了欧洲人对中国医学思想和药物治疗的认知。

1881年贝勒(Emile Vasilíevitch Bretschneider)《早期欧洲学者对中国本草学的研究》,回顾了16世纪以来欧洲学者的本草研究史,以及中国本草学对欧洲的影响。1892年他的《中国植物志》(Batanicum Sinicum)出版,对《本草纲目》更说:"《本草纲目》为中国本草学名著,有此一书,足以代表。……李时珍不愧为中国自然科学界卓越古今的代表人物,后本草学著作盖无能出其右者。"

1887年在华医学传教士成立博医会,首先确定的重点就是中国本草学,博医会历任主席都会重申该主题的研究意义。1911年博医会主席师图尔(G. A. Stuart)与斯密斯合作研究李时珍的专著出版,名为《中国本草学——一部按现代分类法编辑的药物手册》。

英国博物学家苏柯仁(Arthur de Carle Sowerby)在中蒙边境守猎采撷,1925年完成《一个博物学家在中国的笔记》(A Naturalist's Note-Book in China)。

1939年，协和医学院药学系系主任伊博恩（B. H. Read）用分析化学的方法研究中药本草，翻译《本草纲目》中金石、兽、禽、鳞、介、虫和鱼七个部分，并对《救荒本草》中414种植物进行考证。他开创的现代实验科学方法研究中药的范式，至今还应用在中药研究领域。

这只是粗略的名单，但可以看到许多感人的故事。几百年间，好多代人，在摸索寻找中国灵药。他们飘洋过海，还常要深入山野、以身试药。他们真正体现了医者济世之心，也是中西医共同体的开拓者。

经由他们的努力，自16世纪开始，《本草纲目》原著就已进入欧洲，至19世纪，该书分布在世界各大图书馆。大英博物馆有1603年的江西本、1655年张去中刊本及1826年英德堂本。法国巴黎国家图书馆有1655年太和堂刊本、1694年的刊本、1717年本立堂本、1735年三乐斋本。德国柏林皇家图书馆珍藏有1596年金陵本和1603年江西本。美国国家图书馆收有1596年金陵刊本和江西本，耶鲁大学、哈佛大学、哥伦比亚大学、芝加哥大学、普林斯顿大学都有收藏本……。相较之下，我不知道我们收藏了什么西方古代重要（而他们都可能失传的）医典、药典。

所以，最后，我要引用一段卜弥格的话，大家来体会体会。重思医道，消戾气，增福慧！

他说："我们谈的不是中国人如何了解我们的药，和我们从中国人那里得到了什么。而是在世界的另一个地方，人们间接地通过脉诊，对病情有了解；通过创新的技能和智慧，长时期的经验积累和临床运用，就对疾病有了深入了解。只要时间允许，我们要尽最大的努力，把他们运用的方法说清楚。"

中国人不爱看相

人生天地之间，自居万物之灵，总觉得自己跟其他动物不一样，因此各民族都不由自主地发展出"人的自尊"思想。我国上古即讲天地人三才，老子也有"天大地大人亦大"之说，后来"天地之间，人为最尊"一类讲法，更不可胜数。其他民族也一样。希伯来民族不是说上帝以他自己的形相造人吗？人是上帝的仿本，地位当然远高于其他动物。

可是中国人的身体思维跟其他文明终究非常不同。

一、不以形体为崇拜对象的民族

（一）

像刚刚举的例子，就不难看出：我国讲人的尊贵，是从才德能力上说，希伯来则首先由形体说。这就是对"人"的思维有所不同。因这个思维不同，两大文明的身体观遂也不同。

（二）

古印度文明，亦极看重人的体相。

因此婆罗门之智能，就很强调相人之术。如《佛本行集经》卷三中云："（珍宝婆罗门）能教一切毗陀之论，四种毗陀皆悉收尽。又阐陀论、字论、声论，及可笑论、呪术之论、受记之论、世间相论、世间祭祀呪愿之论。"所谓"世间相论"，与婆罗门五法中的"善于大人相法"，都是相术。可见相法是婆罗门极为重要的能力。

不仅如此，婆罗门还注重相貌容色。认为好的相貌必定由修行善法而来。

如一位婆罗门，在路途中看见了佛陀"姿容挺特，诸根寂定，圆光一寻，犹若金山"，便问佛陀："本事何师？行何道法？以致斯尊。"（《弥沙塞部和醯五分律》卷五）

佛典中叙及婆罗门时，也常说该婆罗门"颜貌端正，人所乐观"（《根本说一切有部毗奈耶破僧事》卷十一）。诞生的小孩，如果"仪容端正，人所乐观"，就取名为"孙陀罗难陀"；如果形貌不扬，"具十八种丑陋之相，父母见已，极生不乐，名曰恶相"（《根本说一切有部毗奈耶杂事》卷二八）。小孩恶相，则不教授婆罗门之学，使他无法成为婆罗门。

但一般所说的相貌端正，还不是婆罗门相法中最为人所看重的"大人之相"。

什么是大人相呢？要有32种相貌特征，才能称得上是大人，如《中阿含经·三十二相经》所说。

汉译佛典的阿含部、律部、本缘部等较早集出的佛典中，多处记载婆罗门的三十二相说：足安平立、足下生轮、足指纤长、足周正直、足跟踝后两边平满、足两踝月庸、身毛上向、手足网缦似鹰、手足柔软、肌皮软细不着尘水、毛色绀青右旋、鹿腨肠、阴马藏、上下圆相称、手摩膝、身金色、两手两足两肩及颈七处隆满、上身大如狮子、颔如狮、脊背平直、两肩间满、四十齿、牙平、齿间无隙、齿白、齿通味、声悦耳、广长舌、眼睫如牛、眼色绀青、顶有肉髻、眉间生白毛。

这是古婆罗门所欣赏崇仰之形相，后来完全被大乘佛教吸收，用来形容佛陀之美。

(三)

古希腊亦甚重视人相问题。

亚里士多德《体相学》说:"过去的体相学家分别依据三种方式来观察体相;有些人从动物的类出发进行体相观察,假定各种动物所具有的某种外形和心性。他们先议定动物有某种类型的身体,然后假设凡具有与此相似的身体者,也会具有相似的灵魂。另外某些人虽也采用这种方法,但不是从整个动物,而是只从人自身的类出发,依照某种族来区分,认为凡在外观和秉赋方面不同的人(如埃及人、色雷斯人和斯库塞人),在心性表征上也同样相异。再一些人却从明显的性格特征中归纳出各种不同的心性,如易怒者、胆怯者、好色者,以及各种其他表征者。"可见体相学在希腊乃是源远流长的。

亚里士多德对以上各项观察体相之法均不以为然,因此他参考相士们的说法再予改造,云:体相学,就正如它的名字所说明的,涉及的是心性中的自然秉赋,以及作为相士研究的那些表征的变化产物的后天习性……相士不外是通过被相者的运动、外形、肤色、面部的习惯表情、毛发、皮肤的光滑度、声音、肌肉,以及身体的各个部位和总体特征来作体相观察。

依他的观察,软毛发者胆小、硬毛发者勇猛。若肚腹周围毛发浓密,则是多嘴多舌之征。而动作缓慢,表明性情温驯;动作快速,则表明性情热烈。至于声音方面,低沉浑厚标示着勇猛,尖细乏力意味着怯懦。雄性较雌性更加高大强壮,四肢更加健壮光滑,各种德性也更加优良。感觉迟钝者的表征,是脖颈与腿脚一带肥胖、僵硬、密实,髋部滚圆,肩胛上方厚实,额头宽大圆胖,眼神暗淡呆滞,小腿及踝骨周围厚实、肥胖、滚圆,颚骨阔大肥厚,腰身肥胖,腿长,脖厚,脸部肥胖且长。赌徒与舞者双臂皆短。心胸狭窄之人,四肢短小滚圆、干燥,小眼睛,小脸盘,像科林斯人或琉卡底人。由肚脐至胸脯比由胸脯到脖颈更长者能吃,胃口很好……。

皮肤太黑者胆小,埃及人、埃塞俄比亚人就是这样。皮肤太白者也胆小,譬如妇人。肤色居中者趋于勇猛。黄褐色毛发者有胆量,譬如狮子。火红色毛发者狡猾,譬如狐狸。身体不匀称者是邪恶的,雌性就带有这种特性……。

他这种相人术,明显带有性别、种族之歧见,在今天看,都是笑话。但无论如何,由其叙述可知古希腊相术之大凡。相法为时所重,故亚里士多德专门写了《体相学》一书以为斯学张目。

该书开宗明义说道:"身体与灵魂之间有相互作用的关系……在同一种类的动物中,必是有如外形则有如是心性。"故其体相学重在由形体观察心性状态,与婆罗门相人术有类似之处。

(四)

相对于古印度、古希腊,中国古代却是相人术最不发达的。

上古没有相术,相术起于《左传》文公元年(前626)左右,孔子同时代人郑国的姑布子卿。所以荀子《非相篇》曾批评:"相人,古之人无有也,学者不道也。古者有姑布子卿、今之世梁有唐举,相人之形状颜色而知其吉凶妖祥,世俗称之。古之人无有也,学者不道也。"

足证此术最早也仅能上推至姑布子卿,再往上找,就无渊源了。此法渐渐兴起,与相宫宅、相狗相马一般,为流俗所称,则是战国的风气,但地位在相牛相马之下。现在社会上流行的相术,麻衣、柳庄之类,更都是宋明以后的东西。相士,属于下九流跑江湖的底层人,跟婆罗门、亚里士多德他们地位悬殊。

故这种看相的风气会惹来荀子的批评不足为奇。因为依中国思想的一般特征或重点而言,中国人是重内不重外的。

荀子说:"相形不如论心、论心不如择术。形不胜心、心不胜术。"其实非他一家之私议,即使后世论相面相手相形体者,也仍要说"相由心转"。庄子《德充符》载各种德充于内而形貌丑陋畸形的人,更可以显示思想家对体貌体相不甚重视。

庄子这类说法,在婆罗门或亚里士多德那儿,就都是不可想象的。因为依他们的看法，外形与心性是相合的，外貌丑陋者，心性也必不美不善。庄子荀子则相反。荀子说："仲尼之状面如蒙倛。周公之状身如断菑。皋陶之状，色如削瓜。傅说之状，身如植鳍。伊尹之状面无须眉。禹跳、汤偏。"圣贤都长得难看，坏人却不然："古者桀纣长巨姣美，天下之杰也；筋力越劲，百人之敌也。今世俗之乱君，乡曲之儇子莫不美丽姚冶。"因此他们主张不必论形相之美恶。

二、不以人体为审美对象的民族

比较东西方的体相观是非常有趣的事。苏美文化、古希腊、古印度都有造相的文化，或以铜铸人面、人首、人身，或以石雕，或以塑相，十分普遍。但在中国，出土千万件青铜器，除了三星堆有人形及面饰之外，绝不见铸像人体者。上古石刻也不见人相雕石，祭祀则用木主，不立图相、不塑人形。

故古希腊、古印度是造相的文化，我国是不造相的文化。

且古希腊等文化雕塑人体，以为美善之欣赏崇拜对象，这个观念或行为在中国亦绝不存在。

这些古文化的差异，即本于彼此不同之体相观。

中国不但不像古希腊、古印度那么重视体相之美，认为应重心而不重形；甚且我们认为形体非审美之对象，衣裳才是。赤身露体，那种原始形体，相对于衣裳冠冕黼黻，乃是可羞的。因为衣裳等才是文化，赤身裸体则如动物那样，是非文化、无文化的样态。故赤身跣足肉袒以见人，若非羞辱自己便是羞辱他人。如廉颇向蔺相如左袒负荆请罪，就是自居罪人；弥衡裸身肉袒击鼓骂曹操，即是用以羞辱别人。

我们不曾有过人体艺术；自古崇拜天神、人王、父祖，也都不塑相。制俑者更被孔子批评，谓其"相人而用之"，甚为缺德。是人不必相、不可相，相亦无意义也。后世塑相造相之风，乃受佛教影响。

换言之，中国体相观的特点是不重形相之美，亦无人身形相崇拜（为了强调这一点，往往会故意说丑形者德充、形美者不善）。第二个特点是形德分离，"美人"未必指形貌好，通常是说德行好。三是不以形体为审美对象，而重视衣裳之文化意义及审美价值。

三、重视黼黻文章的民族

古来传说，黄帝轩辕氏之后为嫘祖，嫘祖即能制蚕丝为衣。相较于其他民族之以兽皮为衣，则此自为华族之特色。其后"尧舜垂衣裳而天下治"，更说明了中华文明之特点正在服饰。

故以往中国往往以"上国衣冠"自居，自认为其文化高于周边民族，唐王维诗所谓"万国衣冠拜冕旒"者，即指此言。历来帝王建立新政权亦无不以"易服色"为首务、重务。这即是以衣饰为一时代文化之代表的思想具体表现。

这在思想文化上，亦不妨说是嫘祖之重要性胜似黄帝。除轩辕氏指南车的传说令人景仰之外，中国不像印度发展出了对轮子的崇拜。古《奥义书》及四部《吠陀》均有对轮的崇拜，后来佛教乃有"法轮""转轮圣王"等说法。中国则无此信仰，只说衣服。且以蚕丝制衣之发明，也令其他文明视蚕衣为中国之代表。

推而广之，遂亦有以衣裳喻说思想者，如颜元《存性编·桃喻性》云：天道浑沦，譬之棉桃：壳包棉，阴阳也；四瓣，元、亨、利、贞也；轧、弹、纺、织，二气四德流行以生万物也；成布而裁之为衣，生人也；领、袖、襟裾，四肢、五官、百骸；性之气质也。领可护项，袖可藏手，襟裾可蔽前后，即目能视、子能孝、臣能忠之属也，其情其才，皆此物此事，岂有他哉！

古人说美，常就"黼黻文绣之美"说。说容，也不只指容貌，而是就衣饰说，如荀子《非十二子》云："士君子之容，其冠峨，其衣逢，其容良，俨然、壮然、祺然、蕼然、恢恢然、广广然、昭昭然、荡荡然，是父兄之容也。"

这衣冠黼黻文章，就是古代"文"的意思，一民族一时代乃至一个人的文章文化即显示于此。

像古希腊那样以裸体为美者，古人将以之为不知羞，谓其为野蛮、原始、无文化也。像印度那样造相论相者，古人亦将以为无聊。因此在我国绝无《造相量度经》《三十二相经》那样的经典；论佛相塑法画法，也只说"吴带当风""曹衣出水"，仍是就衣服讲。

在我国，论相也一直只是旁支末流之学，与婆罗门之重视论相、佛教之有"佛身信仰"迥异。后虽受佛教影响，造相之风虽渐盛，但思想上终究以此为低俗信仰。中国佛教哲学更是强调"不着相""若以相见，以声音求，是行邪道，不见如来"的。中国人的价值判断，更是以"着相为"劣，强调凡做人做事都不可太着相。

即或要观相、见相，大抵也非"观"而是"观象"。

《尚书·益稷》载舜向禹说道："余欲观古人之象：日月星辰山龙华虫作绘、宗彝藻火粉米黼黻絺绣，以五采彰施于五色作服，汝明！"把日、月、星辰、山、龙、华虫，绘在衣上，把宗彝、藻、火、白米、黼黻绣在裳上；或加以差参变化，如以日月星三辰为旗旌，以龙为衮，以华虫为冕，以虎为毳；或以之为上下级秩之分，如公用龙以下诸图案，侯用华虫以下诸图像，子用藻火以下各象，卿大夫用粉米以下等。此即为象也。象非人体形相，乃是秩宗之职、章服之制、尊卑之别，整体表现于衣饰上。观此图像，即见文明。故舜告禹曰：汝明之乎？

这就是"以五采彰施于五色作服"以为文明的想法。

相不以形见、文明不由体相上看，故《易》论"文"，以虎豹之纹为说。人身体上的衣服，则如虎豹之文。它论文明文化，也从不指人体。坤六五："黄裳在其中，而畅于四肢，发于事业，美之至矣。"即为一证。此不仅可见文明文化是由衣裳上说，更可见中国人论美，不重形美，而重视内在美，是要由内美再宣畅于形貌四肢的。

四、由重视内在美而讲身心合一的民族

重视内在美,自然就会格外重视心。

心,代表人的内在,包括思维、情感、道德各类。故《素问·灵兰秘典论》云:"心者,君主之官也,神明出焉。"《灵枢·邪容》云:"心者,五脏六腑之大主也,精神之所舍也。"这类具体说明心之作用的言论,也许出现较晚,但这样的观念应该在夏商周早已通行,因为《易》《书》《诗》中凡讲到心之处无不如此。《洪范》曰:"汝则有大疑,谋及乃心。"《盘庚中》:"汝不忧朕心之攸困,乃咸大不宣乃心,钦念以忧,动余一人。""今余命汝一,无起秽以自臭,恐人倚乃身,迁乃心。"《盘庚上》:"汝猷黜乃心,毋傲从康。"均为其例。

这样的例子太多,我就不引了。但是,我要提醒大家注意:心固然重要;固然心也可视为内在部分,与其他的形体部分相对起来,形成"心/形""内/外"的关系,然而,我国并不像佛教或希伯来宗教那样,发展成重内轻外、二者对立的态度。

依希伯来宗教之见,人虽然是上帝依其形象所造,但人却为欲望所牵引而堕落了,故灵魂是深陷在肉体欲望中的。它讲人的感受和思想,也讲心(leb／lebab)而不说脑。另外还有一个灵(neshemah)字,指由神赐予生命的能力,接近中国人所讲的天性。然此非生而有之,乃出于神之恩赐。受恩赐者才能不受肉身之驱使,过着圣洁的生活。

故肉体是要舍弃的,"将身体献上当活祭,是圣洁的,是神所喜悦的"。后世天主教修道士发展出各类修炼方法及各种忏悔文学,无非发挥此旨,欲克制肉情以求灵魂之净化。在其思想中,灵魂与肉体,恰是对立的。灵属于上帝,肉则辄为魔鬼所摄。

佛教虽从婆罗门处沿袭不少形体崇拜之观念,但因它有着反婆罗门之态度,故逐渐形成了"以身为幻"的讲法。由佛身信仰进而言法身,由形体崇拜进而言舍离。要脱却臭皮囊,证到无生无灭,离开这个生灭烦恼不断的尘世。故所重者为佛性为法性,所欲破斥者,为对肉体生命的执着。

它们都是二元对立式的,认为"腐朽的肉体重重压着灵魂",拖着把人往下拉,才使人不能与上帝的神性契合。一人即使"衷心喜悦天主的律法,可是他肢体之中另有一种律法,和他内心的律法相抗,把他囚禁于肢体的罪恶律法中"(奥古斯丁,《忏悔录》卷七)。

中国则非"肉体/精神""神性/欲望"之类二元截然对立之格局,而是主从关系。

心,一为五脏六腑之主;二,彼亦为体之一部分,非能与体相对之物。故虽如孟子之强调心性,亦不至于要黜体去欲,只说"大体""小体",谓人能从其大体者为君子,从其小体者便为嗜欲之人。可见心与肉体都是体,人被视为精神与形体整全的存在。没有人会像笛卡尔那样,区分身心,视为两个能以自身形式存在的不同实体,谓心灵不必依附肉体,反之亦然。

所以在大方向上,整个中国哲学是形神相合、身心合一的。

孔子善于摄生,可见于《论语·乡党》。孟子讲"践形",老子也说要"长生久视"。且心为形之主,养心固即所以养形也。整个形态与佛教或基督宗教极为不同。

后世如嵇康《养生论》"形恃神以立,神须形以存",《老子西升经》"形不得神,不能自主;神不得形,不能自成。形神合同,更相生成",等等,均可证明形神相合是中国哲学身体观之基本方向。唐宋以后人喜欢说"性命双修",亦仍是如此。

正因形体非罪恶、虚幻、臭秽或须否弃之物,故取象于身体,如《易》《书》那样,在中国是非常普遍的。儒家如董仲舒《春秋繁露》说:"人之形体,化天数而成;人之血气,化天志而仁……人之身,首圆,象天容也;发象星辰也;耳目戾戾,象日月也;鼻口呼吸,象风气也;胸中达知,象神明也;腹胞实虚,象百物也。……身犹天也,数与之相参。……故小节三百六十六,副日数也。大节十二分,副月数也。内有五脏,副五行也。外有四肢,副四时数也。"道教则《太平经》说:"头圆,天也。足方,地也。四肢,四时也。五脏,五行也。耳目口鼻,七政三光也。"(卷三十五)《黄庭经》更是把身体形容成天地,要人观此内景,梁丘子注序云:"内者,心也,景者,象也。外喻即日月、星辰、云霞之色,内喻即筋骨脏腑之象。"这些拟象或象喻,就是顺着上古像《易》《书》那样的身体观而发展来的。

　　流类所及,中国人不但会把身体想象成是个小天地小宇宙,也会把物事视为身体,像文学,就以文体论为主,如《文心雕龙》说"才童学文,宜正体制:必以情志为神明,事义为骨髓,辞采为肌肤,宫商为声气""百节成体,共资荣卫"等。论书法也说书体。体,兼有体制和风格之义。正像人体,除非是个死人,否则一站出来,其形体便应可同时令人看见体格形貌和精神气志的综合状态。

我授希腊哲学以宗教之名

古希腊智者们在游食嬉闹之间言辩爱欲、歌赞神灵，罗素是怎么分析的？

罗素继承了传统的看法，把古希腊看作突然出现之特例，在其他文明之外，首创了数学、科学和哲学。其他地方则都是宗教性的，原都是生殖崇拜，后来宗教与政府结合，并发展农业文明。古希腊却是海上商业文明的性质。

你认为讲得很精彩？啊，不，这些都是陈词滥调！

但罗素也非毫无洞见之人，因为他注意到了古希腊文化的另一面。所以他认为除了荷马史诗、奥林匹克诸神、科学理性这一方面之外，古希腊人仍保留或发展了其他地区那种古老宗教，拥有酒神崇拜。

酒神崇拜本来就直接相关于生殖崇拜，他称为"巴库斯宗教"或狄奥尼索斯崇拜。他认为古希腊哲学家虽大体是科学的，却也有些是宗教的，直接或间接受到巴库斯宗教之影响。只不过有时其影响并非酒神狂欢型，而是以精神之沉醉代替肉体之酣醉，例如后世体现为基督教神学的禁欲主义即是。依他看来，受巴库斯宗教影响这部分更值得注意，只不过这种具有东方宗教性质的东西，后来由于科学的兴起而被打断了。

罗素注意到的，是古希腊文化中杀人祭神、吃人狂欢、杂交的部分，而惋惜奥林匹克、科学、理性这一面终究压制了它。

但我疑惑的是：科学理性既跟奥林匹克诸神结盟，难道就不属于宗教的吗？古希腊哲学，后世只说其伸张理性与日神精神，以致酒神气质未得发扬；这种现象，为什么又不能将其理解为一类宗教压抑了另一类宗教？

苏格拉底等人兴致盎然地替爱若斯神争地位，认为阿波罗、宙斯、雅典娜及诸缪斯其实都只是他的学生，讲的不就是奥林匹克神系压制了另一些神，而哲人们偏要出来替之打抱不平吗？试联想一下苏格拉底最后被指控的罪名是什么？不就是"不信城邦神，另树新神"吗？

可见所谓希腊文化之两种精神或许并不确当，其科学哲学那一部分，其实仍是宗教性的，或与宗教混融发展着。后世将其宗教性剥离开来，讲的仿佛纯是科学理性，乃是把梨子刷上了一层红漆，伪装成苹果。

苏格拉底之前，自然哲学家的情况便是如此。像毕达哥拉斯的数学，被视为西方科学与哲学的奠基石。他将自然数区分为奇数、偶数、素数、完全数、平方数、三角数和五角数等。认为数替宇宙提供了一个概念模型，数量和形状决定一切自然物体的形式，数不但有量的多寡，而且也具有几何形状。所以他们把数理解为自然物体的形式和形象，是一切事物的总根源。因为有了数，才有几何学上的点，有了点才有线面和立体，有了立体才有火、气、水、土诸元素，从而构成万物，所以数在物之先。

数学对哲学与科学方法的影响极为深远。他们建立的几何学是从不言自明的、或被认为是不言自明的公理出发，根据演绎的推理前进，好像这样就能发现实际世界中的一切事物。这种态度，影响了从柏拉图到康德。18世纪天赋人权的学说，更是一种在政治方面追求几何式的公理的言论。总之，毕达哥拉斯的影响大极了。

但是，毕达哥拉斯说"1"是数的第一原则，万物之母，也是智慧；"2"是对立和否定的原则，是意见；"3"是万物的形体和形式；"4"是正义，是宇宙创造者的象征；"5"是奇数和偶数、雄性与雌性的结合，也是婚姻；"6"是神的生命，是灵魂；"7"是机会；"8"是和谐，也是爱情和友谊；"9"是理性和强大；"10"包容了一切数目，是完满和美好，等等，这些他认为的"自明之理"，难道不是不明所以的独断说辞吗？中国人对数的观点便与他颇有不同。

其次，他将有限与无限、一与多、奇数与偶数、正方与长方、善与恶、明与暗、直与曲、左与右、阳与阴、动与静分成十对对立的范畴。其中有限与无限、一与多的对立是最基本的对立，世上一切事物均可还原为这十对对立。中国人的"范畴观"与之亦异，因为我们会认为一与多还会有"一多相生""一多相即"等复杂的关系，不只是对立的。

而更值得注意的，是他学说的科学性问题。其说到底是科学还是宗教？

毕达哥拉斯曾往埃及等地学习宗教，并在神庙中静修。后来在希腊建立了一个宗教秘密社团。入社者财产归公，戒律严明，并宣扬轮回。例如毕达哥拉斯就被认为是赫尔墨斯的儿子，叫埃塔利得斯（Aethalides）。这是一个半神半人的人物，死后仍能保持记忆。其二世叫欧福尔玻斯（Euphorbus），曾参与了特洛伊战争，被海伦的丈夫墨涅拉奥斯所伤。此后，灵魂上天入地飘游，进入过许多植物和动物之中，也去过冥界。第三世是个普通人，第四世是渔夫。到毕达哥拉斯就是第五世了。

他演讲时总待在一个帘子后面，保持神秘，信徒则用赞美诗来歌颂他的神性："皮塞斯，萨米安部落最美丽的母亲，太阳神阿波罗怀抱着她。于是，光芒万丈的毕达哥拉斯来到世上——他是宙斯最亲近的人！"

他们有很多戒律，包括东西落下了，不可用手捡起来；不可碰白公鸡；不可擘开面包；不可迈过门栓；不可用铁拨火；不可吃整个的面包；房里不可有燕子；必须先穿右脚的鞋子；不能在公共的道路上走；想入教，要对圣三角宣誓；新入教的人五年不能说话，等等。对性行为更是严禁，因体液是男人灵魂的一部分。如果实在控制不住了，冬天还可以享受一下，夏天就须戒除。

尤其重要的是决不可吃豆子。因吃豆子会导致胀气，胀气导致放屁，放屁就会带走人的大部分灵气。而且豆子包含了死者的灵魂，所以吃豆子等同于啃食父母人头。

此外，他们是素食主义者，不吃活物。认为吃死去的肉会污染自己的身体，故也不杀生。只不过祭祀时还是会提供公鸡、仍在吃奶的小山羊和猪。这似乎很怪异，所以希腊人流传一则关于他们的笑话。说是他们被人发现吃狗肉后,辩称:"我是吃了,但是我先杀了它,所以它不再是活物了。"

这真是十分哲学的狡辩!

事实上,对数学的运用,乃是古代宗教中共同的现象。我们若仅从哲学科学这一角度看,自然会对这些戒律、仪式感到荒诞可笑,也不能明白为什么数学竟与这类宗教行为混为一体。但我若由另一角度来解释,你或许就会觉得它跟哲学也不矛盾了。

因为我国上古测吉凶、断人事,就常依赖占卜。占是看龟甲烧裂之象,卜是用蓍草筹策来计数。《礼记·曲礼》说:"龟为卜,蓍为筮。"依据蓍草的排列状况来测吉凶,称为筮。"筮",上面竹字头,下面是个"巫"字,表示巫师用蓍草筹策来占问。

《易经》就属于筮这个体系,夏、商、周都非常重视,所以《周礼·春官》说:"太卜掌三易之法:一曰《连山》、二曰《归藏》、三曰《周易》。其经卦皆八,其别皆有六十有四。"夏朝用《连山》,殷商用《归藏》,周称《周易》,都是依八卦推算的。主要用蓍草,但也用类似小竹棍的筹和策。《老子》说:"善数不用筹策。"正显示他们都是以计数的方式做测算。

我国上古本来就有"结绳记事"的传说,显示利用数字正是古代思维之一种重要方式。如不了解这一点,只从文字或图像去看,就会看不懂了。像湖北孝感地区,曾出土过著名的安州六器,其中一件叫中方鼎,其铭文最后有两组六个数字组合的符号,宋代学者看不懂,说是古文奇字,释为"赫赫"或"十八大夫"、"八大夫"。近代郭沫若也看不懂,说是器主的族徽。而其实是数字。

我们现在之所以比较能明白,一是明白了用数学方式探索世界,本来就是古时全世界常见的文化现象。例如毕达哥拉斯学派的数法,或印度数论派讲"我心生五微尘,从五微尘生五大,从五大生十一根",都是数思维的形态。

其次,考古发现对我们有很大帮助。像张家坡卜骨、周原卜甲、四盘磨卜骨，都刻有六个字的符号。考古学家证明这类数字符号是早期用数组成的易卦，既有 三个数组成的单卦，也有六个数组成的重卦。《汉书·律历志》也有"画八卦，由数起"的说法。

所以有人猜测：最早也许是先有大量筮数，然后简化成几个筮数，再由这些少量的具体数值简化成（由一、六两个数字表示的）二元奇偶数符，最终才演化为后世通用的二元阴阳符号八卦。也有人说最早可能是三阴三阳六卦的体系，因为张家坡卜骨、周原卜甲、四盘磨卜骨，都是六个字的符号。

而最近清华大学保存的"清华简"《筮法篇》，也提供了一些新思路。因为它每简长 45 厘米，共 63 支，详细记述了占筮的理论和方法，并且列举了许多数字卦作为占卜实例。这些数字卦的结构，与天星观简、包山简、葛陵简等楚简所记载实占的数字卦形式基本一致。而且《归藏》的卦名在该篇均可找到，故楚简中的筮法与《归藏》的关系很值得研究。

现在《周易·系辞》第九章还展示了一大段数思维，说："天一，地二；天三，地四；天五，地六；天七，地八；天九，地十。天数五，地数五，五位相得而各有合；天数二十有五，地数三十，凡天地之数五十有五，此所以成变化而行鬼神也。"又说用蓍草起卦的方法是"大衍之数五十，其用四十有九。分而为二以像两，挂一以像三"，等等。

后来象数更合成一个体系，如《左传·僖公十五年》说："龟，象也；筮，数也。物生而后有象，象而后有滋，滋而后有数。"已明确提出象数概念，也说明了象与数的关系。《左传》《国语》所载春秋时期 22 条占例，更将易卦的义理、象数、筮占统一起来。

汉代以后也合称为术数。《汉书》把它分为天文、历谱、五行、蓍龟、杂占、形法六大类，共一百九十家，可以看出它庞大的规模。后世一切易占、八字、相术、风水、姓名学、紫微斗数、星相学、择日、奇门遁甲、大六壬等都属之。

我们现在把这些都看成封建迷信，而忽略了他们原是一种数学推算。例如邵雍的《先天图》《皇极经世》，关键都是："易之数，由逆而成。"包括卦序的"逆数"和爻序的"逆数"。其计数方式是通过两个基本的卦画符号和来进行。而爻位就是二进制数的位值。先天八卦图体现的是三位二进制数表（0 7），先天六十四卦图体现的是六位二进制数表（0 63）。是从阴阳二气的进退角度，通过阴阳二爻的进退位置变化来表达卦气的衍变，表现阴阳二气的全衍变过程。

由我国象数易学的发展来理解毕达哥拉斯，不是一样的吗？用数解释世界，而终究和宗教含混不可遽分。

然虽不可分，后来也都有人偏要硬分。如清朝初年黄宗羲《易学象数论》就认为易学中讲象数的，皆是受了道教污染，故应去除。写西方哲学史的人，也总要去宗教化，只从科学哲学方面去看毕达哥拉斯。可惜，这么做只是徒劳，这种哲学乃是与宗教混融在一起发展的，焉能分得清？

毕达哥拉斯之外的自然哲学也都是如此。比方泰勒斯主张万物源于水，亚里士多德就说可能与水的神话和习俗有关。确实，古希腊神话中有九位与海有关的神，这还不包括河神、淡水神、海中精灵与怪兽，以及诸海神的众多后代。《奥德赛》中几乎每件事都由海神波塞冬操纵，对他的献祭也最庞大，要五百人，每人准备九头牛。他又与无数女神及凡人女子有染，生了一大堆小孩，还有三位男性情人。

海神之所以如此神威显赫，当与希腊地区贫瘠、土地仅占五分之一、人民生活大量仰赖海洋有关。泰勒斯或亦因此而产生水本源说，因为陆上庄稼也须水才能生长。

但阿那克希美尼（Anaximenes）不同意此说，另提气本源说。谓气可散为火、凝为水、变为石。

赫拉克利特则另提火本原说，云世界原初状态即是火，转化为万物，万物又转化为火。其中变化之状态即表现为气、水、土。后来恩培多克勒（Empedocles）又因此而说火、土、气、水为四根。

苏格拉底吸收了这种讲法，在柏拉图《蒂迈欧》中大力阐述此四元素说，但偏于以火为首；再把这跟数学结合起来，说棱锥形的立体乃是火的原始成分和种子。种子说，其实又是阿那克陆戈拉（Anaxgoras）的主张，谓构成万物的微粒。

《蒂迈欧》乃柏拉图晚期作品，是他唯一阐述自然哲学之作，吸收了前此各家自然哲学非常明显。但整个自然哲学的论述，到底是要讲一种科学的自然，描述万物依此元素而变化生成呢，还是要讲造物主之制作呢？其实正是后者。

它从造物主如何依一理型而造出它的摹本（宇宙）来，再讲到如何造人，身体骨肉视听言动，人如何再生殖造出后代，巨细靡遗。

但把造宇宙剩下来的原料倒进大钵子里去搅拌，造出男人来；以及男人若不自爱，则第二次出生时就要变成女人；女人不自爱，就终将变成野兽的说法，与基督宗教说上帝造人，再取男人肋骨造女人，不是甚为相似吗？是宗教还是科学？

苏格拉底论造物主创造世界这些言论，是接在克里蒂亚对古希腊历史的叙述之后讲的。克里蒂亚从一位游吟诗人梭伦那里，听到他说埃及等其他地方的人都嘲笑希腊人太年轻了，因为他们没有年代久远的传统知识。为什么？因历次洪水把一切都毁灭了，不似其他民族还记得许多历史。

苏格拉底接了这个话头，但另起一头去讲永恒，以及永恒如何生出了变化。意指历史本不重要，或希腊人原即不注重历史，但也可能意即在补述上古创世纪的情况，为克里蒂亚补憾。

由前者说，是哲学高于历史知识；由后者说，是对上古神话的再述。

然而，如此还是不够的，柏拉图另一篇《克里蒂亚》正是这篇的姊妹篇，也是对上一话题没讲完的正式补述。

此篇讲的就是众神诞生及雅典城建立的故事。

它说神祇将大地分成若干区域，抽签分配领土。在该地替自己建起了神庙，规定了献祭的制度，而牧养其人民。牧养的意思，等于放牛吃草。其中波塞冬与民间女子生了许多孩子，让他们居住到各地，其中一地即希腊。由于此处地理条件优越，政府制度又好，法律也明确（法律就刻在岛中心波塞冬神庙的一根黄铜柱子上），故人民亦表现为温雅与智慧，为当时人类中声望最高的。

它在讲神把土地分成若干区域时，插播了一段，讲赫菲斯特和雅典娜因性格相近，又是一父所生，所以就由两人共同管理了这个地区。这个地区的土地状况、国家制度、卫城与军队等，都跟后面讲波塞冬后裔居掌希腊的部分相似，只不过它说这即是古代的雅典。

　　这就好玩了！火神赫菲斯特及雅典娜都是宙斯的子女，这与波塞冬后裔统治希腊的故事不就闹双胞了吗？

　　我觉得本篇之精义正在于此。雅典娜等奥林匹克诸神统治希腊或雅典，毋庸置疑、众所周知；但这里插入波塞冬后裔说，乃是另立了一个神系，建了另一个传统。

　　上文曾道及罗素说古希腊可能有奥林匹克神系之外的另一系，接近东方宗教型。此处则并不远求于东方宗教，乃是上溯于开天辟地。谓辟地之时，便有波塞冬一系为古希腊文化之源。而由此所开之传统，与雅典娜他们那一系所开创者并无不同，并不是酒神狂欢、生殖崇拜或巫术信仰之类。

　　而前文提到过泰勒斯的水源说，也即是推源于水神信仰。这或也可说古希腊文化中宙斯系与其他神系的宗教信仰之争，就显现在这些自然哲学论述中。

　　克里蒂亚是苏格拉底友人，其说也获得了苏格拉底认可，那么苏格拉底被控不信城邦神，令树新神，岂非更要被坐实了吗？

　　我在克里蒂亚的叙述中，看不出波塞冬后裔与雅典娜谁是新神，可是另有故事，或许可为此添一注脚。

　　奥古斯丁《上帝之城》中谈到一个故事，云雅典地上忽然出现一棵橄榄树，又一水由地下涌出，王乃派人去德尔菲神庙请示。神谕说：树代表智慧女神密涅瓦，水代表海神尼普顿，雅典公民须决定用哪个人的名字为城邦命名。那时男男女女都投了票。结果男人都选了海神，女人都选了女神，而且因投票时女人比男人多一人，故女神胜了。海神因此大怒，肆水淹没了雅典。雅典人大怖，乃给女人三重惩罚，一是以后不准投票了，二是孩子以后不准用母亲的名字了，三是女人不再享有女神雅典娜后裔的称号了。

这个故事，象征了因海神的失败，导致原先女性的社会地位下降，雅典出现一种新型社会。

埃斯库罗斯《复仇女神》一剧也有类似的描述。它说俄瑞斯忒斯为父报仇，杀了母亲。雅典娜召开法庭，复仇女神都指控他犯了弑母罪。可是推使他弑母的阿波罗则为他辩护。

巴霍芬《母权论》特别以这个剧来说明雅典如何从母权社会转变为父权。因为双方辩论后，雅典娜竟从票坛取了一枚石子握在手中。说如果票数相等，她这一票就要投给俄瑞斯忒斯，让他活命。因为她虽是女的，可是她从宙斯的脑中出生，没有母亲；且她永不结婚，所以只是父亲的孩子，并不看重那女人之死。最后，果然密涅瓦的石子赢了复仇女神，复仇女神只能悲伤地唱道："年轻的女神啊，你们压倒了古老的法律。"然后无奈地潜居地下。

由这些故事可看出雅典宗教本来就存在两种性质。或显示为由女性到男性的翻转（阿波罗、雅典娜、火神赫菲斯特，都代表宙斯、男性、理性的一面，而女性、旧神系、旧律法都被压倒）；或显示为宙斯等奥林匹克神系切断了巴库斯宗教的过程；或显示为波塞冬一系与宙斯一系的争衡。

波塞冬在神话中原就是一直与宙斯争胜的，也曾与雅典娜为新城雅典起名之事争执过。因此，这或许也象征了思潮如海，从来就是波涛汹涌的；理性之光，也从来照不透玄冥之海。波塞冬与宙斯是两兄弟，宗教和科学恐怕也是一对连体孪生子呢！

高冷的西方哲学史已被按倒在地上摩擦了

西方哲学，是现代性的建构，也是对现代社会的辩护。嘘云成象，曾吸引了无数人驻足观思；但如今日薄崦嵫，颇遭挑战。

挑战之一，是说西方哲学已死。

这与我们说某人已死不同，非指某君已亡或诅咒之，乃"末日论"之一种腔调。末日论或曰源于玛雅神话、印度神话，其实不是。玛雅与印度之神话多具有创生义，毁灭伴随创世，如蛇啮尾，轮回不已，故湿婆既是毁灭之神又是创生神。基督宗教之末日说却非如此，创生只属基督一人，名曰复活。复活后要大肆审判，替人定罪，故信徒忙着悔罪，一般人惶惶不可终日，在末日可怖之景象中忧郁彷徨。此一思路浸润于西方世界已久，因此时不时就会有人出面讨论"艺术史之终结"这类话题。哲学史也一样，宣称西方哲学史已死或将死者越来越多。

死因主要有二。一是哲学界自19世纪80年代以来确实乏善可陈，振衰无力，没什么新方法、新理论、新人物。

二是20世纪中期以后，反西方哲学传统之阵营反而声势大振。后现代诸思潮都批判启蒙运动以来的思路和学说。哲学是爱智之学，教人如何理性思维世界、确立人生，而现在理性恰好就是被批评的。

同理，科学乃是启蒙运动、工业革命以来最耀眼之成果。可是目前从科学角度批判哲学亦最严厉。理性思维、逻辑推理、自主意志，可是量子力学测不准原理一出来，还怎么讲下去？过去一谈科学性，就是客观、理性实验那一大套，现在科学哲学还讲这些老古董吗？何况，工业时代的伦理学、正义论、著作权，在人工智能、复制羊、编辑基因、网络纵横的世界中又能有多少适用性呢？

此所以说西方哲学已死，或已濒危。

不说哲学已死而说"西方哲学已死"，则是因推动此一思路之另一因素，正是对东方哲学之期待。认为过去被贬抑、轻视的东方思潮，或许存在着应和新时代的可能性。而且东方哲学过去只是模仿西方哲学而建构的论域或学问，在西方哲学濒危之际，症象之一，便是东方诸系思潮皆已逐渐发现他们的思想可能并不适合以"哲学"为名，而筹思脱离此大家庭了。

末日将届，万象凋疏，不就是这等兆头吗？当此时会，还来讲西方哲学史，正当性或必要性何在？

挑战之二，是古希腊罗马伪史说。

西方哲学史是现代性的构建，故以文艺复兴、启蒙运动为基轴，上溯古希腊。所有西方哲学史都是由古希腊讲起的。哲人时代，苏格拉底、柏拉图、亚里士多德三杰及其流派，然后就一跳到基督教哲学。而且不是由希伯来犹太教这一脉络来谈基督教，乃是从罗马奉基督教信仰为国教而说其教理教义。奥古斯丁、经院哲学、亚里士多德主义⋯⋯

可是，古希腊之史实、史事，史学界夙多怀疑。近年考古，虽说斩获不少，却也还有不少疑窦。盖西方史学本来简陋，史载甚缺；哲学界高谈理境，也未及注意社会及历史层面是否能跟他们描述的辉煌思想状态相符，故说着说着，说豁了边，不能不令人起疑。

例如柏拉图全集、亚里士多德全集，都有百千万字。卷帙浩繁，足以证明其博涉多优，著述宏富。可是这么多篇章，当时写在什么地方，又如何流传下来？词人常恐"清溪蚱蜢舟，载不动许多愁"，他们没有纸，也不用简牍缣帛，唯有莎草及羊皮，如何载得这许多文字？

至于流传，更是天方夜谭。不错，正是天方，阿拉伯世界。

古希腊久经战乱，文物丧绝。幸而战火之后略有劫余，一部分由波斯阿拉伯学者收存或译出了。若干年后，欧洲文艺复兴，一时遗书尽出，由阿拉伯再转抄译写出来者甚多，而柏拉图、亚里士多德之篇什遂大显于世。此中转折，固然弥可庆幸，但你不想想其中有多少伪托、多少错讹、多少误译、多少错植？中国古书，流传如此有序，尚须梁启超、顾颉刚他们来大谈"古书其伪及其年代"，并办《古史辨》大考特考之，为何讲西方哲学史就完全可以如此于有疑处不疑？

又如说其实施民主制，每年要开 40 次公民大会。竟是每几天就要跋涉山川去往返开会。又说亚历山大东征，率兵三万五，居然打出了五百多万平方千米的大帝国。难道每一战打下来不需派兵统治吗？此类河汉其谈，越发令人相信其中多有夸饰，因而扫除古希腊伪史竟成风潮。现在再讲柏拉图、亚里士多德，已不再能如我们前辈那样毫无心理负担、大言不惭了。

挑战之三是草原史观之竞争。

本来讲西方哲学史而由古希腊讲起，是为海洋文化张目的。所以由地中海孕育的古希腊文明发端，继而是开启大航海时代之欧洲文明、工业时代之海洋帝国，等等，以此为世界史之骨干或核心。这样一套论述虽然毫不心虚地漠视亚非拉诸洲，却不能掩饰欧洲文明自己曾有的剧痛：它曾经中断过。

罗马内乱，长逾百年，古代文明实已荡然。其后波斯中兴，罗马分裂，虽基督教起踞要津，尚能维持点颜面。然不旋踵在中国受到征伐的匈奴等部族便大举西迁，侵入波斯、进占印度，并带动北欧日耳曼人南下，灭了罗马。苟延残喘的东罗马，还不安分，因而与波斯争斗而俱衰。接着波斯亡于阿拉伯，东罗马在亚非之地也大部分被夺。可见从 2 世纪中到 8 世纪，欧洲皆在混乱与衰亡之中。而造成如此的因素，除了夙敌波斯之外，就是草原民族的西迁。

后来的欧洲史，对这一段耻辱史基本不予叙述，仅概括地称为"蛮族入侵"，其余一片空白。

可是近年史学界频翻旧账，提出了相对于海洋史观的草原民族世界史新架构。谓横跨欧亚大陆，由张家口到黑海里海草原带上之民族，形成为世界史发展之动力。从中国秦汉,直到15世纪帖木儿帝国时代,现代土耳其帝国、印度莫卧儿帝国,都属于草原民族在世界史上扮演重要角色之时期。

且事实上他们才一直是中央欧亚大陆之主人,主宰着"大陆岛"之命运。过去把他们贬为蛮族,说他们只会战争和屠戮,就忽略了他们是欧亚间财货、物资、金融、技术、制度的传播者。思想观念,事实上也是如此。

这种讲法,立足史实,远比过去西方哲学史把这一段空白化,假装什么事都没有,经由古希腊古罗马跳到基督教神权时代强得多。

西方哲学史,对东罗马时期经院哲学、亚里士多德主义,大谈特谈。可是古希腊云亡久矣,亚里士多德著作由何而来?西方哲学史不谈交流、不谈外部对它的影响,只是一种纯洁的单性生殖。自古希腊、基督教、文艺复兴这样一路讲下来,却忘了去说明为何要文艺复兴。不就是因为断了才须恢复、衰了才须振兴吗?然其衰断之故安在?衰世乱世,别的可能不行,思想却一定是最活络的,因为感慨深、痛苦大,思虑也就多。然而历史竟于此断了篇,毫无叙述。几百年受中亚民族之统治或侵扰,也毫无文化收获及观念交流,不也甚可怪耶?

草原史观架构的新世界史模型,以及连带而起的近年"探索伊斯兰"热潮,恰好可予以西方哲学史之写作传统一个重要的提醒。

挑战之四是"西方"的争衡。

西方哲学史这个名称中的"西方",其实指的是古老的西方概念。亚里士多德即曾推想世界应分成温带、热带等地区,生活在不同地区的人过着不同的生活。其《政治学》则赋予这不同地区不同的政治属性,希腊属于西方,埃及、波斯属于东方;西方是自由的,东方则是专制和奴性的。此即为东方专制主义之起源,沿用至今。

故欧洲所谓"东方学",早期皆由研究埃及开始。后来才把这里称为近东,把波斯、阿拉伯世界称为中东,亚洲则为远东。

可是东西方之概念渐生变化。日本发展"东亚"之概念,以中国、日本为东方之代表，以与西方相对，以致埃及与两河流域也都被包括进了西方，形成大西方概念。这也是我国人现在较熟悉的西方观（中国早期之西方观本非如此。《诗》思西方之美人，佛徒以天竺为西天。海路则东海称为东洋，中国南海称为西洋，《三宝太监下西洋记》、张燮《东西洋考》等书所称西洋均是这个意思，婆罗洲以西是也）。

但这就与欧洲人原先所指西方颇不相同了，所以西方哲学史虽然仍只讲希腊罗马，其他各种西方史述却不免要泛及埃及巴比伦。例如讲法律，能不讲汉谟拉比法典吗？能不谈摩西十诫吗？然而这都是属于东方之物。甚至基督教本身就起于东方之希伯来。切割了它的渊源，孤立地放在罗马教权巩固时期说其思想，本来就显得矫情、不自然。因此扩大"西方"原有的意涵，把这些都并进来也没错。汉谟拉比法典的情况也是如此。当时之法哲学、法思维，下贯于罗马法，直到现在，当然也没理由割裂开来讲。

此类事例，拓展开来看，则上古神话民俗是否亦应包括到西方哲学史中？古希腊酒神狄俄尼索斯的重要性，大家想必是知道的，尼采哲学就特别要阐扬酒神精神。可是这酒神云云其实是古代生殖崇拜之一端，每年酒神享有七个节日，每个节日都是由人们抬着阳具模型去游行、喝酒、唱淫曲。

这是生殖崇拜之张扬型，相反的就还有掩抑型，埃及人、犹太人之割礼属之，后来，基督教就继承了这种观念。罗马人反之，张扬而不掩抑，所以瞧不起阉人。

这样的事例，虽谈起来似乎不雅，但在观念流变中其实甚为重要。而且宜如我这样，把埃及、希伯来、希腊、罗马合起来谈，不能仅照传统西方哲学史那样孤立地说希腊、罗马。但真要这么做，西方哲学史所要涉及的领域可就要大大扩张了，不能局限于那小小疆域。

挑战之五，是非主流思潮的反扑。

西方哲学史的正宗写法，一向是从古希腊早期哲学、苏格拉底、柏拉图、亚里士多德、晚期希腊哲学、基督教哲学、经院哲学，文艺复兴、近代哲学、自然科学、理性主义、经验主义、启蒙哲学、康德唯心论、费希特谢林、黑格尔及其影响等讲下来。虽然其术多方,但一条理性思维的线索贯穿于其中,无论经验论、理性论,包括宗教信仰都需用理性予以思考说明之。

与此相反的那些情感、情绪、心态,如焦虑、仇恨、恐慌、疯癫、挫折感、绝望、寂寞等都不是哲学,且是哲学思考所应避免的,如斯宾诺莎所言:"我不哭不笑,只是理解。"

可是存在主义以降,如祁克果、尼采、海德格尔、萨特等人便觉得这样的"理性人"并非真实存在状态,故一反"水晶宫里人不见"的思路,大谈要以整体人替代理性人。

这种非理性思潮(亦即重新注视理性以外之因素)的先生们,在反叛其传统时,通常不采取与传统决裂之论述策略,而是以深入拥抱传统、解析传统的方式,释放出传统中被主流论述遮蔽、尚不为人所熟知的部分,来作为其立论之依据。例如说柏拉图本想做个戏剧诗人,遇到苏格拉底后,才改而决心献身于智慧之追求。所以他内在就会经历一场诗人之死的心理激荡,慢慢以理智战胜诗歌与神话。但这不是立刻就能战胜的,理性与非理性在他心中激荡、存汰,最后才能协调圆满,从死亡和时间中获得解放。

这样存在主义式的解读,用在希伯来宗教传统中当然更是合适。如约伯说:"我从前风闻有你,现在亲眼看见你。"他们就会解释道:风闻是知道以理智和逻辑;亲见是感受、触动,而令人真正接触到生命的重大问题,产生信仰。而信仰恰非逻辑与理智所能碰触。

如此这般,反传统之同时,也重新解释了它。释有放开之意,把现在要阐扬的东西,从一个老躯壳中释放了出来。这种论述策略,中国古代也常有,古文运动与宋明理学之上溯孔孟道统、晚清康有为之托古政治,均属此等。

在西方,这也是现代思想家之惯技,非理性思潮如此,非科学思潮也一样。要上溯希腊哲学家之反自然哲学倾向,神学中乃至浪漫主义中之反科学思想，在一个理性的科学的思想链条之外，另行构建一线历史。

这类攻击原有正统论述的做法，虽然个别看都不足以动摇正宗，但合起来却足以让人怀疑原先那种西方哲学史论述是不是遗漏太多，或者对焦不准，以致把并不那么重要的东西，做了符合现代性的夸饰和扭曲，不可信据。

最后要说说宗教的挑战。

哲学史是由与宗教脱离讲起的。由宗教和神话角度看自然，跟由城邦和个人角度看自然截然异趣。看的方法，宗教及神话思维和理性逻辑思维也完全不同，故才有了哲学。人文主义者溯源于古希腊，亦由于此。

在近代政教分离、上帝已死、人脱离上帝魔咒、用自己的理性之眼看世界的大脉络中说，这当然没问题，甚且相得益彰，大符时需。然而近年宗教复兴，风气已转，历史中的宗教因素越来越不能如过去那样随意忽视了。

例如古希腊当时是个哲学的时代还是个宗教社会，恐怕就不能不再想一想了。像自然哲学家思考自然之本源是水、是火、是气，等等，过去或被认为是唯物论之源头，或谓为原子论之先驱，似乎就忘了他们说的水或气中就包含了神灵。毕达哥拉斯学派以数来论次天地万物，同样不能忽视了他这派思想旨不在实用，而是把数学和宗教结合起来，想通过数学来探寻真理，且这个真理不是脱离神的纯理型存在。至于城邦，城邦存在及其运作，仅恃公民、民主、管理，还是有赖神祇？若不用，那神庙是干什么用的？苏格拉底之死，是因他的哲学不见容于社会，还是被疑其背叛了城邦之神？而其甘于饮毒受死，是自信其理，抑或表示未悖于神？

此类问题当然都可以有争论。但争论之起，正由于历史中的宗教因素重新被看到了。上古时期如此，中古宗教统治时期也是如此。过去西方哲学史叙述这一段，只是把宗教窄化成教义，抽提其文献与言说来做理性化的讨论，论证上帝是否存在，灵魂是否不灭，等等。这是非宗教的宗教学，讨论方式与宗教信仰、宗教活动、宗教经验、宗教团体等竟可以毫不相干。

一个具体的宗教，必须活在制度、仪式、神迹、身体感受之中，教义其实非常次要。不信，你去问问身边的佛教徒读过几本佛经、说不说得清楚天台宗与华严宗有什么差别。若认为佛教徒水准太低，外国天主教基督教徒会好些，自然也是妄想。圣方济会、本笃会、多明我会与耶稣会的历史与区分，现在问问普通天主教徒，又有多少搞得清楚？反之，天主教、基督教对于拜不拜圣母大起争论，在《圣经》之外还有人整天诵念《玫瑰经》，这些事，各种哲学史里却都是不谈的。

故此类纯理性化的教理教义讨论，其实离宗教生活甚远。而现今宗教复兴，却是要以宗教介入生活世界的。如以此角度去看西方哲学史，当然就会非常失望，因其中根本看不到欧洲中古教权统治一切的荣光及巨大权威，也看不到当下的血与火。血，讲的是教权宰制下的农奴、女巫、异教徒、异端，血流遍地。火，指的是宗教战争，对外的异宗教对抗与对内部的，如新教革命、英国教独立、清教徒出走等。这其中还涉及宗教与正义、与民族、与女性之类相关题目，都是还没被哲学处理的。至于现代化与宗教之关系，尤其不能以为宗教完全退却了，就置诸不论不辩之列。

也就是说，西方哲学史，目前已到了"典范"破损，亟须改弦更张或另起炉灶之时。

定夺苏格拉底

一、爱智，到底是爱还是智？

哲学，是个日本人创造的汉语词，古来所无。但人家也不完全是乱造的，它的中文词源本于《尚书·皋陶谟》"知人则哲，能官人"。指的是西方的一套学问，其希腊词源是"爱智慧"，故有时我们也称它是爱智之学。

什么是爱智慧呢？讲哲学的人各有主张，或曰是对基本和普遍问题之研究，或曰研究宇宙之性质、万事万物之规律等。自说自话，五花八门。

但其实希腊"智慧"一词所指，包含诗人、音乐家、预言家、游吟者等，总之属于柏拉图所说"批发或零售精神食粮的商人"，都是能以语言表达"逻各斯"艺术的。后来智者专恃此术游世并传授以为业，故"爱智慧者"竟成为"智者"之专称。

此犹如我国古代诸子百家皆言道，儒家说其儒道、墨家推行其墨道，诸子亦游说纵横，各道其道，而道家却最终独擅道家之名。因为儒、墨、名、法各家言道都还另标仁义、兼爱、名实、法术等旗帜，不似道家专言道、大道、天道。故以道为名，遂不能不让道家专美。希腊"爱智慧者"最终以智者为代表，情况雷同。

可是智者人数众多，主张也各不同，并不都研究基本和普遍之问题，也不都讲宇宙论。普罗泰戈拉（Protagoras）说"人为万物之尺度"，"世上之一切，对一个人来说皆不同于另一个人"，被苏格拉底批评说是猪狗猴子也同样可以说是万物之尺度。高尔吉亚（Gorgias）说无物存在，即使存在也无法认识，即使认识，也无法告诉他人。则是彻底的虚无主义。这些先生，谈的又都是什么基本和普遍的问题呢？可见百家争鸣，各显智巧，原无定则，并不能都以后来柏拉图、亚里士多德为模型，去套着说当时爱智慧之学就都是柏拉图、亚里士多德所谈的那一类。

换言之，智者们乃是各道其道的，所谈之道，范畴各异。

那么，其间没有共通性吗？现在各种西方哲学史著作大抵口径一致，说：有的，他们共同显示为一种思辨的精神。其表现，一曰静观，如太阳神阿波罗般静观万物之变，寻找其不变之本源；二曰辩证，变与不变、本质与现象、动与静、二元对立，而以一为中心，以另一方为边缘之逻各斯中心主义；三曰演绎，思维如几何公理体系，演绎推理；四曰理智，理智统摄心灵一切活动，而将理性思辨所得推展实践于社会公众生活中。

这样归纳古希腊智者们所显示之思辨精神，当然很好。但哲学既然是爱智之学，这却只讲了"智"，而还没讲到或者根本忘记了"爱"。

二、爱，成就思想

可是爱多么重要啊？世界上各大文明之哲思或宗教恐怕都与这主题有关。如印度教，强调男女身心灵结合的爱，有其《爱经》。儒家讲仁爱，以夫妇为人伦之始，要琴瑟和鸣；道家讲阴阳调和。它们都属于不离两性关系，甚至是以两性关系为基础的类型。墨家不涉男女而谈兼爱，是属于超越两性家室之爱的爱。佛教不合男女，要割爱辞亲，是属于逃避两性之爱的；爱被视为贪欲，是贪嗔痴三毒之首。基督宗教类似佛教，也要逃避两性之爱；世人之爱，则须通过上帝或耶稣为中介才能进行。所以世界各大思想系统若由爱来判教，真可谓灿若列眉，不同的爱观，事实上便决定了不同思想体系的性质。

然而古希腊没有爱观吗？其爱观不影响其哲学吗？为什么现在各种西方哲学史皇皇巨著皆耽于智而忽略了爱呢？

当时古希腊，与佛教基督宗教逃避性爱不同，是歌颂爱、追求爱的。但其爱并不限于两性，年长男子与少男之爱可能还更主要或更显特色，故又与儒、墨、道家、印度教不同。

三、游荡者之歌与谈

当时那些智者与游吟诗人、乐师一样。游吟者吟唱诗篇乐曲，歌咏爱情，例如说特洛伊战争是为了争夺女人的荷马；在莱斯波斯岛办学校教诗与音乐，写着情诗、婚歌、颂神辞的女诗人萨福（Sappho），都属这种。智者则是游谈。

游谈不同于我国战国诸子之游说。游说之说，并非一般的言说，而是指对君王等有权势者的说服。智者并不去说服君王，因为它们自己就是统治阶级，乃公民式的贵族，衣食无虞之暇，与游乐、游嬉相并着进行其游谈。

现在的西方哲学史，常把他们描绘成教授式的人物，专讲学问以相授受。殊不知当时只是游谈。构作辞令，以相诧美，其间多表演性与游艺性。

还有人说这就是公共论坛，以比附于民主议会制度或社会。很好笑！游谈是无根的，类似吃饱了饭闲磕牙。随意立一规则便可肆论、设喻、取象、铺展论式，务在胜人，一新耳目。

其情况，颇似我国魏晋之清谈。清谈跟汉代的"论难"不同，《世说新语·文学篇》载王弼一故事最能说明此原理：

> 何晏为吏部尚书，有位望。时谈客盈座，王弼未弱冠，往见之。晏闻弼来，乃倒屣迎之。因条向者胜理，语弼曰："此理，仆以为理极，可复难否？"弼便作难，一座人便以为屈。于是弼自为主客数番，皆一座所不及。

王弼作难，并不是他反对那个道理，而是应何晏之邀，构作一套说词。作难以后,又另作一论,反对刚刚自己所讲的道理。然后再作难,又反对自己刚才的论。如此,叫作"自为主客",自己一个人同时担任正方与反方。

自为主客,而且还要往复数番,其才辩能力当然非同小可,令人折服。但这时,大家欣赏的,不是那个理论到底对不对,而是言辩的趣味、辩士的才华。

这就类似辩论比赛时,两队抽签选定代表正方或反方以后,就针对此方之理去敷陈铺展,务期鞭辟入里。一轮交手后,两方互换角色,原先代表正方的转而替反方来辩护。于是又针对反方之理来阐述,也要能讲得头头是道,这才能称得上是个优秀的辩士,足以显示其谈辩技巧。当然,这时辩士本人到底主张什么并不重要,犹如律师只为他的雇主辩护,不必真心认同其辩护之理由。

时人欣赏谈论,本来就只是审美的而非义理的。东晋时,支遁与许询讲论,"支通一义,四坐莫不餍心;许送一难,众人莫不抃舞,但共嗟咏二家之美,不辨其理之所在。"殷浩与王导清言到三更,王导很高兴,也说:"向来语,乃竟未知理源所归。至于辞喻不相负,正始之音,正当尔耳!"这种只嗟赏论辩中辞喻之美,而不知理源所归的态度,即是何晏王弼清谈之特点,王导所自负能追复的"正始之音"就是这种形态。

要由此理解,才能明白古希腊智者游谈之性质。是谈辩之术的操练,上法庭、去议会的预备,未必究理源之所归,属于孔子说"前言戏之耳"那种。之前有人把智者(sophists)译为诡辩学派,就是这个道理。

谈时或在室内或在郊野,另还可能伴以饮食。与17世纪法国沙龙中一边呷着饮料、欣赏着音乐,一边无拘无束地游谈相似。(推崇古希腊民主的人,说当时喝酒还要商量规矩,甚似民主政治中的议会商讨,也很好笑。饮酒而议订规矩,我国周朝即有酒纠、酒令、酒监、酒约啦,跟民主议会什么关系?)

因为本来是游乐,所以谈的也常是饮食男女。

四、游谈、游食、谈情说爱

游谈与游食结合而说男女男男爱欲之事的，柏拉图《宴饮》最堪佐证。

此篇借苏格拉底弟子阿波罗多洛斯之口，叙述苏格拉底去参加一个聚会。阿波罗多洛斯首先就批评想问这件事的朋友是无所事事的游荡者。而其实依他叙述，苏也同样游。去游食之前，他还要打扮一番，以便美美地去一个美人那里，因为他的爱欲者也会去（一对同性恋人，年长而主动的称为爱欲者，年少被爱的是被爱欲者）。同时他又拉上一位朋友同去做了不速之客。这种不速之客，此次聚会中并不少，例如餐会上苏格拉底讲完了之后，就还来了一位已喝得醉醺醺的年轻政治家，大肆颂扬苏格拉底。

这岂不充分显示了游士游食的性质吗？餐宴之中的谈论，其实就是佐餐酒一类东西，众人合议，起一话题，博议以为欢。

如何议论呢？那时吃饭是躺着的。众人躺在床上进食，一边打着饱嗝，一边谈笑。先献上祭酒，唱赞神歌，履行完六道宴前祭仪，才开始喝酒。但喝着喝着，觉得这样干喝太乏味且容易喝醉，于是把吹箫的女人赶走了，自己用言辞来取乐，并避免喝醉。性质跟我国文人喝酒时要行酒令以免酗酒相同。

讲什么呢？大家觉得爱神太重要了，可是缺乏赞颂，不如就每人都为爱欲之神爱若斯献上一篇赞辞吧。

斐德若先说了一通，谓爱若斯生在诸神之先，混沌之后，生出的就只有爱若斯和大地。所以他首先是年长，其次是一切好东西的起因。是因为爱，才会做出荣誉和具德行的事。再次，由于爱才愿为爱人赴死，显出神性来。

接着泡萨尼阿斯说爱若斯应有两个，一属天，一属地。一是爱起来美的，正确的。一是爱欲既发，指向肉体而非灵魂，又没智性，乃是众人随性勃发之欲，故属地。前者只有爱欲少男的男人才有，女人是没份的。雅典懂得这种爱欲，设法保护它，故颇受他赞许。其他地方则只知属地的爱若斯,还不能懂得天这一型。这种天型爱欲,会在智慧与德行方面教导、扶助少男,也会给钱,献殷勤给被爱欲的少男。

然后医生厄里刻希马库斯说:由身体看,就有这两种爱欲,或让身体好、或让身体坏。但这两种最好结合起来,一如医术就是要懂得身体上爱欲的"胀"和"泄"(有人说"胀"的希腊文词干与怀孕相同,故胀和泄暗含孕育和生出孩子。解得迂曲了。胀是性欲高涨,泄是性交结束)。两种交恶之物,须使之相爱欲,冷与热、苦与甜、燥与湿等,应如高音和低音达成一致才能产生和音。

他讲完后,阿里斯托芬接着说:古代人本是阴阳人,两脸四手四耳,一对生殖器。男人是太阳的后裔,女人是月亮的后裔。后来,神怕人太厉害了,遂把他切成两半。切成一男一女之后,爱欲生于心,男女相和,再生人出来。然而,切也有不同的切法,由阴阳人切成的男人都爱欲女人,其女人也爱男人。由男性切成的男人则爱欲男性,由女人切成的女人只爱欲女性。因此,若一男子遇到天生合自己心意的男孩,那就太好了,要赞颂爱神。

阿伽通接着讲。他先全盘否定了以上几位,认为都没夸到位,只说爱欲之神给了人什么好处,而没说明他是什么性质。其次他反对爱若斯年老的说法,说他再年轻不过了,既年轻又轻柔,所以他本身就美,落脚于花色鲜艳之处。同时,爱若斯既不会行不义,也不会遭受不义,他本身就带有正义之性质。此外,他还有节制,因为他能统摄快乐和欲望。再者,他还有智慧,每个人一碰到他就会成为诗人。其他各门技艺也都受欲望和爱欲引导,所以阿波罗、通乐术的缪斯们、懂锻木工的赫菲斯托斯、通纺织术的雅典娜,以及宙斯,都是爱若斯的学生。

最后,苏格拉底隆重登场了,批驳之前几位,另讲了一番道理之后,让阿伽通这位美男躺在了他身旁。

可是突然一大群纵酒狂欢者一拥而进,颂赞中断了,大家都被迫乱喝了一通,昏昏睡去。宴会也就草草结束了。

五、是智者，还是诡辩？

关于爱欲，以后还会讨论，此处大幅引述《宴饮》，只是示例说明当时游食之间游谈的状况。

游谈最终被另一群游食者闯进来打散了，可是众人醒来时发现苏格拉底、阿伽通几个人还在不停地喝，也还在聊。苏格拉底正迫使他们同意一个男人应懂得制作谐剧和肃剧呢，而其实他们都困得不行了。

这番情景，足以为当时游谈无根之写照。所谓论据，皆是胡扯。你说爱神最老，我就说他最年轻；你说爱可以鼓舞人，做出荣誉和具美德的事，我就说爱也可害人，做出败德之事来；另一人则说爱既有此两面，就使之合一，达成调和之乐音吧；又一人便因此而说上古人类本来就阴阳合体。阴阳合体，当然有趣，但不知如此人球怎么驮着另一人吃饭做爱？还有，谈神说爱，讲来讲去，都规避着男女之爱，尽在男人与男童之间做文章，是怎么回事？

可见这些讲法，都是言词上的巧舌，自说自话的推断，各从一个角度来争胜，跟中国古代名家墨家之辩论还不一样。那种可是要辩名实、定是非的。这种言谈如何核实，又有何是非？一群醉汉之闲扯而已，能从中学习到的，论辩之术罢了。

如阿伽通说他们赞颂了半天，却都没讲到爱若斯的性质；苏格拉底说阿伽通说的仍非爱之本质，只是具体的爱欲某一物，而非爱本身。爱本身是永恒的，是不生不灭、不增不减之真实，故不能迷恋于某一虚像云云，都是辩论中可采取的方法。但从理上说，难道这就是究极之理，不可辩驳了吗？

我不是说此类游谈都无理上之价值，徒逞口舌之快。例如苏格拉底之说，美本身与美现象之分，岂非柏拉图"理型论"之先导乎？理型论的根子或原型，即在于此，故理上绝不能说它无价值。柏拉图之所以要记录这一番谈话，也明显有寄托怀抱，为自家理论张目之意，不能忽视其意义。但我这里引用他这段描述，重点并不在其理论上，乃是要借此说明当时智者游食、游乐、游谈之状况与生活形态。

六、苏格拉底美不美？

　　一般日常生活形态，本来历史上记录就少，日本导演黑泽明原先想拍武士的一天，但因考证不出江户时期武士一天到底吃两餐还是三餐而不得不放弃，改去拍了《七武士》。古希腊人之生活状况也一样难以考证。过去写西方哲学史的人更是毫不关心这些，只摘取言论来做理论分析。可是话在什么场合说，说来调笑或有政治军事作用，性质大不相同，我们不能不对发言者之言说情境有些了解。

　　当时大家喝着兑水的酒，打情骂俏地讨论爱，所以大量所谓论述都在强调、辩护或歌颂同性恋，说："如果我们让这爱欲达到圆满，我们这一类人会变得无比幸福，个个遇到自己的男孩。"宾客间则有人强调自己深知"苏格拉底和阿伽通在爱欲的事情方面都很厉害"。

　　说着说着，某人进来了，苏格拉底为之挪了挪位子，让他躺到阿伽通和自己中间。那人热情拥抱阿伽通，并替他戴上用常春藤和紫罗兰编织的花冠。可是随后他就发现了阿伽通原先竟是躺在苏格拉底边上，于是跳起来大骂："混蛋，你居然挨着这里面最美的人躺！"苏格拉底乃向阿伽通撒娇说："你看看，你不来保护我啊？他对我醋劲大发，妒火中烧啦！"

　　这类场景，讲哲学史的人该注意还是要假装看不见呢？苏格拉底是以美为人所爱戴或仅以其理性思维和辩术？

　　古来画家画苏格拉底，都是一副邋遢忧苦大叔状，谁知其大谬不然。我讲过，彼时游谈，颇似魏晋之清谈。清谈名公，常须是美姿仪的，如何晏面如傅粉、王衍拿着麈尾拂尘而人不能分辨是手还是玉柄，苏格拉底殆亦类此。

　　柏拉图曾用了许多方法来说苏格拉底之美。《宴饮》后半，即有大量篇幅来赞美他，借阿尔喀比亚德（也就是刚刚提过看见阿伽通与苏格拉底躺在一起就妒火中烧的那位）之口，来说苏格拉底是众人中相貌最美的，又自述他如何勾引苏格拉底、如何留之宿夜、如何表白要苏格拉底做他唯一的爱欲者、如何献殷勤、最后如何抱住并压在苏格拉底身上睡了一晚。

依他的描述，苏格拉底内在更美，能忍饥耐寒，又有战功，在生活方式之追求方面上也无人能比。总之，苏格拉底简直就是美的化身。其冗长之赞美，与前面对爱神的讨论相呼应，前面是理念上争辩爱与爱欲，后面是具体的美呈现于一典型人物，为众人所爱欲。结论："只要苏格拉底在，别人就没法分到美。"

苏格拉底也许最美，但时人爱美、嬖娈童、戴花冠、逗言辩，乃是风气。风气如此，故不能仅由理智方面去了解。

其饮食，则是躺着由小厮服务的。因为躺着势必不便取餐，故充分发挥着"饭来张口"之态度，由人喂食。游食者也不在家食。我国《易经》说："大畜利贞，不家食，吉。"说的是王者礼敬贤人，不让贤人在家中"吃自己"，都要养贤，招纳人才。古希腊之哲人之不家食，则是不喜欢在家里吃。

《宴饮》记载这次会聚荒嬉后，苏格拉底先去卢凯宫洗了个澡，然后又像别的日子一样在那儿消磨了一整天，直到拂晓才回家歇着。这一段，施特劳斯的义疏就指出：他总不在家，像爱若斯一样无家可归，没有对家的爱欲。盖游食者亦游居者也。

七、古希腊哲学新定位

以上我这些讲法，你若听来不太顺耳，那就对了。因为过去西方哲学史一贯打造主智主义的形象，不是还有苏格拉底的主智主义（socratic intellectualism）一词吗？据《剑桥哲学辞典》之权威解释，苏格拉底只关注道德哲学，在柏拉图《对话录》中一直扮演着困惑的提问者；而其道德哲学之要旨，只是智性问题，因他总把道德和知识等同起来。

权威之见如此，无怪乎罗素会把他和美隔绝开来，其《西方哲学史》第十一章宣称："任何人都同意：苏格拉底是很丑的，他有一个扁鼻子和大肚子，比萨提尔滑稽戏里的一切丑汉都还丑，老是穿着褴褛的旧衣服，光着脚到处走。"

他引用的是色诺芬《宴饮》的版本。众所周知，色诺芬与柏拉图都有记载苏格拉底的谈话录，但两者往往南辕北辙。像苏格拉底的形象，色诺芬就刻画得丑，与柏拉图状之为美人迥异。

罗素及绝大多数哲学家却不采信柏拉图的证词，偏要用色诺芬之说，谓苏格拉底极丑。千百年来读《宴饮》的人也不信从柏拉图，反而从阿尔喀比亚德用"西勒诺斯"这位丑怪的森林之神形容过苏格拉底来设想，认为这是说苏格拉底形貌丑陋而内在甚美。从解读技术上说，此乃拘执于比喻，未能领会通篇文意。从形态上说，则显然大家打心眼里就没法认同苏格拉底是一美貌娈童，以色相（而不止以色相）为人所爱慕。

柏拉图描述阿尔喀比亚德说完苏格拉底为何最美以后，在场的人都笑了，因为大家都看出来他对苏格拉底爱欲兮兮；而阿尔喀比亚德则对苏格拉底这位美男仍然躺到阿伽通身边颇为怅然。这种爱欲纠缠之场面，后世哲学家辄不忍直视也。

历史上，柏拉图之书，最受重视的是《理想国》。《宴饮》和苏格拉底之爱欲问题一直不受人重视；即或解读，也仍要规避苏格拉底美及他被人爱欲的情况，正如上文所述。20世纪50年代以后，情况才有所翻转，马尔库塞宣扬《爱欲与文明》、施特劳斯重新疏解《宴饮》，爱欲这一主题才站上西方哲学史舞台，相关著作渐多。

我这里以《宴饮》为例解说苏格拉底，与这种思潮相同之处，是都想由此突显过去西方爱智之学其实有"主智而却爱"之弊，亟待改弦易辙。不同之处，则在于并不只是对苏格拉底和柏拉图的解释，乃是借此说明当时智者游辩于饮食男女之间的状态，由小见大（至于施特劳斯们把爱欲和政治含义或民主思想结合起来，我也不赞成）。

其游谈中，还有可注意者，即其对神的讨论。他们论辩常以对宙斯起誓或对波塞冬起誓发端，表明我诚意如此想、如此说。说的内容，则是爱若斯神之性质、作用和定位，目的是对神的赞颂。其赞颂，实与诗人之歌无异；苏格拉底之赞辞，更是直接引述抒情诗人斯忒西科若斯（另见《斐德若篇》）。乃表面是理性语言的抒感，为神争地位。

以神名起誓来立论，表明其言辩是与神话延续的。为神争地位、构理据，是对神话世界的补充与诠释。其与神话之关系，显然都不是断裂的。但如此显然之事，在西方哲学史中却完全被颠倒过来看，认为古希腊哲学之特点正在断裂，或者说所谓哲学即生于跟宗教与神话之断裂中。

过往的西方哲学史，论古希腊哲学的精神，首先就是强调古希腊哲学之非宗教精神。说印度哲学与宗教的关系最紧密；古希腊最不紧密，乃与神话世界观决裂之产物；中国则居于中间，若即若离，无可无不可。印度的情况，姑且勿论，说中国和古希腊却肯定是错的。这种分判，只是既对宗教无知，又沿袭着现代性的历史观，所以喜欢从革命、决裂、断裂的角度去讲发展与进步。其实古希腊哲学固有其不同于神话世界之思维特点，但那是在延续中发展而成的，不能仍采"理性思辨／宗教迷信"对立的角度去看问题。

全球化，太全球化了！

每个国家、民族、地域之文化都不相同。这些文化，正因不同，故须了解，并透过了解以达成区域合作。

这近乎一种常识之观念，大概也没有人会反对。但是，仔细看看这几百年的历史，我们就会明白，这种想法恰好与整个世界的潮流相反。

近几百年来，世界的整体趋向，是文化的普遍主义观点。因欧洲社会内部的知识、经济、技术因素之逐步发达和对外扩张机制日趋完善，到1500年前后，全球性的殖民主义扩展开始了。与此同时，基督教的全球性传播也逐步从梦想变为现实。

殖民活动是一种世俗性的扩张行为，它主要表现为政治、军事和商业的扩张，代表了一种世俗化的普遍主义倾向。

基督教的全球性传播，则是其宗教普遍主义运动的展开。强调价值观、人生观、世界意识各方面的普遍化；对非欧美地区，文明的欧美人士有责任与义务去教育他们；因为拯救非基督教徒就是教给他们文明社会的生活方式，使他们成为文明人。世界的基督化和文明化，作为一种理想，遂成为传教运动的驱动力。

为了使世界完全基督化，传教士们建教堂、办学校、开医院，传播福音的足迹遍及世界每一个角落。

基督教的这种普世性的实践活动，建立了基督教的优势地位，使得世界文化开始具有一致性，但也严重破坏了各地文化的正常发展。在强势的西方文化的冲击下，一些文化体渐渐丧失了自己的文化特征，另一些文化体则发生严重的断裂,造成传统与现代的尖锐冲突与对立。

非西方文化对此趋势亦非毫无抗拒。但这些抗拒,事实上节节败退。因为政治体制、科学技术、经济发展之世俗生活变革,强化了世界文化的同构型。反抗"现代""西方"乃日益被认为是陈腐、守旧、保守的态度。

经由几百年如此殖民运动及基督教扩张之后,世界已渐渐同质化。对此现象,20世纪70年代世界体系论者将它描述为:世界已渐渐整合成一个资本主义世界体系。

依此派论者之见,资本主义世界体系是由劳动分工形成的,其基本特征在于"它是经济的,而不像帝国、城市国家和民族国家那样是一个政治实体"。故沃勒斯坦有时也将世界体系(world-system)称为世界经济(world-economy)。在他看来,"它是一种世界经济,因为这个体系各个部分之间最基本的联系是经济的。尽管这种联系在某种程度上被文化联系,而最终亦被政治安排和联盟架构所加强"(Immanuel Wallerstein, *The Polities of the World-economy: The states, the movements, and the civilizations*, p.15)。

虽然如此,资本主义世界体系本身就形成为一种文化。在这个文化中,资本主义文明透过社会科学的制度化、意识形态的规范化而普遍化了。

世界体系理论指出了这个事实,却无歌颂世界一统之意。恰好相反,他们认为这个体系有着严重的内在文化矛盾:普遍主义与国族主义共生在这个体系中。

一方面,我们有了基于《世界人权宣言》的联合国这样一个机构,既承认国际法的存在,也承认所有人的价值的存在。我们还有统一的时间和空间度量,有一个人们承认普遍规律的科学共同体。这些,都构成普遍主义的核心内容。

但另一方面,我们还有一个主权国家网络。这些主权国家有非常明确的版图界限,在这些界限内,每个国家都有自己的法律、议会、语言、护照、国旗、货币以及公民。

这个矛盾,当然可用趋同论和阶段论来解释。

所谓趋同论，是说民族国家不同的文化将逐渐趋同，形塑成一个世界文化（world culture）。阶段论，则是说世上各个不同的民族文化其实只是同一历史之不同阶段表现罢了，故看来文化多样多元，而其实仍是一个世界文化而已。

但世界体系理论家并不赞成此类说法，他们认为资本主义世界经济及其文化由于无法克服其本身的矛盾，势必凋谢瓦解。这个世界体系被打破之后，可能会出现一个新的世界社会主义体系（见沃勒斯坦《资本主义世界体系与社会主义》，1986，《知识分子》夏季号，p.101）。

1990年以后，全球化（globalization）理论崛起，逐渐蔚为巨流。这个理论，据我看，正是世界体系理论的另一个版本。

世界体系理论也是说资本主义的发展将使全球成为一个体系，出现世界文化。只不过这个体系内部存在着世界化和民族国家文化独特性的矛盾。全球化理论则将其悲观论调转为乐观的。说全球化、世界村，以及因此而带来的全球化意识（global awareness），会使民族国家与民族社会的统一性崩解。非国家行为者、跨国资本、跨国生产等所推动之全球化过程（globalizing process），会逐步去民族化。民族文化本位论者所强调的"族裔认同""与其他社会有所区别""具有可封闭空间之自我形象"等，已越来越淡化。计算机网络及实际移民行为快速增加，人类将朝相互理解、沟通、包容差异方面发展，朝相互整合成为一个文化的方向走。

世界体系理论所说的"世界文化与民族文化的矛盾"，到了全球化论者手中，也变成了"同构型与异质性并存的'全球当地化'或'再当地化'（relocalize）"，既有普遍性又有独特性。

换言之，近五百年来，世界之潮流是趋同的，有普遍主义之态度。个别的、分殊的、特异的民族文化，虽然竭力抗拒，可是好像效力有限。在全球资本主义体系越来越巩固之际，谈民族文化，似乎只能勉强在全球化的格局中，求其勿"去当地化"（delocalize），尽量能够"再当地化"而已。

可是，再当地化的概念是很可疑的。欧美跨国企业来亚洲唱台湾歌仔戏、韩国阿里郎,用禅意境、太极图像等东方生活风格、文化象征来卖可口可乐、汉堡、咖啡、摇滚音乐带,就叫作"全球文化再当地化"?这些东方文化意象、伦理价值、生活方式,在全球化过程中何尝真正能促使欧美社会质变成为多元文化的社会?

故所谓全球化,实际上就是文化同质化,形成世界文化之谓。再当地化,仍是去当地化的一种方式。

非常抱歉,对全球化理论如此不敬,或许是因我浅陋无知。但讲这么多,主要是想回到题目上去进一步思考:"文化了解与区域合作,"到底是放在全球化、普遍主义的角度去讲,抑或可以从民族、国家,或地域的角度去讲。

放在全球化、普遍主义的架构下说,则文化了解,指要融合成一个世界文化;而区域合作,则是全球化过程的一个部分。就像欧洲统合,或亚太经济合作组织(APEC)那样,是全球化的一个中间层或过程之一。

我们是准备以此作为我东亚(特别是中、日、韩诸国)社会文化发展之方向呢,还是仍希望由民族文化本位主体上去展开另一种形态的文化了解与区域合作呢?看来仍是我们未来需交的答卷!

不太平之洋

"太平洋时代来临了",这个响亮的呼声,从20世纪60年代喊到现在,已经喊了很久。

可是,对于东亚环太平洋地区未来之整合与发展,研究者各有不同的看法与评估,或乐观、或悲观。除了政治与经济上的理由之外,文化的因素也渐渐被研究者注意到了。

因为亚太国家之间存在着民族上、政治上、文化上、社会上、制度上和经济上的不同点。这些不同点,常常和大西洋共同体的共同点形成对比。

文化上,这一地区,存在着多种文化背景。就整个圈子而言,东西方文化长期共处,多种宗教(儒、佛、道、伊斯兰、基督教及当地宗教)并存,是一个显著的特点。

各地世俗文化风格也各异。

在人种方面,这一地区更是名目繁多,呈现各具特色的人文风貌。

由于各民族同一性的脆弱,多年以来东南亚各国未有鲜明的区域集体行动,且东南亚许多尚未成熟的政治实体,当其民族完整性受到国内多元种族的离心挑战时,便往往转换成国内的高压政策,或甚至引来邻国与外来大国的干涉。在意识到国内多元种族的离心挑战时,又往往加深意识形态、社会制度、发展水平上的差异,使得这一地区的多样化思想更有充足发展。

这样的多样性,究竟对亚太地区的发展是好是坏?

乐观的研究者,可以奈斯比特为例。他在2000年时就提出"社会主义变质""亚太地区兴起""全球经济民营化""世纪末宗教狂热"等大趋势,认为苏联与东欧之变革,似乎显示了社会主义业已变质;伊拉克及巴勒斯坦解放组织的一些动作,似乎也说明了伊斯兰教的宗教热仍方兴未艾。同理,亚洲地区经济及国民教育的发展,可能也预示了亚太地区将继欧洲美洲地区成为世界之重心,太平洋时代即将来临。

但他的论据及方法可能有问题。他说太平洋边缘兴起之四大征象是:一,经济之发展;二,文化之进步;三,东亚继日本之后崛起成为主宰力量;四,环太平洋各地注重教育。这几点均有待商榷。

在亚太地区,日本、中国大陆、东亚四小龙,事实上是一矛盾错综、彼此竞争的状况。相对于欧洲单一市场,这个地区更不能成为政治及经济上的一个整体单位。何况还有菲律宾、印度尼西亚等太平洋印度洋国家不同的政经文化利益冲突掺杂其中!

所以太平洋地区诸弱国不断进步发展的结果,可能不是形成环太平洋经济文化共同体,而是加速了此一地区内部的冲突与社会文化问题。

其次,奈斯比特以"这地区人民使用的语言超过一千种,宗教和文化传统也是全世界最多样"来证明世界文化的重心已转移到亚洲,也毫无道理。

语言与文化不同,对一个地区的整体发展是不利的,东南亚某些地区之排华以及语言政策上的纠纷,很难令我们相信这便是文化重心已移亚洲的征兆。

再说教育。他举韩国为例,说韩国青年受高等教育之比例已超过英国。日本韩国确实还可以,但其他国家呢?全球平均受教育年限对应文化程度:1.挪威,2.新西兰,3.美国,4.捷克,5.德国,6.加拿大,7.帕劳,8.格鲁吉亚,9.澳大利亚,10.爱沙尼亚,以上为大学一年级。11.以色列,12.瑞典,13.荷兰,14.韩国,15.爱尔兰,16.斯洛文尼亚,17.日本,18.斯洛伐克,19.拉脱维亚,20.丹麦,21.乌克兰,22.匈牙利,23.瑞士,24.立陶宛,25.比利时,以上为高中三年级。第46名是中国香港,为高中二年级程度，其他则都不在 50 名以内。所以说"教育是亚太地区的竞争优势"，实在有点滑稽。

要之，奈斯比特对于亚洲的事务，实在颇为隔阂，他选择的数据项也很片面，解释更成问题。我不敢如奈斯比特那么乐观。

我认为整个东亚或东南亚地区，在经济发展上虽已形成一种集体意识，趋向整合，但在文化方面，其实仍然冲突甚多。尤其目前讨论亚太经济发展或合作的学者，把经济合作的基础架构在文化上，更是极为危险的事。

李义虎《破灭的神话：世界的裂变与弥合》曾如此言道：

> 任何一种地区意识，都需要为它提供思想来源与文化底蕴；任何一个经济圈，都需要寻找文化依托。从政治上讲，亚太地区无领袖；从文化讲，中国文化是现成的。将这一地区特别是东亚部分称为"儒家文明圈""佛教文明圈""中国文明圈"，都是明确指大的意义上的中国文化。现在，世界各经济圈、文化圈对文化依托的要求是很高的。东方所有国家从越南到朝鲜和日本，无一例外地承认：中国文化的优势，是这个地区的政治及文化秩序的基础。中、日、朝、越及新加坡、泰、马来、菲等地，它们的文化不但是共同的，而且是共通的。

这种逻辑推演与讲法，中国人或东南亚华人当然听得十分受用；但这就与奈斯比特犯的错误思维一样，都与东亚实际状况颇有差距。

奈斯比特的问题，在于漠视文化的异质性与冲突，只简单地把"差异"视为"多元化"，并将"多元化"视为"活力"。李义虎的问题，则在于忽略了亚太地区文化的多元性，才会设想以中国文化为整个亚太地区的思想来源和依据，而使其理论显露出"文化帝国主义"的霸气，令许多国家及人士感到不快。

而且，同一种文化真有助于地区的和平与合作吗？

历史已经对于这个问题，给予了很明确的答复。历史上的战争，固然许多属于不同种族或文化间的对抗,但内战却更多。所有文化统一的国家内部也都有内战。古希腊城邦间的战争,中古时期的欧洲战争,文艺复兴时期意大利的战争,16、17世纪的宗教战争,甚至于18世纪的战争,也都是在同一文化的领域内进行的。这些文化领域中的不同国家,均具有同一的文化要素:语言、宗教、教育、文学和艺术。可是这些文化领域并不能在其范围内,创造出一个单一的社群,抑遏其境内的分裂趋势和破坏力量,并把它们导入和平。那么,我们又如何能够期望经由不同文化间的交流,创造出一个共同体呢?

事实上,不同国家的国民虽可具有同一的知识和艺术经验,欣赏同一的文学和美术,但那并不能创造一共同体。因为它并不能促使不同国家的人民,在彼此关系中采取道德上及政治上有意义且一致的行动。因此,认为经济整合必须奠基在文化上,其实是颇为错误的想法。包克(Guy J. Pauker)曾说:

> 东南亚各国由于种族和语言的庞杂、共同历史意义的阙如,以及殖民统治互异的经验,彼此之间一直互相隔绝;表现其特征的,是宗教多元、经济互补的缺乏、意识形态的分裂,以及对外来威胁的来源与性质在政治上争论不休。

果真如此,则如何寻找并协调诸国的共同政治、经济、安全利益,以便集体行动在区域事务上扮演有意义的角色,确实有其难处。经济整合之外,尚需要寻找与塑造共同利害、共同价值、集体记忆与文物传统。

既然如此,东南亚就不能谈文化整合或经济整合、社会整合了吗?那又不然,因为整合即在冲突之中。

早期的研究者多半忽视冲突,把冲突视为病态。例如社会学的结构功能学派帕森斯(Talcott Parsons)即认为冲突主要是具破坏性的、分裂性的和反功能的后果。因为冲突基本上是一种"病态"(Disease)。

术语常可为思想的倾向性提供某种线索。在早期理论家使用"冲突"一词的地方,帕森斯宁可说"紧张"和"压力"。这种选择不是偶然的。

"紧张"和"压力"包括着由于过分费力、过分辛劳或过分紧张带来的损害,因此含着系统内某种形式的"病态"。因此这种思考倾向使得他把冲突看作"功能失调"和破坏性,而忽视了冲突的积极功能。对于他来说,冲突在某种程度上是可以避免的,在某种程度上又是不可避免的,它是人类社会的"特有病态"。

其次,伦德伯格(George A. Lundberg)也把冲突看成是分裂性的,因为它是以"对立各方之间的沟通中止"为特征。依伦德伯格看来,沟通是社会过程的基础,而"断绝沟通就是冲突的实质",所以,冲突一定是功能失调的现象。伦德伯格的理论体系倾向于调适。社会学被明确地定义为关于"人类群体创造的沟通调适技术"的学科。伦德伯格用"调适"来表示用有机体的活动达到均衡的情形,均衡又反过来被看作社会的"正常"的状态。按这种定义所包含的前提,就可以明显看出伦德伯格在冲突中所能看到的,只是消极的和分裂的现象。

但相对于这些理论,齐美尔(Georg Simmel)的《冲突论》却指出:我们、我们群体,或内群体(in-group)与其他人,或其他群体、外群体(out-group)之间的区别,只有在冲突中或透过冲突才能形成。这并不限于阶级之间的冲突,尽管许多研究者把阶级冲突作为最常用的佐证。但在国家和民族冲突、政治冲突以及科层结构中不同层次的冲突也提供了同样的例子,同时这个概念也适用于国际关系与地缘政治学范畴。

以东亚或东南亚之"群体整合"来说,它是在东西冷战体系不再被视为合法的国际社会结构之际,借着与欧洲、美洲的"区隔"与"冲突",才能逐渐发展成目前这样拥有自我共同利益及自我意识的群体,而使国际社会出现新的权力关系或阶层关系。

自16世纪初,葡萄牙人和西班牙人先后进占东南亚区域,随后是荷兰人与英国人。美西战争后,美国由西班牙手中接管了菲律宾等地。

美国因"骨牌理论"与东南亚公约体系之战略考虑,而持续地以军事与经济染指东南亚诸国,此亦造就了东南亚诸国政府与人民对欧美潜意识的"冲突"。

因此，原先东亚地区各国并无现在这样迫切的联盟关系需求以及集体意识。老实说，东南亚诸国彼此不但经贸关系不甚紧密，在心理上也没有东南亚、东亚共同体的感受与需要，对其他国家的发展状况根本漠不关心，缺乏东南亚经济协助与文化整合的意愿。现在才有东南亚的集体安全、集体发展意识。

这样的共同利益追求及共同自我意识，生于与欧美世界的区隔与冲突关系，因此东南亚共同体必然带有若干反对或对抗欧美的态度。

这不仅表现在经济上，更表现在文化上。因为在经济方面，美国借口自身也是环太平洋国家，所以积极参与。况且东亚各国对美国的经济依赖关系，也依然根深蒂固，一时之间未必能立刻调整。但东亚共同体或经济圈的形成，却带给了东亚国家的文化自觉，希望能摆脱依赖关系，迈向后殖民时代。

这其中包括新加坡"发扬东方文化以对抗西方歪风"的措施、马来西亚及东盟国家对全球南北对抗的态度，等等，都显示了一种新的东方文化运动正在形成，并使得美国的观察家如亨廷顿等人发展出了"文化冲突"忧惧感的论说，认为今后世界会走向基督教文明与儒教文明、伊斯兰教文明冲突对抗的局面。

东方文化发展论，以及新的东亚经济文化联盟关系，更导致了东亚诸国暂时放弃或压抑了彼此的冲突。此即萨姆纳（Sumer）所谓"对抗合作"（antagonistic co-operation）的问题。

在萨姆纳看来，"生存竞争"（competition for life）支配每一社会中所有人的奋斗，并导向合作。因为每个人都认识到与别人合作更能有效地达到自己的目标。而联合又是组织的基础，对于通过许多不同单位，并为了共同目的而联合起来，以期增强共同力量而言，"组织"是一个伟大的发明。

这种联合，也叫作对抗的合作，它存在于两个人或两个团体之间。因为联合符合双方更大的共同利益，故存在于两者之间的小利益冲突就被压抑下来。

也就是说，冲突导致了暂时的联合。因此能够把社会中各种不同的成分结合在一起，带来协调一致的行为，而且打破了社会原有的隔离。

但群体内部的冲突虽遭压抑，毕竟不是已经解决或不存在，冲突仍是剧烈的。然而因大方向上必须"对抗合作"，故经压抑的冲突关系乃逐渐表现为下列几种型式：

一是试图沟通，增进理解，以达成更好的合作关系。亦即寻找或创造内部更大更多的共同点，马来西亚政府改变对华人及中华文化的态度，推动儒家与伊斯兰文化之对话，即为著名之例。

二是寻求建立内部分工体系，以安顿歧异；或把冲突及竞争关系，用组织内之层级关系来解释。这种方式，在经济方面尤为明显。例如，中国台湾、香港地区和新加坡大量雇用泰、菲、印籍劳工，不但足以显示经济分工状况，而且泰、菲、印度尼西亚、越南文化也逐渐融入其他国家中，成为新兴的次文化。

三则是以文化的差异来改变或提升对本身文化的理解。

例如儒家文化或中华文化，以前均只是泛说，现在要用此种文化观来概括中国以外的地区，立刻就会发现既有的中华文化观大有问题。因为海外华人之海洋移民经验、贸易经商事迹，完全不同于历来对中华文化的理解。

从前说起中华文化，总是以乡土感情、农耕文化、封建宗族社会、道德伦理生活等来形容，以与西方海洋商业文明相对照。

那其实只是个局限于大陆内部的中华文化观。只有通过东南亚各国华人社会所显示出来的文化差异，才能帮助我们调整中华文化观，而获得新的理解。

换言之，一种文化的内部差别、异质化因素，已重新得到正视。

冲突与整合乃是一体的，未来这样的冲突与整合势必继续发展下去。

环境难民的自我救赎

一、STS领域中的环境议题

我曾做过一点科学技术与社会（STS）研究。这是一个新兴的、综合性的交叉学科领域。STS是其英文名称Science, Technology and Society 的缩写词。要研究科学技术和社会之间的关系，如S与T（科学与技术）、S与S（科学与社会）、T与S（技术与社会）、S+T与S（科学技术与社会），等等。而其中最重要的，是人与自然，即人如何利用科学技术既开发自然又保护自然。

但是，这最重要的一点，我发现它却是最容易被忽略的。

而且，环境议题，即使谈论到，也缺乏实际行动。

这是由于整个社会发展、都市建设均以现代化、科技化为指标，故对环境议题漠然视之；其次是对科技过于乐观，盲目崇拜之，甚少反思其中所蕴含的社会问题，遂使人民沦为"环境难民"而不自知。

要正视这种困境，就必须在思想上进行现代性批判。反省现代人遭科技裹挟的情况，对现代性中个人自由主义精神、科学理性观念、机械自然观、以机器为结构模型之本体论与认识论，等等，都应重加检讨。

对现代化社会及其思想状况做这样的反省，在西方已有不少成例。希望能寻找一种新的普世伦理。

这种伦理思索的总体方向，是反抗现代性以寻求人与自然连续而融合的新关系；这种探索新方向的努力，则是哲学的生态转向（ecological turn）。

西方思想家在进行这种转向时，当然会回溯其传统，寻找异于17世纪以后自然观的思想资源，来建构其论述。

可是我发现：东方的自然观、伦理观或许更能提供这方面的资源。而这也是东亚社会进行STS研究时最应着力之处。

除了观念上的更新之外，东亚社会在生态伦理的实践上，也应寻找新的着力点。这方面，我建议参考联合国环境规划署的地中海清洁计划，进行国家与国家相互依存的生态重建。

以下分别说明之。

二、科技崇拜中的环境难民

生态环境问题，作为一般讨论时大家固然都会谈到，可是一旦涉及政策实践时，往往就被忘了。

原因之一，是对信息技术太过乐观。殊不知信息科技固然是新时代的利器，但仅恃信息科技岂即能达成生态环境之完善？

坊间大多数谈信息科技、信息社会、信息经济、信息战略的著作，都有这种单一角度的高科技乐观主义。奈斯比特（Naisbitt）称这种现象为"科技上瘾症"。

患了这种病的人，以为城市信息化了，城市人民的生活就变好了，一切问题就都会解决了。一如有的人相信科技能治疗社会病态，对科技处方抱持极大信心：以为每间教室都有可以上网的计算机，学生功课就会进步；以为改造人体基因，可以消除疾病；以为作物经基因改造，可以喂饱全世界。

纵使有不少人，例如教育心理学家如席莉（Jane Healy）就曾警告经常使用计算机，可能对孩童的大脑生理机能产生有害的改变，造成普遍的注意力不集中以及沮丧症候；其效果与软件开发者所声称者大相径庭。因为计算机游戏会阻碍任何类型的反省、对未来的思考以及内心的自我对话。

但这类意见，一般并不被人重视，一般人相信的仍是科技的承诺。科技的承诺听来甚是悦耳，大家愿意相信只要买下什么科技，就自然解决了问题。

因此，奈斯比特说："科技以愉悦、以承诺引诱我们，我们上了瘾，不去注意科技可导致的副作用，因此不明白何以前途看来不可逆料。鲜少有人清楚了解科技在我们的生活中、社会上占有怎样的地位（或应该占怎样的地位）；更糟的是，少有人知道科技到底是个什么东西。我们给予科技特殊地位，仿佛它是自然法则，有不可被褫夺的权利。我们的日常生活、人格形成经验，甚至自然世界，都注定要由日益精密的软件来'管理'。科技与我们的经济齐步前进，我们则只能插上插头、上网、浏览、剪贴、把零碎信息拼凑起来。我们觉得有点不对劲，但没法下达指令做任何修改。"（《高科技·高思维》）

对新兴高科技持简单化的乐观态度，即属于奈斯比特所说因科技上瘾而形成科技崇拜的迷信现象之一。

三、现代性情境反思

为什么明明知道环境生态已经非常恶劣了，大家却毫不在意，或故意漠视，反而一再宣传新科技、高科技能带给我们美丽的未来？

事实上，现在的环境灾难，就是当年我们所相信的新科技、所欢迎的新生活所造成的。

那些新科技，在做宣传、做科技承诺时，其实都没有告诉我们它可能产生的环境灾难是什么（老实说，因为是新科技，因此通常也不晓得它可能造成什么后果）；要到我们对某些科技已经依赖极深并与生活融为一体时，才发现我们业已沦为环境难民。

可是发现以后，我们其实因为已做了"过河卒子"而无法回头，只得拼命向前。

例如用电，何等便利！但要电就得造水库发电，或烧煤造电。这都是会污染或破坏环境的。虽然如此，电还是不够，那就只好用核能发电。核能发电在世界各地虽引起极大争论，但除非我们不要电，谁也不能绝对不用核能发电。

这种遭科技裹挟的情况，其实也就是"现代性情境"之一例。

所谓现代性情境，是说整个现代化进程实即是以资源消耗、破坏生态为代价的，越是现代化的国家资源消耗越严重。

以当今美国为例，占不到世界二十分之一的人口，却消费着占全球五分之一以上的石油资源。而在整个西方世界进行现代化的早中期，这种人口与资源消费的巨大比差更为惊人。

也就是说，西方现代化的过程是以牺牲整体人类生态环境的巨大代价，才得以获取其文明进步这一结果的。后来学习西方、争相步入现代化进程的亚洲国家，也学习了西方的办法，牺牲生态环境以谋所谓"进步"。

这也就是后来西方开始反省现代性、开始呼吁环境保护、要求亚洲国家勿捕猎野生动物并推行环保运动时，普遍惹人反感的原因。

许多人都质疑：为什么西方社会享受着现代化的文明成果，而我们却要为此承受牺牲生态环境的代价？现代化的进步可以是西方的，但生态环境和自然资源却不归属于任何一个单一的国家或地区。

又为什么西方已经现代化之后才来要求我们节制现代化速度？

再者，目前西方世界仍是地球上最大的资源消耗区，故环保、生态最急迫的地区与问题其实是在西方而非其他地域。

更根本的质疑，则是对现代性的批判。

由于所谓"现代性"其实包含了几项基本元素：市场经济、政治民主、科学理性和作为西方现代社会之基本文化价值理念的自由个人主义精神。现代性的这四个基本元素都是值得人类社会珍视的，但它们同样也都无法免于生态伦理的批判。

其中自由个人主义，更具有这种两面性。

一方面，它是现代西方社会的革命旗织和现代启蒙口号，具有个性解放的精神力量。因此，它确实成为了市场经济和政治民主的价值基础。

但另一方面，自由个人主义与人类中心主义有着一种深刻的内在亲缘关系：它们在倡言"人格尊严"之际，共享着某种同质的价值观念。把人类视为特殊而高贵的生命，将一切非人类的生物和生命看作实现人和人类目的的纯粹手段或工具。任何人或人类群体，都可能以人类正当利益的名义为他或她或他们破坏生态环境的行为辩护。

换言之，西方"现代性"道德价值核心的自由个人主义，与其整个社会的现代性理想一样，都没有充分考虑人与自然的关系，更没有给予人类寄居其中的自然环境以充分的尊重。

故社会学家吉登斯批评，自由主义的思想构架没有也无法容纳有关生态伦理或环境问题的主题（《第三条道路》，第一章）。

各国在推动现代化时，也都忽略了生态伦理的一个重要方面：人类并不只是自然资源的消费者，也是自然资源的生产者和保护者。作为一种理性的生命存在，人类不仅是欲望的存在，而且也可以成为合理实现其欲望的道德的存在。

此外，支配现代化社会运动的根本文化，乃是一种基于现代科学理性的进步理念。以致现代人过分迷信现代科学理性，误以为人类的道德生活必定会随着现代社会科学技术的进步和整个社会物质生活的进步而改善。知识或技术理性、工具价值的评价尺度被无限放大，使得康德所谓"实践理性"完全隐匿不见，只成了单一的技术理性或工具理性，其中原有的目的理性或目的性价值意义，被现代唯科学主义和技术主义洗蚀无踪，渐渐消失在现代人的价值视野之外。

在这种狭隘的工具理性或技术合理性意义上，人们或可认为现代社会确是"进步"了。然而，这种进步仅仅是"单面的"（如马尔库塞的用语）、畸形的，它所消耗的代价却极沉重。如果人们愿思考一下当代人类所面临的生态环境伦理问题、生活意义的困惑问题，以及浸透于现代人心灵和现代世界文明进程中的实利主义，就不难意识到这一点。

再者，现代性的种种问题，或许还与西方存有论、认识论的发展有关。西方自 17 世纪中期以后，出现了新的机械哲学，根据一个新隐喻（机器）来追求宇宙、社会和自我的重新统一。这种思想由法国思想家伽桑狄和笛卡尔提倡，因缘际会，渐渐取代了西方传统的万物有灵论、有机论，而蔚为主流，影响及今。

在机械的世界中，秩序被重新定义为：在规律的理性决定系统中，不但强调人应可对自然、社会和自我进行理性控制，更要借助新的机器隐喻以重新定义存有。

作为科学和社会的统一模式，机器彻底渗入人的意识，以至于我们今天很少人会质疑它的合法性。自然、社会和人的身体均由可相互替代、可从外部修理和代换的（原子化）部分组成。所以我们可以"技术的手段"修补生态失调，也可以用干预主义的医学方式，用新制成的心脏代替有病的心脏。

这种机械自然观，是目前西方大多数学校的教学内容。人们不加思考地接受为常识的实在观，认为物质由原子组成，颜色由不同长度的光波反射而成，物体按惯性定律运行，太阳是太阳系的中心。整个自然，均是由无主动精神的粒子组成，并由外力而非内在力量推动。因而，机械论本身也令操纵自然的行为合法化了。

这其中便蕴含着权力的概念，卡洛琳·麦茜特（Carolyn Merchant）《自然之死》一书第九章曾批评道：

> 机械主义作为一种世界观，其最光辉的成就，是它围绕人类经验中两个最基本的成分——秩序和力量——重新安排了实在。秩序可以通过对服从数学定律的不可再分部分的运动之强调，通过否弃变化的不可预测的非物质原因来达到。力量则通过现实世界中直接起作用的干预达到。培根的方法支持通过手工操作、技术和实验实施对自然的威权。故机械主义作为世界观，也是一种概念化的权力结构。

这种权力概念，直接导致人对世界的支配意识。久而久之，人自拟为上帝，可对宇宙重新捏塑。而整个本体论和认知结构，遂也因此发生变

化。是以卡洛琳·麦茜特才接着说:"作为本体论与认识论之结构模型的机器,"使得:

> 正在兴起的机械论的世界观,奠基于物理定律的确定性和机器的符号力量相一致的关于自然的假设之上。尽管有许多替代的哲学可资使用(亚里士多德哲学、斯多葛主义、神秘直觉主义、隐修主义、巫术、自然主义和万物有灵论),但欧洲占统治地位的意识形态还是逐渐被机器性质和经验力量所占据。

此一新的本体论及认识论,包含了一些关于存有知识和方法的预设,使人可以操控自然。例如:1.物质由粒子组成(本体论预设);2.宇宙是一种自然的秩序(同一原理);3.知识和信息可以从自然界中抽象出来(境域无关预设);4.问题可被分析成能用数学来处理的部分(方法论预设);5.感觉材料是分立的(议识论预设)。

在这五个关于存有的预设的基础上,自17世纪以来的科学被普遍地看作客观的、价值中立的、关于外部世界的知识。此外,正如海德格尔所指出,自笛卡尔以来的西方哲学,最基本的关切在于力量,"现代技术的本质在于座架(enframing)"。也就是说,在于表明自然使它成为被支配物。"物理学作为纯粹理论,架构自然并使其显示自身",且"诱使"自然"成为可计划的力的有序结构"。

四、相互依存的人与自然

对现代性做这样的批判,把当代漠视生态自然的原因,追究到个人自由理性以及存有论、认识论等去,看起来扯得远了,其实不然。不做此类探本之论,"科学技术与社会"的讨论,就仅能涉及一些技术性枝节问题或仅流于和稀泥。

而且,透过这样的讨论,我想说的,正是整个生态伦理,或旧的现代化普世伦理之后的新普世伦理所应该走的方向。

正如霍尔姆斯·罗尔斯顿Ⅲ（Holmes Rolston Ⅲ）在《哲学走向荒野》一书中所说：现代社会的一个要求，就是人类要发现自己的独特性——线性的历史[线性的历史（linear history）与循环式历史（cyclic history）相对，指社会有向前、向上发展的趋势，而非在某几种历史阶段间不断地循环往复]。人类就是靠着这些独特性而越来越成为自然的主宰，用自然为自己服务，并根据自己的意愿改造环境。

与此相反，现在生态学的基调，却是要我们再次认识到人与自然的关联性，认识到我们与生物共同体的固有联系，从而肯定我们的有机性本质这样一种智慧。

罗尔斯顿认为当代哲学家在探索新社会的新伦理时，必须反抗现代性，重新寻求人与自然的关系，即人与自然的相关性。重新发现这种关系，他称为"哲学的生态转向"（ecological turn）。并认为现今已有不少人致力于此。

例如，伊恩·L.夏克哈格主张："我们必须认识到：自然包含了一个内在的价值体系。"在一篇用了《生态：物理规律与道德抉择》这样引人注目的标题的文章中，保罗·B.西厄斯写道："但在今天，道德涉及一种负责任的与自然界规律的关系，因为我们也无可逃避地是自然界的一部分。"罗杰·里维莱和汉斯·H.兰芝伯格在为一部有名的著作写的序中说道："对于我们对环境的关注，科学有另一种更深层的意义……那就是它能建立概念与自然规律的结构体系，使人类认识到自己在自然中的位置。这样的认识，必定是道德价值的一个根基，将会指导着每一代人履行我们作为地球这艘宇宙船的乘务员的职责。对于这个目的来说，生态学……是核心的。"

这些尝试找出新方向的学者，凭借的思想资源是什么呢？霍尔姆斯·罗尔斯顿Ⅲ说道："生态学家想到的是另一种哲学遗产"。

西方思想在对自然的看法上是矛盾的。不同于现代人想法的一些先哲用了不同的逻辑去面对自然，发现自然有着比人类更伟大的智慧。例如由浪漫主义运动所体现出来的哲学遗产。浪漫主义运动的思想家那种对大自然的爱，曾经感染了自然保护运动的先驱者中的很多人。例如爱默生在同样也很经典的一部著作中，就坚信自然产生商品、美、智慧与纪律。如果把诗与神秘主义跟科学结合在一起，我们更能看到自然育化了人们的性格，并可作为价值的试金石。

也就是说，西方当代思潮在处理人与自然这问题时，为了批判反省17世纪科学革命以来的观念，往往回溯其古老传统，从其思想遗产中找到与现代西方不同的自然观来作为思想资粮，建构新的普世伦理。

可惜这些西方当代生态哲学家不谙东方哲学，否则他们应更能由东方的自然观和伦理态度中找到思想的资源。

例如人与自然非断裂的连续关系、循环式历史观等，都是中国哲学中最明显的东西。1993年，6500位人士曾在美国芝加哥召开"第二届世界宗教会议"，并发表了《走向全球伦理宣言》。中国或东方这种天人和谐的自然观，事实上正好与西方所急切想要重新正视的思想渊源合拍，足以作为新的全球伦理基础。

今后吾人在思考这类问题时，也应该充分关注并运用我们东方的思想资源。因为这正好为急于找寻新出路的当代西方思潮提供新的资粮；在重建生态伦理的工作上，也足以互补。由发展东亚STS领域的策略思考来说，此亦是我东亚社会之优势所在，不容忽视。

五、相互依存的国家与社会

但仅有这些是不够的，伦理学家不能把战场拉到存有论、认识论的层次便以为了事了。

伦理是实践问题。STS的研究，也不能只把科学机械主义及现代性批判一通便罢。要建构新的伦理情境，须要一些具体作为。

什么作为呢？也让我举个例子。

现今住在地中海沿岸有一亿人，每年来此度假的人更多（占世界旅游人数的三分之一）。他们把地中海弄成了一个污水池。因为地中海是一个四面陆地环绕的海,只有一个出口通向狭窄的直布罗陀海峡,它的海水每8年才能更换一次。且海浪很小,水流很弱,人们倒入其中的污染物只能留在原处。又,它是世界上主要的航运水道之一,石油贸易总量的三分之一通过地中海运输,因此每年溢出的石油,加上冲洗油轮流入海中的污水极多。还有85%的污染物来自陆地上的工业废物、城市污水,以及农业作物的残留物。大大小小的70条河流每天向地中海注入几千吨工业废水。至少120个沿海城市和城镇,把90%未经处理,或仅稍加处理的废水排入海域。这使得占世界海洋面积百分之一的地中海,聚集了污染地球海洋的浮油、焦油和普通垃圾总量的一半。

除了污染以外,地中海还深受计划不周的旅游业之害。旅馆、小艇、船坞,以及其他设施,破坏着一处又一处的自然区域,也破坏着流域周围的野生动物生活区。

1975年,联合国环境规划署开始进行一项计划。它说服沿岸的17个国家制定一项共同策略来解决这个问题。它们中有:一直处于敌对状态的以色列和叙利亚、长期为敌的埃及和利比亚、互相敌视了几百年的土耳其和希腊、仍然互不信任的法国和它的原殖民地阿尔及利亚、自古以来就互相对抗而现已疲惫不堪的西班牙和摩洛哥等。

经所有的污染源国家,尤其是3个最严重的污染排放国法国、意大利和西班牙的共同努力,这些污染物已逐步消除了。再依靠几乎所有国家的几十个实验室协同合作,一个大规模的监测系统开始发挥作用,减少了各地排放入海的污水量及有毒物质。

条约还规定应在海上及陆地为野生动物建立范围广阔的公园和保护区,形成一个网。目前保护区已增加到100多个。

地中海清洁计划并不是一件简单的事。在前几十年中,仅为了控制污染,估计就要花费150亿美元。但这么做非常值得。因为恢复生机的地中海,每年光是旅游业就能创利100亿美元。而更重要的是这个计划创造了一个跨越国家与种族界限的合作关系,让人重新体认到"相互依存"(interdependence)的价值,也在计划中实现了这个价值。

相互依存，其实是今天我们在地球上生存的实况。经济上我们互相依存，环境更是如此。因此，迈尔斯《最终的安全：政治稳定的环境基础》一书说：没有任何国家能够躲避其他国家发生之形形色色的环境退化。即使美国这个世界上经济最发达、技术最先进、军事最强大的国家，也不能避免受世界其他地区许多环境问题的影响，以及这些问题所产生的对安全的威胁。

所有的国家都是坐在同一条船上，这条船正在成为环境问题的"泰坦尼克号"。"相互依存"这个新游轮的名称也许说起来不顺口，看起来也不顺眼，但它却是我们大家都必须学会随口说出和随时准备听到的一个名称，就像我们在日常生活中所使用的那样。相互依存已成为我们生活中不争的事实。

相互依存也意味着我们越来越需要采取共同的行动来对付共同的问题。正如温室效应那种环境问题，它的产生，任何国家都有份；同样，它的影响，任何国家也都不可避免。像臭氧层损耗和物种大批灭绝这类问题，虽然涉及的国家比较有限，也应该做类似的考虑。因此，国家间进行合作的机会比以前更多了。

据此而言，在重新正视人与自然的相互依存关系的同时，人与人的相互依存关系、国家与国家的相互依存关系，也必须成为未来我们在行动上进行伦理实践的原则。

在重新恢复与自然的依存关系时，我们应重新正视东方文化传统的思想资源，以展开现代性批判。在建构国家与国家相互依存体认时，我们也有必要寻找一个可以共同合作、进行生态伦理实践的议题（例如：东亚城市生态复苏计划之类），以便展开具体的合作，不让"地中海清洁计划"专美于前。